LE
THEATRE
DE
Mr QUINAULT,
CONTENANT

SES TRAGEDIES, COMEDIES,
ET OPERA.

DERNIERE EDITION,

AUGMENTE'E DE SA VIE,
d'une Differtation fur fes Ouvrages, &
de l'origine de l'Opera.

Le tout enrichi de Figures en taille-douce.

TOME I.

 *Le prix eft de 12. liv. 10. fols.*

A PARIS,
Chez PIERRE RIBOU, feul Libraire de l'Académie
Royale de Mufique, Quai des Auguftins, à
la Defcente du Pont-Neuf, à l'Image
Saint Loüis.

───────────────

M. DCC. XV.
Avec Approbation & Privilege du Roi.

PIECES CONTENUES
dans ce premier Volume.

LES RIVALES, Comedie.

LA GENEREUSE INGRATITUDE, Tragi-Comedie.

L'AMANT INDISCRET, Comedie.

LA COMEDIE SANS COMEDIE.

LA MORT DE CYRUS, Tragedie.

A
MESSIRE
CHARLES DE VERSORIS,
CONSEILLER DU ROY
en ses Conseils, Maître ordinaire
en sa Chambre des Comptes, Directeur & Intendant de l'Hôtel
Royal des Invalides, Seigneur de
Gille-Voisin, &c.

ONSIEUR,

Le Livre que j'ai l'honneur de vous
offrir contient la Vie d'un Auteur, que la
Poësie Lyrique a rendu si recommandable, & a tellement distingué parmi nos
Poëtes François, qu'on peut dire que notre
Tome. I.   a

Siecle n'a rien produit en ce genre de plus parfait. Ce n'est pas tant neanmoins à la qualité de Bel-Esprit que M. Quinault doit l'estime generale du Public, qu'à la droiture de ses mœurs, & à la consideration que votre Illustre Chambre avoit pour lui. Le recit avantageux, MONSIEUR, que vous m'avez fait de ce gracieux Poëte, n'a pas peu contribué à la hardiesse que je prends de vous dédier l'Histoire de sa Vie. Quoyque le sujet en paroisse simple & peu susceptible d'ornemens, je me flate, MONSIEUR, que vous ne laisserez pas de l'agréer, lorsque vous vous souviendrez que non seulement notre grand Monarque a honoré de son approbation les Ouvrages de M. Quinault, mais aussi qu'il a quelquefois daigné lui-même lui inspirer des sujets d'Opera. Tels sont ceux d'Amadis & de Roland, que le Roi lui commanda d'executer sur les plans qu'il lui en avoit donnez. Une circonstance d'un si grand poids peut seule tenir lieu du plus grand éloge. Je sens, MONSIEUR, que l'envie de loüer M. Quinault devroit ceder à une

EPITRE.

plus juste ; je veux dire à celle de tenter votre Panegyrique. Mon devoir & mon inclination m'y invitent. Mon zele m'encourage : mais ce zele, par malheur, ne me donne pas l'éloquence que demande un si digne sujet : outre que quand je serois capable de le traiter, que ferois-je autre chose que d'être l'écho du Public, & que de repeter ce qu'il sçait aussi bien que moi ? Quelqu'un ignore-t'il, MONSIEUR, que votre Famille est des plus anciennes dans la Robbe ? Et s'il faut citer un témoignage personnel de votre merite, quelqu'un ignore-t'il la confiance dont un grand Ministre vous honore ? Il vous en a donné des preuves éclatantes par les emplois importans dont il vous a revêtu. Le choix que SA MAJESTE' vient de faire de sa Personne pour être le Chef de la Justice, ne fait nullement douter qu'elle ne soit aussi sagement exercée, que le secret du Roi a été exactement gardé depuis qu'il est Ministre de la Guerre. A des titres si relevez, MONSIEUR, vous reconnoissez le Grand Homme dont vous vous êtes acquis l'estime. La justice qu'il

EPITRE.

rend à vos excellentes qualitez, les met infiniment mieux en leur jour que ne pourroient faire les termes les plus recherchez. En mon particulier n'en ayant point d'assez forts pour vous exprimer là-dessus mes sentimens, non plus que sur les obligations que je vous ai, je me renferme dans le foible present que je prends la liberté de vous offrir, & dans la vive & sincere protestation d'être toute ma vie, avec beaucoup de reconnoissance & de respect,

MONSIEUR,

Votre tres-humble & tres-obéïssant serviteur,
Bo✶✶✶.

LA VIE
DE
PHILIPPE
QUINAULT,
DE L'ACADÉMIE FRANÇOISE.

J'AI toujours crû qu'il n'étoit pas necessaire de charger la vie d'un Auteur, de tout ce qu'il a fait dans son domestique : ce sont des particularitez si peu interessantes, que l'on doit les passer, pour s'attacher uniquement à donner une parfaite connoissance de ses Ouvrages. C'est ce que je me suis proposé de faire dans celui-ci ; & en même tems de défendre le celebre Quinault contre un grand nombre de Satiriques, qui, au rapport d'un Auteur judicieux, ,, ont osé attaquer un homme incom-
,, parable dans un grand nombre de Poëmes pour
,, la Musique, dont la composition paroît d'autant
,, plus difficile, que personne après lui n'a fait
,, que des Ouvrages médiocres dans ce genre de
,, Poësie; & qu'il n'a pas laissé d'y réüssir admira-

« blement, & d'y faire autant de chef-d'œuvres
« qu'il a fait d'Ouvrages; ensorte que l'on peut
« dire que la perfection des *Opera* est expirée avec
« son Auteur ».

Philippe Quinault de Paris (1), nâquit en 1635. Il avoit un talent si heureux pour la Poësie, qu'il composa dès l'âge de dix-huit ans des Comedies tres-agreables. Sa premiere Piece intitulée *les Rivales*, le fit assez connoître. Elle fut representée en 1653. avec un si grand succès, que cela l'encouragea à donner l'année suivante une Tragi-Comedie Pastorale, sous le titre de *la Genereuse Ingratitude*.

Quoyque les amis de Quinault fussent étonnez de l'applaudissement avec lequel cette derniere Piece fut reçûë, ils ne jugerent pas à propos de lui conseiller de faire son unique étude de la Poësie: au contraire ils le porterent à se mettre chez un Avocat au Conseil, où il se rendit capable en moins de deux ou trois ans d'en exercer la Charge. Un jour cet Avocat le chargea de mener une de ses Parties, Gentilhomme d'esprit & de merite, chez son Rapporteur pour l'instruire de son affaire; le Rapporteur ne s'étant pas trouvé chez lui, & ne devant revenir que fort tard, Quinault proposa au Gentilhomme de le mener à la Comedie en attendant, & lui promit de le bien placer sur le Theatre. On joüoit ce jour-là une nouvelle Piece de sa composition: c'étoit *l'Amant indiscret* ou le *Maître étourdi*. A peine furent-ils sur le Theatre, que tout ce qu'il y avoit de gens de la plus haute qualité vinrent embrasser Quinault, & le feliciter sur la beauté de sa Piece, » qu'ils venoient voir representer à ce « qu'ils disoient pour la troisiéme (2) ou qua-

(1) Selon Moreri & la liste de Messieurs de l'Académie Françoise.

(2) Perrault, Hommes illustres, t. 1. p. 81.

» trième fois. Le Gentilhomme surpris de ce
» qu'il entendoit, le fut encore davantage quand
» on joüa la Comedie, où le Parterre & les Loges
» retentissoient sans cesse des applaudissemens
» qu'on lui donnoit. Quelque grande que fut sa
» surprise, elle fut encore toute autre lorsqu'é-
» tant chez son Rapporteur, il entendit Quinault
» lui expliquer son affaire, avec une netteté in-
» croyable, mais avec des raisons si solides,
» qu'il ne douta presque plus du gain de sa Cause «.

En 1655. Quinault fit representer *la Comedie sans Comedie*. Cette Piece fut generalement applaudie; & ses ennemis mêmes furent contraints d'avoüer que les differens genres de spectacles, dont elle est composée, étoit une marque de la fertilité de son genie.

Il se fit dans ce tems-là une cabale de gens envieux de la réputation de Quinault, qui décrioient par tout ses Ouvrages. Bien loin d'en être découragé, il en redoubla son application, & ce fut pour lors qu'il donna deux nouvelles Pieces au Public; *le Mariage de Cambyse*, & *la Mort de Cyrus*. Elles parurent en 1656. Ces deux Pieces attirerent une affluence de Spectateurs incroyable. Les Connoisseurs disoient qu'il y avoit quelque esprit dans ses Tragedies : mais ils prétendoient qu'un jeune homme ne pouvoit pas entendre le Theatre, & qu'il n'y avoit point d'art ni de conduite dans ses Pieces ; » comme s'il y
» avoit un plus grand art que celui de charmer
» ses Auditeurs, & de les faire revenir trente fois
» de suite à la representation d'une même Tra-
» gedie ou d'une même Comedie (3) «.

Il donna au Public en 1657. *Stratonice*, & les *Coups de l'Amour & de la Fortune* ; & en 1658. le

---

(3) Perrault, Paralelle des Anciens & des Modernes, t. 3. p. 237.

feint *Alcibiade*, & *Amalasonte*. Quatre Tragi-Comedies qui eurent le même sort de ses autres Pieces, c'est-à-dire, qu'elles lui attirerent encore de nouveaux applaudissemens : le *Fantôme amoureux*, Tragi-Comedie, qui fut representée en 1659. n'eut pas le même succès, n'ayant été joüée que sept fois. Mais celle d'*Agrippa Roi d'Albe*, ou *le faux Tiberinus*, qui parut en 1660. fut generalement approuvé des Connoisseurs, qui la suivirent pendant deux mois qu'elle occupa le Theatre François.

Il parut encore de lui cette année un Ouvrage sous le nom des *Amours de Lysis & d'Hesperie* (4), Pastorale Allegorique sur le sujet de la Négociation de la Paix & du Mariage du Roi. Elle fut composée de concert avec Monsieur de Lyonne sur les Memoires qu'en fournit le Cardinal Mazarin, & representée au Louvre devant leurs Majestez, le 9. Decembre (5) 1660. La Troupe Royale n'oublia aucun de ses soins pour animer parfaitement une si belle peinture. Cette Piece n'a pas été imprimée pour de certaines raisons, & l'original apostillé de la main de Monsieur de Lyonne, est resté dans la Bibliotheque de Monsieur Colbert.

Les loüanges que Quinault recevoit de cet Ouvrage, ne furent pas de longue durée. Plusieurs Auteurs qui y voyoient leur nom obscurci par le sien, l'attaquerent par les railleries les plus injurieuses. Celui qui lui a fait le plus de peine, est *Somaize* Auteur du *Dictionaire des Prétieuses*. Il y parle de Quinault en ces termes. " C'est, dit-" il (6), un jeune Auteur dont je ne dirai pas

---

(4) Le Theatre François, L. 2. p. 107. Lyon 1674.

(5) Renaudot, Gazettes. 109. & suiv. année 1660. p. 1226.

(6) Somaize, Dictionaire des Prétieuses, II. Partie, p.

de Philippe Quinault.

» grande chose, parce que je ne crois pas qu'il y
» en ait beaucoup à dire de lui, tout le monde
» commençant assez à sçavoir quel il est; que les
» Prétieuses l'ont mis au monde, & que tant
» qu'il a trouvé jour à débiter la bagatelle, il a
» eu une approbation plus generale qu'elle n'a
» été de longue durée; il pille si adroitement les
» Vers & les incidens de ceux qui l'ont devancé,
» qu'on l'a souvent crû Auteur de ce qu'il s'étoit
» adopté. Ce n'est pas qu'il n'ait de l'esprit, qu'il
» n'invente quelquefois; mais il lui faut pardon-
» ner, cela ne lui arrive pas souvent. Pour son
» humeur, il se vante d'être d'une complexion
» fort amoureuse, & d'être fort brave auprès des
» Dames. Il est plus grand que petit, & si l'on ne
» sçavoit parfaitement la mort du Roi d'Ethiopie,
» on le prendroit aisément pour lui, car il est
» fort noir de visage; il a la main fort grande &
» fort maigre; la bouche extraordinairement fen-
» duë; les lévres grosses & de côté; la tête fort
» belle, grace au secours du Perruquier qui lui
» en fournit la plus belle partie, ou si vous vou-
» lez, graces à des coins. Sa conversation est
» douce, & il ne rompt jamais la tête à personne,
» parce qu'il ne parle presque point, que lorsqu'il
» récite quelques Vers; ses yeux sont noirs &
» enfoncez, pétillans & sans arrêt. Au reste, il
» est d'une fort belle encolure, & dans son des-
» habillé, on le prendroit presque pour Adonis
» l'aîné, &c.

Ceux qui ont connu Quinault n'auront pas de peine à faire la difference d'une critique fondée sur la verité d'avec une raillerie maligne & ou-trée. Somaize n'avoit jamais vû ni connu Qui-nault pour en faire un tel portrait : il n'est donc pas surprenant qu'il lui ressemble si mal. Quinault étoit bien fait de sa personne, d'une taille élevée, il avoit les yeux bleus, languiſſans, & à fleur de tête; les ſourcils clairs, le front élevé, large & uni, le viſage long, l'air mâle, le nez bien fait, & la bouche agreable; la phyſionomie d'un parfaitement honnête homme. Il avoit plus d'eſprit qu'on ne pouvoit dire, adroit & inſinuant, tendre & paſſionné. Il parloit & écrivoit fort juſte, & fort peu de gens pouvoient atteindre la délicateſſe de ſes expreſſions dans les converſations familieres; ſon ſtyle n'étoit point recherché, au contraire, c'étoit la pure nature qui parloit en lui. Il ſçavoit comme doit ſçavoir un honnête homme; il étoit complaiſant ſans baſſeſſe, diſoit du bien de tout le monde, jamais ne parloit mal de perſonne, ſur tout des abſens, ou pallioit leurs défauts ou les excuſoit; ce qui lui avoit fait beaucoup d'amis & jamais d'ennemis. Il avoit le ſecret de ſe faire aimer de tout le monde. Il aimoit la Satire, mais il la vouloit fine & délicate. Il ne pouvoit ſouffrir qu'elle éclatât ni qu'elle outrageât, & quand il ſe mêloit de critiquer quelqu'un, c'étoit ſi agreablement que les perſonnes intereſſées, bien loin de s'en offenſer, étoient les premiers à rire de ſes railleries, & en concevoient plus d'eſtime pour lui. La paſſion qui le dominoit le plus étoit l'amour; mais il l'a toujours conduite avec tant d'adreſſe, qu'il ſe pouvoit vanter avec juſtice, qu'elle ne lui avoit jamais fait faire un faux pas malgré les emportemens qu'elle inſpire d'ordinaire aux autres. Il n'y avoit rien de ſi tendre & de ſi engageant que ſon tête à tête. C'étoit là où il faiſoit éclater tout ſon eſprit, & où il en laiſſoit briller le feu; & il étoit le ſeul dont la converſation fut auſſi aiſée qu'agreable. Cela joint à une complaiſance univerſelle pour le Sexe lui attiroit l'amour de toutes les femmes, qu'il aimoit, ou du moins à qui il le diſoit.

Je ne répondrai point à la critique de plusieurs autres Auteurs, qui ont exercé leur plume contre lui. Le portrait que je viens de faire de sa personne fait assez connoître le contraire de ce qu'ils ont avancé. Si l'envie qu'ils lui portoient étoit satisfaite lorsqu'ils trouvoient moyen de décrier ses Ouvrages; on peut dire qu'ils ne pûrent mordre sur la Piece qu'il donna en 1663. C'étoit *Astrate Roi de Tyr*, *Tragedie*, qui fut tellement suivie pendant près de trois mois, que les Comediens de l'Hôtel de Bourgogne mirent les places au double. Loret, dans sa Muse historique, dit qu'elle produisit de si grosses sommes à ces Comediens, qu'il sembloit à les voir de petit Crœsus; ce sont ses propres termes.

Si l'on en croit M. Sallo, les applaudissemens que l'on a donné à l'*Astrate* (7) dans toutes les representations que l'on en a faites, ne sçauroient passer que pour legitimes. Il prétend que dans la simple lecture de cette Piece, on découvre les mêmes graces qui la font admirer sur le Theatre. Il n'est pas necessaire, dit-il, d'en expliquer le sujet; il suffit que l'on sçache qu'il s'y voit un combat de la nature & de l'amour, où l'Auteur n'a rien oublié de tout ce qui se pouvoit dire de plus fort sur cette matiere. De plus, ajoûte-t'il, cette Piece a de la tendresse, & de cette tendresse délicate qui est si propre à Quinault. L'on y remarque plusieurs maximes nouvelles de politique & d'amour, qui sont poussées dans toute leur étenduë. Les Vers en sont magnifiques & bien trouvez, & les incidens, tout surprenans qu'ils paroissent, se démêlent sans peine & sans violence, &c.

Malgré les applaudissemens que l'on a donnez

(7) Journal des Sçavans, Février 1665. p. 261. édition d'Hollande.

à l'*Astrate*, Despreaux n'a pas laissé de la tourner en ridicule dans sa troisième Satire où il fait parler ainsi un Campagnard.

.... Avez-vous vû l'*Astrate* ?
C'est là ce qu'on appelle un Ouvrage achevé :
Sur tout l'Anneau Royal me semble bien trouvé :
Son sujet est conduit d'une belle maniere,
Et chaque Acte en sa Piece est une Piece entiere, &c.

Néanmoins selon Pradon (8), il n'y a rien qui soit plus dans le genre de la vraye Tragedie, que l'*Astrate*. Je ne sçai, dit-il, si l'Anneau Royal est plus mauvais que l'Epée de Phedre, & que la Défaillance Poëtique que l'on donne à cette Reine.

Cette maniere de tourner tout en ridicule, en disant seulement quelques paroles au hazard & sans rien approfondir, ne laissa pas de trouver beaucoup d'approbateurs. La plûpart de ceux qui avoient lû les Satires de Despreaux ne pouvoient approuver aucun des Ouvrages qu'il y critiquoit, & qu'ils avoient auparavant admirez. Cette prévention est assez bien dépeinte dans une petite Comedie de Boursault. Elle est intitulée la Satire des Satires : je ne puis m'empêcher d'en citer un endroit touchant l'Astrate. C'est dans la sixième Scene qui se passe entre un Chevalier, un Marquis, Amarante, Emilie, une Précieuse nommée la Marquise Orthodoxe, & Boursault.

LE CHEVALIER.
.... Mais respecte Madame, elle est si délicate....

LE MARQUIS.
Il est vrai, Dieu me damne : elle approuve l'*Astrate*.

---

(8) Triomphe de Pradon, &c. Lyon p. 84.

AMARANTE.
Quoi, l'Aſtrate ?
LE MARQUIS.
L'Aſtrate.
ORTHODOXE *jeune Précieuſe.*
Ah mon Dieu ! je l'ai vû :
Que les Vers en ſont forts, & que tout m'en
 a plû !
J'en reviens ſatisfaite autant qu'on le puiſſe
 être ;
Un Ouvrage ſi beau part de la main d'un
 maître.
Bien des gens qu'il charma l'applaudirent tout
 haut.
Dites-moi, s'il vous plaît, qui l'a fait.
BOURSAULT.
C'eſt Quinault.
ORTHODOXE.
Bon, Quinault.
EMILIE.
Oüi, vrayment ; voudroit-il vous le dire ?
ORTHODOXE.
Quoi, le même Quinault, que Deſpreaux dé-
 chire,
A compoſé....
EMILIE.
L'*Aſtrate*, où l'on donne un Anneau.
ORTHODOXE.
Je ſuis au deſeſpoir de l'avoir trouvé beau.
Il me parut charmant, j'en admirai le tendre ;
Mais, ſi jamais j'y vais, j'en dirai pis que pen-
 dre.
Il ne doit rien valoir, car Deſpreaux le dit.
LE MARQUIS.
Quoi que ce ſoit.
LE CHEVALIER.
Tout beau ; Quinault a de l'eſprit.

AMARANTE.

Et du beau.

ORTHODOXE.

Monsieur raille, ou Madame le flate.

LE MARQUIS.

S'il avoit de l'esprit auroit-il fait l'*Astrate* ?

LE CHEVALIER.

Parle mieux de l'*Astrate* ; ou du moins n'en dis rien :
Il a charmé Madame.

ORTHODOXE.

Ah ! je m'en repens bien.
A tous les beaux endroits que l'Acteur y rencontre,
Je fis le brouhaha, mais je proteste contre.
On doit me pardonner, si je le fis tout haut ;
Ce fut innocemment que j'applaudis Quinault.
Si l'Auteur par l'Ouvrage avoit pû se connoître,
Je l'aurois trouvé laid, tout galand qu'il puisse être.
En conscience, &c.

Voilà l'effet ordinaire de la prévention. Un Poëte qui avoit le malheur d'être placé dans les Satires de Despreaux, étoit perdu de réputation ; & eût-il composé des Ouvrages dignes de l'estime des Connoisseurs, on auroit crû passer pour une personne sans goût & sans discernement que d'y trouver quelque beauté. Telle a été la destinée des Chapelains, des Cotins, & pendant quelque tems celle Quinault qui méritoit du moins d'être distingué entre une infinité de Poëtes médiocres, sur lesquels Despreaux a fait main basse.

Ce n'est point au reste sur la seule Piece de l'*Astrate* qu'il s'est égayé. L'endroit qui a été le plus nuisible à la réputation de Quinault, est celui-ci (9).

(9) *Satire* II.

Si je pense exprimer un Auteur sans défaut;
La Raison dit Virgile, & la Rime Quinault.
Pradon dit (10) que ces sortes de Vers qui ne frappent que par surprise, & avant que l'esprit ait eu le loisir de se mettre en garde contre leur illusion, sont dangereux à repeter souvent. Comme ce prétendu plaisant, ajoûte-t'il, n'est soutenu ni par la finesse de la pensée, ni par la beauté du tour, ni par le sens, ni par l'esprit; que le tout roule sur un mot que la rime place au hazard, il en faut éviter le fréquent usage. L'*Auteur sans défaut* n'est opposé à Quinault que pour la rime, & au fonds n'est rien du tout. Croyoit-il être en droit de relever la réputation de Virgile par le contraste de Quinault? Il se trompoit, il ne faisoit gueres d'honneur à Virgile, & ne faisoit aucun tort à Quinault. Il n'est rien de plus aisé que de rapporter simplement des noms, selon que la rime les présente, & l'on pourroit dire par la même méthode de Despreaux.

Si je pense exprimer une Muse divine,
La Raison dit Corneille, & la Rime Racine.
Voilà un jugement bien décisif, qui n'est fondé que sur une opposition fortuite de mots.

Chacun a blâmé Despreaux de s'être si fort acharné sur Quinault. Ils avoient été grands amis, mais le regret de perdre un prétendu bon mot, fit que Despreaux n'épargna non plus Quinault, que les autres Auteurs dont les noms eurent le malheur d'être propres à remplir un hemistiche de ses Vers. Plusieurs Poëtes se déchaînerent contre Despreaux jusqu'à dire que la Justice devoit réprimer une telle licence. Un d'entr'eux en parle en ces termes (11).

... Bientôt sans cet exemple un Satirique atroce

---
(10) Triomphe de Pradon, p. 52. & suiv. (11) Bibliotheque Volante, &c.

Verroit comme Boileau son Libraire en ca-
  rosse :
Si par malheur pour lui ce rigoureux Censeur
Qui ne fit pas quartier même au meilleur Au-
  teur ;
Eût vû dans cette Ville une exacte police
De sa rime élegante effacer la malice :
Si quand elle jugea d'un Auteur sans défaut,
Un Juge & la raison eussent rayé Quinault ;
Qu'eût dit après cela sa Muse embarassée
Voyant ainsi perir sa plus belle pensée ?
Ces Vers qui n'auroient pas ce tour divertissant
Seroient-ils devenus Proverbes en naissant? &c.
Quelques amis communs voulurent reconcilier Despreaux avec Quinault. Perrault leur donna à tous deux un repas chez lui où d'autres personnes se trouverent pour être témoins de leur reconciliation. Elle fut tres-sincere de la part de Quinault, mais elle ne fut qu'apparente du côté de Despreaux. Car Quinault le regardant comme un de ses meilleurs amis, & ayant oublié le passé, le pria à dîner chez lui avec toute la compagnie qui les venoit de reconcilier ; Despreaux ne jugea à propos de s'y trouver que pour avoir sujet de récidiver dans sa troisiéme Satire. Un pareil procedé fit que tout ce qu'il y avoit d'honnêtes gens regarderent Despreaux de mauvais œil. Desmarets le lui a même reproché de la sorte (12).

.... On te fit un festin pour embrasser Quinault :
  Tous deux en bons amis vous fîtes bonne chere;
  Lui que le Ciel forma liberal & sincere,
  Bientôt en son logis te fit un grand repas;
  Mais après peu de jours il ne t'en souvint pas.

Laissons la qualité d'ami à part ; ceux qui voudroient défendre Quinault contre les attaques de Despreaux, ne peuvent disconvenir que les per-

(12) Défense du Poëme Héroïque, p. 134.

sonnages de ses Tragedies ne soient trop damerets. Despreaux l'a remarqué très-judicieusement (13).

Les Héros chez Quinault parlent bien autrement,
Et jusqu'à je vous hais, tout s'y dit tendrement.

Il n'est pas non plus le seul, qui l'ait repris de ce défaut. Dans les Tragedies de Quinault, dit Saint Evremond (14), on desire souvent de la douleur où l'on ne voit que de la tendresse.

Quinault sans avoir ni lû l'Histoire, ni étudié le genie des Nations, croyoit trouver tout dans son esprit; & sans autre secours que celui de son imagination pouvoir peindre au vrai les Personnages qu'il mettoit sur la Scene. C'est ce qui lui attira la raillerie d'un homme de la Cour qui étoit à la representation d'une de ses Pieces (15). Quinault lui en expliquoit le dessein; la Scene, disoit-il, est en Cappadoce, & il faut se transporter dans ce pays-là & entrer dans le genie de la Nation pour bien juger de cette Piece. Vous avez raison, dit le Courtisan, & je crois qu'elle seroit bonne à joüer sur les lieux. Celui qui faisoit cette réponse n'étoit dans le fonds nullement persuadé, que les Cappadociens fussent aussi-bien caracterisez dans la Piece dont il s'agissoit, que Quinault vouloit le lui donner à entendre; il feignoit seulement par une maligne complaisance, de le croire ainsi, pour mieux se moquer de lui, & avoir occasion de l'envoyer en Cappadoce. Ce n'est donc pas sans raison, qu'on a fait dire à Furetiere (16) que Quinault n'étoit

(13) Satire III.
(14) Oeuvres de S. Evremond, édition de Londres t. 3 p. 89.
(15) De Callieres, des bons mots, &c. p. 78.
(16) Furetieriana, p. 137.

pas sçavant ; jusques-là qu'une personne lui demandant un jour s'il avoit lû Natalis Comes sur la Mythologie, il répondit que non ; mais qu'il avoit lû *Noël le Comte*.

L'acharnement que la plûpart des Auteurs avoient fait paroître sur ses Ouvrages, se trouva sans force en 1664. qu'il donna au Theatre le *Mere Coquette ou les Amans broüillez*, *Comedie*, qui fut generalement applaudie du Public, & que quelques Connoisseurs ont mises en paralelle avec les Pieces de Moliere.

Quinault ayant vû chanceler sa réputation par la cabale de ses ennemis, voulut joüir tranquilement de la nouvelle gloire que cette Comedie venoit de lui acquerir. Cependant ayant voulu faire representer *Bellerophon* en 1665. Cette Tragedie n'eut pas tout le succès dont il s'étoit flaté. *Bellerophon* fut siflé, & les ennemis de Quinault commencerent à triompher : mais leur joye ne fut pas de longue durée. Il leur imposa silence en 1666. par *la Tragedie de Pausanias* C'est par cette Piece qu'il fit son adieu au Theatre François, puisque l'on a de lui depuis ce tems-là que ses Opera.

Encouragé par les applaudissemens qu'on avoit donnez à ses Ouvrages, il crut pouvoir aspirer à la premiere place qui viendroit à vaquer à l'Académie Françoise. Pendant qu'il s'entretenoit dans cette pensée, M. Salomon l'un des quarante Academiciens étant venu à mourir, Quinault fut choisi par eux avec plaisir en 1670. (17) pour remplir la place vacante. » Le Discours qu'il prononça » (18) le jour de sa reception, & deux autres qu'il » fit au Roi sur ses Conquêtes, à la tête de cet- » te Compagnie, ont fait voir que Quinault

(17) Moreri.
(18) Perrault, Hommes Il- lustres, t. 1. p. 82.

„ n'étoit pas moins bon Orateur que bon Poëte:
„ sur tout lorsqu'ayant appris la nouvelle de la
„ mort de M. de Turenne, au moment qu'il alloit
„ haranguer le Roi, il en parla sur le champ d'une
„ maniere si juste & si spirituelle, qu'il seroit mal-
„ aisé d'exprimer la surprise qu'en eut toute la
„ Cour ".

Quinault se voyant bel esprit titré, voulut acquerir une Charge qui lui donnât un rang dans le monde. C'est ce qu'il fit en achetant celle d'Auditeur des Comptes. Lorsqu'il croyoit s'en mettre en possession, on fit quelque difficulté de le recevoir: Messieurs de la Chambre des Comptes disoient qu'il n'étoit pas de l'honneur d'une Compagnie aussi grave que la leur, de recevoir dans leur Corps un homme qui avoit paru pendant plusieurs années sur les Theatres pour y faire representer ses Tragedies & ses Comedies; cet incident fut cause qu'un Anonyme fit les Vers suivans.

Quinault, le plus grand des Auteurs,
Dans votre Corps, Messieurs, a dessein de paroître:
Puisqu'il a fait tant d'Auditeurs,
Pourquoi l'empêchez-vous de l'être?

Cette opposition ne dura pas longtems, & Messieurs de la Chambre des Comptes le reçûrent à la place de M. Anceau le 18. Septembre 1671 (19). Après sa reception, le même Poëte dont j'ai déja parlé fit encore ces Vers, que je rapporte pour ne rien omettre de ce qui concerne Quinault.

Parmi les Présidens & Maîtres de la Chambre,
Quinault Poëte & grand Auteur
De cet illustre Corps ne fait qu'un petit membre
Comme Conseiller Auditeur.

(18) Registre de la Chambre des Comptes.

Mais, par un beau retour, quand on le voit paroître
Au milieu de ses Spectateurs;
Il n'est point aujourd'hui de Président ni Maître
Qui ne deviennent Auditeurs.

Il continua jusqu'à sa mort de faire les fonctions de cette Charge avec autant d'exactitude que les plus laborieux de ses Confreres qui n'avoient point d'autre occupation. Le Public ne voyant plus paroître de ses Ouvrages pendant plusieurs années, crut que l'acquisition de cette Charge l'empêchoit de travailler. Le bruit en courut ainsi: mais la véritable cause étoit qu'il avoit promis en se mariant de renoncer à la Poësie, parce que sa femme avoit témoigné une grande repugnance à épouser un Poëte. Quinault pour de certaines raisons ou plûtôt pour plaire à sa femme, ne composa plus pour le Theatre que par rapport aux Opera. On diroit que ç'a été par une espece de pressentiment de l'avantage que remporteroient ces sortes de compositions sur les precedentes; car quoyque ses Tragedies & ses Comedies ayent été fort applaudies de son vivant, elles n'ont pas eû le même sort après sa mort: ce n'est pas qu'il n'y ait de tres-belles choses, & qui auroient encore aujourd'hui les mêmes applaudissemens qu'elles ont reçûës à leur naissance, si les excellentes productions des Corneilles, des Racines, & des Molieres, ne les avoient entierement effacées. Cependant on joüe encore de tems en tems l'*Astrate*, la *Mere Coquette*, & l'*Agrippa*, ou *le faux Tiberinus*; & c'est tout l'avantage que s'est pû conserver la Muse Tragique & Comique de Quinault.

Si d'autres l'ont surpassé dans le Tragique & dans le Comique, on peut dire qu'il a tenu le premier rang parmi les Poëtes Lyriques; quoyqu'il y'ait eû de tres-beaux genies qui ayent travaillé dans ce genre, il faut avoüer néanmoins qu'il n'y en a aucun qui ait atteint à cette facilité & à cet air gracieux, qui sont comme le caractere particulier de ses Ouvrages. Je ne suis pas le seul de mon sentiment; M. l'Abbé Pic s'exprime d'une maniere encore plus décisive que moi sur ce sujet. « Je ne prétends point, dit-il, élever Quinault » au-dessus des Auteurs qui ont travaillé depuis sa » mort. Si l'on en excepte quelques-uns de ses » Opera, je ne fais point de difficulté de le con- » fondre avec eux pour ce qui regarde la compo- » sition des sujets; comme je le mets infiniment » au dessus pour la beauté de ses Vers. Il a un tour » noble & galant dans ses expressions, dont per- » sonne n'a pû approcher jusqu'ici, & je doute » que l'Antiquité ait rien de meilleur à nous offrir » dans le genre Lyrique. &c (20).

J'ai déja dit que Quinault avoit promis à sa femme de renoncer à la Poësie. Cependant il crut avec raison que s'agissant de travailler pour le divertissement du Roi, il étoit dispensé de tenir sa parole. Il fit donc des Opera. Avant que de parler de ceux de Quinault, je crois que le Public ne sera pas fâché d'apprendre de quelle maniere ces sortes de Spectacles se sont introduit en France; en voici l'origine.

On introduisoit anciennement en France des Musiques ridicules; » tantôt c'étoient des Anes » qui chantoient; tantôt des Loups, des Singes, » des Renards, ou d'autres animaux joüoient de » la flûte; tantôt on frottoit des grils de fer avec » des limes au lieu de Violons, & ces folies » étoient les divertissemens les plus ordinaires » du Carnaval. Le Mardi gras de l'an 1511. on

(20) Oeuvres mêlées de S. Evremond, t. 7. contenant les mélanges curieux, p. 164.

» joüa aux Halles de Paris, *le Jeu du Prince des*
» *Sots & de la Mere Sotte* où il n'y avoit rien de
» raisonnable qu'un trio chanté par la Mere Sotte,
» & deux jeunes Sots. Les paroles de ce trio
» étoient :

Tout par Raison :
Raison par tout :
Par tout Raison.

Ce sont les propres termes du R. P. Ménêtrier dans le Traité qu'il a composé *des Representations en Musique* (21). Mais, avec tout le respect que je dois à cet habile Jesuite, il me paroît que lorsqu'il avance qu'il n'y avoit rien de raisonnable en toute cette Piece que le trio que je viens de citer, certainement il en avoit porté un fort mauvais jugement. L'Auteur de cette petite Comedie ou Farce se nommoit *Pierre Gringore dit Vaudemont*, Herault d'Armes du Duc de Lorraine, & connu par plusieurs autres Ouvrages. Voici quel est le plan de la Piece en question. Le Prince des Sots voulant tenir ses Grands-Jours, ses Vassaux, qui sont les Sots de toutes conditions, s'assemblent de toutes parts pour s'y trouver. L'on y voit paroître le Seigneur du Pont Alletz, le Prince de Nattes, le Seigneur de Joye, le Seigneur du Plat, le General d'Enfance, le Seigneur de la Lune, l'Abbé de Frévaux, l'Abbé de Platte-Bource ; le premier, le second, & le troisiéme Sot ; enfin le Prince des Sots lui-même, accompagné du Seigneur de Gayeté. Le Seigneur de Gayeté demande :

Et où est Frévaux ?

L'Abbé lui répond :

Me vela.
Pardevant vous vueil comparaître :

(21) Page 56.

J'ay despendu, notez cela,
Et mangé par cy & par là
Tout le revenu de mon Cloistre.
LE PRINCE DES SOTS.
Vos Moines ?
L'ABBE'.
Et ils doivent estre
Par les champs pour se pourchasser ;
Bien souvent quand cuident repaistre,
Ils ne sçavent les dents où mettre
Et sans souper s'en vont coucher :
LE SEIGNEUR DE GAYETE'.
Et Saint Liger notre ami cher
Veut-il laisser ces Prélats dignes ?
LE II. SOT.
Quelque part va le tems passer :
Car mieux se cognoist à chasser
Qu'il ne fait à dire Matines.
LE III. SOT.
Vos Prélats font un tas de mines
Ainsi que Moines reguliers :
Mais souvent dessous les courtines
Ont creatures feminines
En lieu d'Heures & de Psaultiers.
LE I. SOT.
Tant de Prelats irreguliers !
LE II. SOT.
Mais tant de Moines apostats !
LE III. SOT.
L'Eglise a de mauvais Piliers,
LE I. SOT.
Il y a un grand tas d'Asniers,
Qui ont des Benefices à tas, &c.

Ce petit échantillon fait ce me semble assez connoître que l'Auteur de cette Farce étoit un Poëte assez passable pour ce tems-là, & que le Trio vanté par le P. Menêtrier n'est constamment pas le meilleur endroit de la Piece, à moins qu'il n'ait eu égard à la Musique, & non au sens des paroles. Mais passons à la Scene où paroît *la Mere Sott*, habillée par dessous en *Mere Sotte*, & revêtuë par dessus de l'habit avec lequel on represente l'Eglise. Elle est accompagnée de Sotte Fiance & de Sotte Occasion. Frevaux & Platte-Bource la saluent ainsi :

 Nostre Mere, nostre Assottée,
 Nostre Support, nostre Soulas ;
 Pardieu vous serez confortée
 Et de nuit & jour supportée
 Par vos vrais Supports les Prélats.
  LA MERE SOTTE.
 Or je vous dirai tout le cas.
 Mon fils, la Temporalité
 Entretient, je n'en doute pas.
 Mais je vueil par fas ou nefas
 Avoir sur luy l'auctorité.
 De l'Espiritualité
 Je joüis, ainsi qu'il me semble :
 Tous les deux vueil mesler ensemble.
  SOTTE FIANCE.
 Les Princes y contrediront.
  SOTTE OCCASION.
 Jamais ils ne consentiront
 Que gouverniez le Temporel.
  LA MERE SOTTE.
 Vueillent ou non, ils le feront :
 Ou grande guerre à moy auront,
 Tant qu'on ne vid onc debat tel.
  PLATTEBOURCE.
 Mais gardons le Spirituel
 Du Temporel ne nous meslons.
  LA MERE SOTTE.
 Du Temporel joüir voulons. &c.

Pour l'intelligence de cette Scene de Mere Sotte,

Sotte, qui paroît d'abord un peu hardie, il faut faire attention au tems que la Comedie fut joüée. Ce fut en 1511. sous le regne de Loüis XII. & sous le Pontificat de Jules II. Genois, homme ambitieux & entreprenant, parvenu au S. Siege par des voyes peu canoniques. L'on sçait que ce Pape, après avoir remarqué le foible des Princes d'Italie, se mit en tête qu'il étoit au-dessus d'eux tous, en force d'esprit aussi-bien qu'en dignité : qu'ainsi il les pouvoit mener à baguette, & à la fin les détruisant l'un par l'autre, les chasser tous de l'Italie, & y dominer lui seul. Ce fut dans cette vûë qu'il mit sur pied des Troupes, & qu'il porta le fer & le feu dans les Etats de plusieurs de ses voisins qui ne l'avoient offensé en aucune maniere. Son ambition démesurée ne s'en tint pas là. Malgré les obligations qu'il avoit au Roi Loüis XII. il ne songea qu'à lui susciter des ennemis de tous côtez : de sorte que ce bon Prince se trouva enfin en 1510. dans la necessité de prendre les armes pour se défendre contre les entreprises de ce Pape. Il n'est donc pas trop surprenant qu'au fort de toutes ces broüilleries, les François naturellement enclins à la satire, se soient un peu réjoüis aux dépens d'un Pontificat qui offroit une si belle carriere à la censure. Ils en auroient encore bien dit davantage s'ils avoient eu le don de deviner ce qui arriva l'année suivante 1512. dans laquelle Jules II. poussa l'extravagance jusqu'au point de mettre le Royaume de France en interdit, & d'ajourner le Roi, les Prélats, Chapitres, & Parlemens, à comparoître devant lui dans soixante jours, pour dire les raisons qui les portoient à ne vouloir pas que la Pragmatique fût abrogée. Ce petit trait d'Histoire suffira pour montrer que *Pierre Gringore* étoit bien fondé à censurer la conduite d'un tel Pape ; sur tout dans ces tems-là, où l'on parloit avec bien plus de liberté que l'on ne feroit aujourd'hui.

Voilà au reste quels étoient les Spectacles ou plûtôt quelles étoient les Farces en Musique de ces tems-là. Je ne m'amuserai point à en donner d'autre idée, ce seul exemple suffit. Voyons présentement à qui l'on est redevable de l'invention des Opera.

Les Italiens sont ceux à qui on en attribuë la gloire. Ils commencerent à les faire paroître vers le XV. siecle (22). Les deux Papes de la Maison de Medicis, Leon X. & Clement VII. Princes recommandables par leur amour pour les beaux Arts & pour les Sçavans; mais un peu trop adonnez à leurs plaisirs, ont eu des especes d'Opera, comme ils ont eu des Comedies à décorations & à machines. Ce fut Balthasar Peruzzi Peintre (23) qui renouvella les anciennes décorations de Theatre, quand le Cardinal Bernard de Bibienne fit representer devant ce Pape en 1516. la Comedie intitulée *la Calandra*, qui est une des premieres Pieces Italiennes qui ayent paru sur les Theatres. L'Italie ne vit jamais de décorations plus magnifiques que celles de Peruzzi (24). ,, La Perspe-
,, ctive étoit si reguliere, & si proportionnée aux
,, changemens des Scenes, que les sens enchantez
,, croyoient voir des éloignemens spatieux au lieu
,, de leur representation ". Aussi ce Peintre doit-il être consideré comme celui qui a ouvert le chemin aux Machinistes en ce genre.

Jean-Antoine de Baïf, Poëte François, est un des premiers qui ait établi une maniere d'Aca-

(22) De Fresneuse de la Vieville, Comparaison de la Musique Italienne, & de la Musique Françoise, t. 2. p. 176. Bruxelles 1705.

(23) De Piles, Abregé de la Vie des Peintres, p. 216.
(24) Buillart, Académie des Sciences & des Arts, t. 1. p. 373. Bruxelles 1682.

démie de Musique en France. Il n'avoit pour tous biens qu'une maison à Paris dans le Fauxbourg S. Marcel. L'on y faisoit ordinairement des Concerts qui lui acquirent tant de reputation que toutes les personnes de qualité y venoient, & que le Roi Henri III. même les honora souvent de sa présence. Les uns disent que Baïf ayant affecté de faire des Vers François mesurez à la maniere des Grecs & des Latins, & que s'étant contenté du chant mêlé à la Poësie sans y joindre les autres ornemens des Opera, il ne put faire réüssir son dessein ; d'autres assurent qu'il en seroit venu à bout si les guerres civiles n'avoient été cause que Baïf fut contraint de discontinuer ces agréables exercices.

On prétend que ce fut Ottavio Rinuccini, Poëte Italien, natif de Florence, qui fut l'inventeur des Opera dans l'Italie, c'est-à-dire, de la maniere de representer en Musique les Comedies, les Tragedies, & les autres Pieces Dramatiques ; quoyque d'autres attribuent ce rétablissement à un Gentilhomme Romain nommé Emilio Cavalieri.

Vers ce tems-là on faisoit des Balets à la Cour, où l'on mettoit des recits & des Dialogues en plusieurs parties. Le premier où le bon goût commença à paroître fut le Balet qui fut dansé en 1581. de la composition d'un certain Italien nommé Balthazarini. C'étoit un des meilleurs Violons de l'Europe, que le Maréchal de Brissac étant Gouverneur de Piémont envoya à la Reine mere qui en fit son Valet de Chambre. Ce Balthazarini prenant le nom de Beaujoyeux (25), „se „rendit si illustre par ses inventions de Balets, „de Musiques, & de Representations, que l'on

---

(25) Menétrier des Representations en Musique, p. 272.

» ne parloit que de lui. Ce fut lui qui fit le Balet
» des Nôces du Duc de Joyeuse avec Mademoi-
» selle de Vaudemont sœur de la Reine ; & ce
» Balet après avoir été dansé, comme j'ai déja dit,
» en 1581. fut imprimé l'année suivante chez Ro-
» bert Ballard (26) sous le titre de Balet Comi-
» que de la Reine, fait aux Nôces de Monsieur
» le Duc de Joyeuse & de Mademoiselle de Vau-
» demont sa sœur, par Balthazar de Beaujoyeux,
» Valet de Chambre du Roi & de la Reine sa
» mere. Beaulieu & Salmon, Maîtres de la Mu-
» sique du Roi l'aiderent en la composition des
» recits & des airs de Balet; la Chénaye, Au-
» mônier du Roi, fit une partie des Vers, &
» Jacques Patin, alors Peintre du Roi le servit
» pour les decorations «.

Toute l'Italie avoit donné son approbation & ses applaudissemens à quatre Pieces de la composition de Rinuccini, qui sont *Daphné*, *Euridice*, *Arethuse*, & *Ariane*. Le grand bruit qu'elles avoient fait l'engagerent à se mettre à la suite de la Reine Marie de Medicis lorsqu'elle vint en France. Ce Gentilhomme s'étoit entretenu dans la ridicule pensée qu'il étoit aimé de cette Princesse, & qu'il n'y avoit que la crainte du tablier qui l'empêchât de lui donner des preuves de son prétendu amour. Cependant lorsqu'il fut en France, la vertu de la Reine le rebuta tellement, qu'il fut assez étourdi pour se plaindre des rigueurs de cette Princesse à plusieurs personnes. Les railleries piquantes que l'on fit de lui l'obligerent à s'en retourner dans son Pays. On lui a toujours obligation d'avoir introduit en France les Opera. Je ne sçai point s'ils ne se sentoient pas un peu du caractere de leur Auteur : mais il

---

(26). Bibliotheque de la Croix du Maine, p. 28.

est certain qu'il parut après lui plusieurs Balets d'un assez mauvais goût. Ils ne consistoient que dans le choix d'un sujet bouffon, dont le nom des personnages faisoit souvent la plus grande beauté. Tel fut le Balet des Fées, des Forêts de S. Germain, dansé une seule fois au Louvre par Loüis XIII. en 1625. où Guillemine la Quinteuse, Robine la Hazardeuse, Jacqueline l'Entenduë, Alison la Hargneuse, & Macette la Caprioleuse, (c'est ainsi que se nommoient les cinq Fées de ce Balet) signalerent admirablement leur pouvoir, à ce que dit M. l'Abbé de Marolles (27) : la premiere présidant à la Musique, la seconde aux Jeux de Hazard, la troisiéme aux diverses especes de Folies, la quatriéme aux Combats, & la derniere à la Danse.

Plusieurs Auteurs disent que ce fut le Cardinal Mazarin qui amena le goût des Opera en France. Renaudot parle d'une Piece intitulée *La Festa Theatrale de la Finta Pazza*, que ce Cardinal fit representer en 1645. au petit Bourbon. Le même Auteur fait encore la description d'*Orphée* & d'*Euridice*, Opera en Vers Italiens que ce Prélat fit joüer en 1647. (28) par des Acteurs qu'il avoit fait venir de delà les Monts. Maynard & Voiture ont adressez chacun un Sonnet au Cardinal Mazarin au sujet des Machines de cette Comedie Italienne. Ces deux Sonnets sont beaux & meritent d'être lûs.

M. Corneille l'aîné donna en 1650. (29) *Andromede Tragedie à Machines*. Elle fut representée par la Troupe Royale. On apperçut dans cette Piece quelque idée des Opera de Venise par rapport à la magnificence du Spectacle. Elle fut faite

---

(27) Suite de ses Memoires. 1647. p. 201.

(28) V. Gazettes années 1650. p. 245.

(29) V. Gazettes années

pour le divertissement du Roi dans les premieres années de sa minorité. » La Reine Mere (30) y » fit travailler dans la Salle du petit Bourbon. Le » Theatre étoit beau, élevé & profond. Le Sieur » Torelly pour lors Machiniste du Roi travailla » aux Machines d'Andromede ; elles parurent si » belles aussi-bien que les décorations qu'elles » furent gravées en tailles-douces «.

Benserade parut peu de tems après, & se distingua par la facilité de son genie. Il n'a pas peu contribué à donner l'idée des Opera, par les Balets dont il faisoit les Vers. Le premier Ouvrage dans ce genre que l'on a de lui est intitulé *Cassandre* : c'est une Mascarade en forme de Balet, qui fut dansé par le Roi au Palais Cardinal en 1651. Au reste M. de Benserade est le seul » qui ait eu le » talent de confondre (31) le caractere des Dan- » seurs avec celui des Bergers ou des Dieux qu'ils » représentoient «.

L'Abbé Perrin, successeur de Voiture dans la Charge d'Introducteur des Ambassadeurs auprès de Gaston Duc d'Orleans, fut ensuite le premier qui hazarda des paroles Françoises, à la verité fort mechantes ; mais elles réussirent pourtant assez bien lorsqu'elles eurent été mises en Musique. Ce succès l'encouragea à donner une Piece en forme d'Opera. C'étoit une Pastorale en cinq Actes, mais sans regles ; elle fut chantée pour la premiere fois en 1659. à Issy dans la belle maison de M. de la Haye. Perrin dit qu'il avoit choisi ce Village pour éviter la foule du Peuple qui l'auroit (32) accablé infailliblement, s'il eût donné

---

(30) *Mercure Galant* Juillet 1682. p. 59. & suite.

(31) M. l'Abbé Mervesin ; *Histoire de la Poësie Françoise*, p. 241.

(32) Lettre à l'Abbé de la Roüera, Archevêque de Turin. Voyez les Oeuvres de Perrin, p. 274. & 276.

ce Divertissement au milieu de Paris. La précaution qu'il avoit prise de choisir cet endroit éloigné de trois lieües n'empêcha pas néanmoins que cette Piece n'attirât à sa representation une telle foule de personnes de la premiere qualité, Princes, Ducs & Pairs, Maréchaux de France, & Officiers de Cours Souveraines, que tout le chemin de Paris à Issy étoit couvert de carosses. Quelque tems après cette Piece fut représentée à Vincennes où le Cardinal Mazarin en regala le Roi. Cambert, Surintendant de la Musique de la Reine Mere, & Organiste de Saint Honoré, avoit composé la Musique de cette Pastorale.

En 1660. le Cardinal Mazarin fit encore representer une autre Piece aux Nôces du Roi sous le titre d'*Ercole Amante*. Cet Opera ne plut point aux François qui avoient commencé à prendre goût à leurs paroles. Ainsi cette Piece dont on fit une traduction en Vers François, & que l'on fit ensuite imprimer, ne put conserver l'agrément de la nouveauté qu'avoit eu la Pastorale de Perrin où tout le monde avoit couru.

Dans ce tems-là le Marquis de Sourdeac, de l'illustre Maison de Rieux, à qui l'on doit la perfection des Machines propres aux Opera, fit connoître son genie par celles de la Toison d'or. Elles firent beaucoup de bruit, & chacun les trouva les plus pompeuses qui eussent paru pour lors en France. Le Marquis de Sourdeac fit donc representer la *Toison d'or*, dans son Château de Neubourg en Normandie. Il prit le tems du mariage du Roi pour faire une réjoüissance publique; & il fit seul la dépense pour en regaler (33) toute la Noblesse de la Province. » Depuis, il voulut » bien en gratifier la Troupe du Marais, où le Roi

(35.) Le Theatre François, imprimé à Lyon en 1674. p. 52.

„ suivi de toute la Cour vint voir cette Piece.
„ La magnificence de ce spectacle qui n'étoit dû
„ qu'à l'esprit du Marquis de Sourdeac, a servi
„ de modele pour d'autres qui ont suivi «.

En 1661. on vit les repetitions de l'*Ariane* de l'Abbé Perrin. Les paroles en furent trouvées encore plus méchantes que celles de sa Pastorale. Pour la Musique ce fut le chef-d'œuvre de Cambert. La mort du Cardinal Mazarin empêcha que l'Ariane ne fut joüée, & suspendit pendant quelque tems le progrès des Opera naissans.

Cet accident ne rebuta point l'Abbé Perrin qui fit paroître *Pomone*, Pastorale, qui fut long-tems repetée dans la grande Salle de l'Hôtel de Nevers où étoit la Bibliotheque du Cardinal Mazarin. Ce nouvel Ouvrage lui attira un grand nombre d'approbateurs, ce qui lui donna la hardiesse de solliciter auprès du Roi, des Lettres Patentes pour l'établissement d'une Académie des Opera en langue Françoise ; ce qu'il obtint de Sa Majesté le 28. Juin 1669. avec privilege exclusif d'établir des Opera non-seulement à Paris, mais par toute la France.

Les representations en Musique ne commencerent à paroître dans leur perfection que nombre d'années après, que Lulli y vint. Avant cela, le Roi faisoit tous les ans de fort grands Spectacles qu'on nommoit Balets. Il y avoit un corps de Sujet representé par un grand nombre d'Entrées mêlées de Recits. Lulli ne fit d'abord les Airs que d'une partie : mais comme il avoit un genie merveilleux, il composoit les Entrées dont il faisoit les Airs, & enfin il travailla seul aux Balets.

Les premieres paroles que composa Quinault sont celles qui se chantent dans *Psyché* Tragedie-Balet, à la reserve de la plainte Italienne. Ce qu'il y a de surprenant, c'est que les Vers ont été faits & mis en Musique en moins de quinze jours. Cependant les Vers ni la Musique n'ont rien qui donne lieu de s'appercevoir de cette précipitation de travail. Lulli fit représenter cette Piece pour le Roi dans la grande Salle des Machines du Palais des Thuilleries pendant tout le Carnaval de l'année 1670. Si la Musique de Lulli fut trouvée excellente, les paroles de Quinault eurent le même succès, & firent trouver insupportables celles de l'Abbé Perrin. Cela ne l'empêcha pourtant pas de vouloir profiter de la grace qu'il avoit obtenuë du Roi. Il songea à l'établissement de son Opera : mais comme il ne pouvoit fournir seul aux soins & à la dépense excessive que demandoit une telle entreprise, il s'associa pour la Musique avec Cambert, pour les Machines avec le Marquis de Sourdeac, & pour fournir aux frais necessaires avec le nommé Champeron.

Lulli qui étoit pour lors Surintendant de la Musique du Roi voyant avec chagrin que Cambert alloit s'acquerir beaucoup de réputation par la Musique de ses Opera, s'avisa pour les faire tomber, de lui débaucher Morel & Gillet, les deux plus belles voix qu'il eût pour lors, sous prétexte de les donner au Roi. Le Marquis de Sourdeac pour remedier à cet incident, envoya le nommé Monier en Languedoc qui fit venir à Paris Clediere, Baumavielle, Miracle, Tholet & Rossignol, qui étoient les plus belles voix de la Province. Peu de tems après, on leur vit representer Pomone à Paris au mois de Mars 1671. sur le Theatre de Guenegaud. C'est le premier Opera qui ait paru sur le Theatre François. ” La Poësie ” en étoit fort méchante (33), la Musique belle : ” on voyoit les Machines avec surprise, les Dan- ” ses avec plaisir ; on entendoit le Chant avec

(33) S. Evremond, t. 3. p. 216.

,, agrément, & les paroles avec dégoût ,,. Cependant il fut représenté huit mois entiers avec un applaudissement general. Une Chanteuse nommée la Cartilly, qui étoit une Actrice assez laide, faisoit le rôle de Pomone dans cet Opera, qui fut tellement suivi que Perrin en retira pour sa part plus de trente mille livres. Quelques tems après, le Marquis de Sourdeac sous prétexte des avances qu'il avoit faites pour payer les dettes de Perrin s'empara du Theatre & pour se passer de ce pauvre Poëte, il eut recours à Gilbert, Secretaire des Commandemens de la Reine de Suede, qui composa un Opera sous le titre de *Pastorale héroïque des Peines & des Plaisirs de l'Amour*, qui fut représenté sur le même Theatre de Guenegaud. S. Evremond (34) nous apprend que cet Opera ,, eut quelque chose de plus poli & de ,, plus galant que les autres. Les voix & les in- ,, strumens, dit-il, s'étoient déja mieux formez ,, pour l'execution. Le Prologue étoit beau, & le ,, Tombeau de Climene fut admiré ''. C'est dans cet Opera que la Brigogne celebre Actrice parut avec éclat. Ses manières, sa voix dans le rôle qu'elle faisoit charmerent tellement tous ses Auditeurs, que le nom de la petite Climene lui en demeura.

Pendant que l'on voyoit avec plaisir cette nouvelle Piéce, Lulli profitant de la division qui s'étoit mise entre les Associez de l'Opera, obtint par le credit de Madame de Montespan, que l'Abbé Perrin, moyennant une somme d'argent, lui cederoit son Privilege. Ce changement obligea Cambert de passer en Angleterre, où il mourut en 1677. Surintendont de la Musique de Charles II. Lulli s'associa le Sieur Vigarani, Machiniste du Roi, & plaça d'abord son Theatre au Jeu de

(34) S. Evremond, t. 3. p. 216.

Paume de Bel-air où il donna en 1672. *les Fêtes de l'Amour & de Bacchus*, Paſtorale, compoſée des fragmens de differens Balets dont il avoit fait la Muſique ſur les paroles de Quinault.

Enfin la Troupe des Comediens du Roi, établie dans la Salle du Palais Royal, ayant perdu l'illuſtre Moliere, qui en étoit le Chef, le 17. Février 1673. Lulli à qui Sa Majeſté avoit fait expedier des Lettres de Privilege pour la repreſentation des Opera, prit poſſeſſion de cette Salle. Le premier Opera de Quinault qui y ait été repreſenté fut *Cadmus & Hermione* Il parut au mois d'Avril 1673. il avoit déja été executé pour la premiere fois ſur le Theatre de Bel-air, & il fut reçû avec le même applaudiſſement ſur celui du Palais Royal. Le ſeul défaut que l'on reprocha à Quinault fut d'avoir mêlé du burleſque dans cette Piece; reproche que l'on avoit déja fait à Perrin lorſqu'il donna au Public ſon Opera de Pomone. Mais Quinault ſe corrigea par la ſuite, & s'apperçut le premier qu'il avoit mal fait d'imiter en cela les Italiens, qui mêlent du burleſque dans les Pieces les plus ſérieuſes, afin de diverſifier leurs ſujets; reſſource pire que la pauvreté, & que l'on ne doit nullement leur envier.

Le Roi qui s'eſt toujours diſtingué par le choix des Auteurs dont il s'eſt ſervi pour les magnifiques divertiſſemens qu'il a donnez à ſa Cour, parut ſi content des Fêtes de l'Amour & de Bacchus, & de Cadmus & Hermione, qu'il choiſit ſeul Quinault pour compoſer de pareils Ouvrages. Sa Majeſté daignoit même quelquefois lui en donner les ſujets. Enſuite le Roi pour l'encourager à redoubler ſes ſoins lui donna deux mille livres de penſion.

Lulli ayant remarqué que Quinault avoit une grande facilité pour la compoſition des Vers propres à mettre en Musique, & voulant se l'attacher d'une maniere à en pouvoir disposer, lui proposa de passer un écrit par lequel Quinault s'obligeroit de lui fournir un Opera tous les ans, & Lulli de lui donner quatre mille livres pour chaque Opera. Quinault accepta l'offre de Lulli.

Un Auteur nous apprend de quelle maniere se Poëte & le Musicien s'entendoient ensemble pour la composition d'un Opera. ,, Quinault, dit-il, ,, cherchoit & dressoit plusieurs sujets. Ils les ,, portoient au Roi qui en choisissoit un. Alors ,, Quinault écrivoit un plan du dessein & de la ,, suite de sa Piece. Il donnoit une copie de ce ,, plan à Lulli, & Lulli voyant de quoi il étoit ,, question en chaque Acte, & quel en étoit le ,, but, préparoit à sa fantaisie des divertissemens, ,, des Danses, des Chansonnettes de Bergers, &c. ,, Quinault composoit ses Scenes, & aussitôt ,, qu'il en avoit achevé quelques-unes, il les mon- ,, troit à l'Académie Françoise dont il étoit ".

Les Auteurs du Menagiana ne sont pas de ce sentiment. Dans la premiere édition de ce Livre, ils prétendent que ce qu'il y a de supportable dans ses Opera, il le tenoit des conversations fréquentes qu'il avoit avec une tres-habile Demoiselle; c'étoit, disent-ils, Mademoiselle Serment. ,, Qui- ,, nault la consultoit en tout, & n'a rien publié ,, depuis l'Alceste, qu'elle n'en fut contente ; ce ,, qui leur fait conclure, que si le faiseur d'Opera ,, a acquis quelque gloire, elle lui est commune ,, avec d'autres personnes ".

Dans la seconde édition du Menagiana, ce n'est plus cette fille sçavante, ce sont Messieurs Boyer & Perrault qui revoyoient les Opera de Quinault par ordre de M. Colbert. Cette derniere particularité me paroît plus vraysemblable que la premiere ; car il est certain que Quinault ne fit connoissance avec Mademoiselle Serment, que lorsqu'il travailloit à son Opera d'Armide, qui est le dernier que nous ayons vû de lui

Que ce fussent Messieurs de l'Académie ou d'autres Sçavans qui corrigeassent les Scenes de Quinault, Lulli ne les recevoit point sans y regarder après de si habiles réviseurs (35). ,, Il examinoit
,, mot à mot cette Poësie déja revûë & corrigée,
,, dont il retranchoit la moitié lorsqu'il le jugeoit
,, à propos ; & point d'appel de sa critique, il
,, falloit que Quinault s'en retournât rimer de
,, nouveau. A la fin il se mordoit si bien les doigts
,, que Lulli agréoit une Scene. Lulli la lisoit jus-
,, qu'à la sçavoir par cœur : il s'établissoit à son
,, Clavessin, chantoit & rechantoit les paroles,
,, battoit son Clavessin, & faisoit une basse con-
,, tinuë. Quand il avoit achevé son chant, il se
,, l'imprimoit tellement dans la tête, qu'il ne s'y
,, seroit pas mépris d'une note. L'Aloüette ou
,, Colasse venoient, ausquels il le dictoit. Le len-
,, demain il ne s'en souvenoit plus gueres. Il fai-
,, soit de même les Symphonies liées aux paro-
,, les, & dans les jours où Quinault ne lui avoit
,, rien donné, c'étoit aux airs de Violon qu'il tra-
,, vailloit.

,, C'est ainsi que se composoit par Quinault &
,, par Lulli le corps de l'Opera, dont les paroles
,, étoient faites les premieres (36). Au contraire
,, pour les Divertissemens, Lulli faisoit les airs
,, d'abord, à sa commodité & en son particulier.
,, Il y falloit des paroles ; afin qu'elles fussent ju-
,, stes, Lulli faisoit un canevas de Vers, & il en
,, faisoit aussi pour quelques airs de mouvement.
,, Il appliquoit lui-même à ces airs de mouvement
,, & à ces Divertissemens, des Vers, dont le me-

(35) De Fresneuse, &c. t. 2.   (36) De Fresneuse, &c. t. 2.
p. 214. & 215.   p. 218. & 220.

« rite principal étoit de quadrer en perfection à
» la Musique, & il envoyoit cette brochure à
» Quinault, qui ajustoit les siens dessus. Lulli
» reconnoissoit la superiorité de Quinault au re-
» gard de la Poësie, & lui renvoyoit la gloire de
» faire ce qu'il faisoit mieux que lui ". Le Musicien rendoit justice au Poëte : jamais homme n'a
mieux manié cette sorte de versification que lui.
» Lulli (37) avoit raison de dire que Quinault
» étoit le seul Poëte qui pût l'accommoder, &
» qui sçût aussi bien varier les mesures & les ri-
» mes dans la Poësie, qu'il sçavoit varier les
» tours & les cadences en Musique ".

Le premier Opera que Quinault donna au Public, après s'être accommodé avec Lulli, fut
Alceste ou le Triomphe d'Alcide. Il fut representé
en 1674. C'est de tous ses Opera celui qui a le
plus partagé les esprits. Je ne doute point, dit
Baillet, qu'il n'eût été encore plus applaudi par
la suite, si Perrault intime ami de Quinault n'en
eût été le Censeur. Il prouve que cet Opera est
défectueux, non seulement dans la conduite du
sujet, mais aussi dans la versification ; que Quinault a tout gâté en ne mettant pas dans sa Piece
ce qu'il y a de plus beau dans Euripide, & y
ajoûtant des épisodes peu necessaires, mal liez,
& mal assortis au sujet ; que ces épisodes ne ser-
vent qu'à faire remarquer la pauvreté de chaque
endroit, où l'on ne voit que des repetitions de
certaines rimes, & quantité de choses qui semblent ne pouvoir s'accorder entièrement avec le
jugement & le bon sens en general, ni avec les
maximes de l'art de la Poësie moderne en particulier. Menage [38] a relevé Baillet là-dessus, le
premier prétendant que Perrault a écrit dans sa

---

(37) Mercure Galant, Fé-   (38) Anti-Baillet, t. 1. p. 282.
vrier 1695. p. 276.

critique de l'Opera d'Alceste tout le contraire de ce que lui fait dire Baillet. Cette Critique, dit Menage, est un Dialogue entre Cléon & Aristippe. Aristippe blâme cet Opera, Perrault sous le nom de Cléon, le défend, & fait tomber d'accord Aristippe que c'est un parfaitement bel Ouvrage. Ce que rapporte Baillet contre cet Opera est dit dans cette Crtique par Aristippe & refuté par Cleon. Ainsi Perrault, ajoute Menage, a dit tout le contraire de ce que lui fait dire Baillet. Perrault & Quinault écrivirent à Baillet pour lui faire des reproches de l'injure qu'il leur avoit faite en cette occasion. Menage dit même avoir vû la Lettre de Perrault.

En 1675. *Thesée* fut joüé à S. Germain pour le Roi [39] ,, par les Musiciens de Sa Majesté, & ,, ceux de l'Académie joints ensemble, & fut ,, ensuite representé à Paris par les seuls Acteurs ,, de l'Opera ,,. Je ne parlerai ni de la disposition ni du tour aisé des Vers de cette Piece. Je dirai seulement que Quinault remplit à son ordinaire dans celle-ci ce que tout le monde attendoit de lui. Veritablement tous les Actes de Thesée se surpassent l'un l'autre. Le second est plus beau que le premier, & ainsi du reste jusqu'au cinquiéme, qui surpasse les quatre qui l'ont précédé. Cet endroit,

Ah ! faut-il me vanger en perdant ce que j'aime, &c.

La Scene de Medée qui exhorte le Roi à empoisonner Thesée sans remords ; la reconnoissance de ce Fils & de son Pere ; la fuite de Medée ; Eglé cedée au jeune Héros par le bon Vieillard : tous ces grands évenemens remplissent le cinquiéme Acte d'une maniere qui attache de plus en plus l'esprit & le cœur des Auditeurs.

[39] Préface du Recüeil general des Opera.

Un certain nombre de personnes d'esprit & d'un merite distingué, ne pouvant, par je ne sçai quel travers, souffrir le succès des Opera de Quinault, se mirent en fantaisie de les trouver mauvais, & de les faire passer pour tels dans le monde. Un jour qu'ils soupoient ensemble, ils s'en vinrent sur la fin du repas vers Lulli qui étoit du souper, chacun le verre à la main, & lui appuyant le verre sur la gorge, se mirent à crier : *Renonce à Quinault ou tu es mort.* Cette plaisanterie ayant beaucoup fait rire, on vint à parler sérieusement, & l'on n'omit rien pour dégoûter Lulli de la Poësie de Quinault : mais comme ils avoient affaire à un homme fin & éclairé, leur stratagême ne servit à rien. L'on parla de Perrault dans cette rencontre, & l'un de ces Messieurs dit avec bonté, que c'étoit une chose fâcheuse qu'il s'opiniâtrât toujours à vouloir soutenir Quinault ; qu'il étoit vrai qu'il étoit son ancien ami : mais que l'amitié avoit ses bornes, & que Quinault étant un homme noyé, Perrault ne feroit autre chose que de se noyer avec lui. Le galant homme chez qui se donnoit le repas, se chargea d'en avertir charitablement Perrault. Lorsqu'il lui eût fait sa salutaire remontrance, Perrault après l'en avoir remercié, lui demanda ce que ces Messieurs trouvoient tant à reprendre dans les Opera de Quinault. Ils trouvent, lui répondit-il, que les pensées n'en sont pas assez nobles, assez fines, ni assez recherchées ; que les expressions dont il se sert sont trop communes & trop ordinaires, & enfin que son stile ne consiste que dans un certain nombre de paroles qui reviennent toujours. Je ne suis pas étonné, reprit Perrault, que ces Messieurs qui ne sçavent ce que c'est que Musique parlent de la sorte : mais vous, Monsieur, qui la sçavez si parfaitement,

de Philippe Quinault,

qui en connoissez toutes les finesses, & à qui la France doit cette propreté & cette délicatesse dans le chant, que toutes les autres Nations n'ont point encore; ne voyez-vous pas que si l'on se conformoit à ce qu'ils disent, on feroit des paroles que les Musiciens ne pourroient chanter, & que les Auditeurs ne pourroient entendre. Vous sçavez que la voix quelque nette qu'elle soit, mange toujours une partie de ce qu'elle chante, & que quelque naturelles & communes que soient les pensées & les paroles d'un air, on en perd toujours quelque chose; que seroit-ce si ces pensées étoient bien subtiles & bien recherchées, & si les mots qui les expriment, étoient des mots peu usitez & de ceux qui n'entrent que dans la grande & sublime Poësie, on n'y entendroit rien du tout. Il faut que dans un mot qui se chante la syllabe qu'on entend fasse deviner celle qu'on n'entend pas, que dans une phrase quelques mots qu'on a oüis fassent suppléer à ceux qui ont échappé à l'oreille; & enfin qu'une partie du discours suffise seulement pour le faire comprendre tout entier. Or cela ne se peut faire à moins que les paroles, les expressions, & les pensées ne soient fort naturelles, fort connuës & fort usitées. Ainsi Monsieur, on blâme Quinault par l'endroit où il merite le plus d'être loüé, qui est d'avoir sçu faire avec un certain nombre d'expressions ordinaires & de pensées fort naturelles, tant d'ouvrages si agréables & tous si differens les unes des autres. Aussi voyez-vous, ajoute Perrault, que Monsieur de Lulli ne s'en plaint point, persuadé qu'il ne trouva jamais de paroles meilleures à être mises en chant, & plus propres à faire paroître sa Musique. La verité est qu'en ce tems-là Perrault étoit presque le seul à Paris qui osât se déclarer pour Quinault, tant la jalousie de divers Auteurs s'étoit élevée contre lui, & avoit corrompu tous les suffrages de la Cour & de la Ville.

Les Cabales qui se formoient contre lui ne l'empêcherent pas de donner *Atys*. Cet Opera fut représenté pour la premiere fois devant le Roi, à Saint-Germain en Laye, le 12. Janvier 1676. Toute la Cour en fut charmée, la Scene d'Atys & de Sangaride passa pour un chef-d'œuvre; elle est encore aujourd'hui admirée de tous les connoisseurs qui n'ont point fait de difficulté de dire qu'elle ne cede en rien à ce que les Anciens ont fait de plus beau dans le genre Lyrique. L'Abbé de Villiers fait le mauvais plaisant lorsqu'il dit [40].

Mais on rit à coup sûr quand on les voit soudain
Changer leur triste Scene en spectacle badin,
Et finir le recit de leurs peines secrettes
Par les gaillards refreins de fades chansonnettes.

„ Ce sont deux Amans malheureux [41] quoy-
„ qu'aimez, qui ont raison de feindre & de
„ changer de langage, de crainte que leur secret
„ ne se découvre. Il y a de la temerité à vouloir
„ attaquer des endroits dont les beautez sont
„ presque inimitables ". C'est ce qui a porté quelqu'un à dire que le premier Acte d'Atys est sans difficulté le plus beau, & qu'il étoit trop beau. Veritablement ce morceau est trop avantageux pour le reste de la Piece. La Scene d'Atys & de Sangaride inspirent à l'Auditeur des mouvemens qui s'affoiblissent necessairement ensuite,

---

(40) Epitre sur l'Opera & sur les autres Spectacles, p. 8.

(41) M. le Brun, Préface de son Theatre Lyrique, &c. p. 26.

& l'attention se réfroidit parce qu'on retourneroit volontiers à cette Scene.

En 1677. *Isis* fut représenté à S. Germain devant le Roi, & servit de divertissement pendant une partie du Carnaval; il parut ensuite à Paris au mois d'Août. L'année suivante T. Corneille donna l'Opera de *Psyché*; il n'eut pas un grand succès, & ne fut joüé qu'à Paris seulement. Cela déconcerta un peu Corneille qui forma le dessein de se remettre à la composition des Pieces Dramatiques. Mais Despreaux & Racine qui avoient fait tout leur possible pour décrier Quinault, voulurent détourner Corneille de sa résolution. Ils firent plus, lorsqu'ils virent qu'ils ne pouvoient venir à bout de le faire travailler à un autre Opera; ils insinuerent au Roi de lui en parler. Ils réüssirent veritablement; car Sa Majesté ayant ordonné à Thomas Corneille de faire une Piece Lyrique, ce Poëte choisit le sujet de *Bellerophon*. Il en fit le premier Acte avec une grande facilité, & le montra à Lulli, auquel il déclara qu'il avoit disposé son quatriéme & cinquiéme Acte, mais qu'à l'égard du second & du troisiéme, il ne sçavoit de quelle maniere s'y prendre. Lulli lui dit de consulter Quinault; celui-ci commença par lui retrancher la moitié de sa Piece: tellement que pour sept ou huit cent Vers qu'elle contient, Corneille fut contraint d'en faire deux mille, malgré le desespoir où il étoit. Quinault ne laissa pas de le tirer d'embarras, en lui dressant le sujet de sa Piece, qui parut pour la premiere fois au mois de Janvier 1679 [42]. Elle eut également le suffrage de la Cour & du Peuple, & fut trouvée si belle, qu'elle fut représentée à Paris pendant neuf mois de suite.

[42] *Mercure de Janvier 1679. p. 332.*

Le petit different que Lulli eut peu de tems après avec la Fontaine, ne fit pas peu d'honneur à Quinault. Lulli avoit engagé la Fontaine à faire un Opera, & lui avoit promis une récompense digne de son merite. Sur la parole de l'Italien le Poëte travaille, & compose la Pastorale de *Daphné.* Lulli n'en eut pas plûtôt fait la lecture, qu'il dit tout net à la Fontaine, qu'il n'étoit pas son homme, & que son talent n'étoit pas de faire des Opera. La Fontaine qui ne pouvoit se persuader que ses Vers fussent mauvais, croyant que Lulli vouloit, par cette excuse, le priver de la recompense qu'il lui avoit promis, lui dit que s'il mettoit son Opera au jour sans le satisfaire, il en auroit raison. Lulli lui répondit qu'il remettoit son payement à la premiere representation de sa Piece. La Fontaine prit cette réponse pour de l'argent comptant ; mais il fut fort étonné lorsqu'il apprit quelques jours après que Lulli ne vouloit pas mettre son Opera en Musique, parce qu'il ne l'en trouvoit pas digne. Le Public qui connoissoit le merite de la Fontaine reçut cette nouvelle avec surprise. Lignieres qui étoit le Chansonnier de son tems fit deux Couplets sur ce sujet dont en voici un.

    Ah! que j'aime la Fontaine
    D'avoir fait un Opera :
    On verra finir ma peine
    Aussi-tôt qu'on le joüera.
    Par l'avis d'un fin Critique
    Je vais me mettre en Boutique,
    Pour y vendre des Siflets :
    Je serai riche à jamais.

La Fontaine au desespoir d'être la risée du Public, fit pour s'en vanger la Florentinade sur Lulli, & quelque tems après rendit compte à Madame de Thiange du mauvais succès de son

de Philippe Quinault.

Opera, par une Epître qu'il lui adreſſa. Cette Epître n'ayant pas été imprimée, je me crois obligé d'en donner ce Fragment [43].

.... Vous trouvez que ma Satire ¶
  Eût pû ne ſe pas écrire,
  Et que tout reſſentiment
  Quel que fût ſon fondement,
  La plûpart du tems peut nuire,
  Et ne ſert que rarement.
J'euſſe ainſi raiſonné ſi le Ciel m'eût fait Ange
  Où Thiange :
Mais il m'a fait Auteur, je m'excuſe par-là.
  Auteur qui pour tout fruit moiſſonne
Quelque petit honneur qu'un autre ravira,
  Et vous croyez qu'il ſe taira ?
Il n'eſt donc pas Auteur, la conſequence eſt bonne.
  S'il s'en rencontre un qui pardonne,
Je ſuis cet indulgent : s'il ne s'en trouve point,
Blâmez la qualité, mais non pas la perſonne.
Je pourrois alleguer encore un autre point :
Les conſeils ; & de qui ? du Public, de la Ville,
De la Cour ; oüi, ce ſont toutes ſortes de gens,
  Les amis, les indifferens,
Qui m'ont fait employer tout ce que j'ai de bîle.
Ils ne pouvoient ſouffrir cette atteinte à mon
  nom.
  Le meritois-je ? on dit que non.
J'ai fait un Opera ; que m'a-t'on reproché,
Sinon que c'eſt un Ours non encore léché ;
  Et qui dénué du ſpectacle
  D'ailleurs ne trouve aucun obſtacle ?
J'introduiſois d'abord des Bergers ; mais le Roi
Ne ſe plaît plus qu'à voir des Héros. Quant à
  moi,

[43] Carpentariana manuſcrit, p. 275.

¶ Il veut parler du Conte du Florentin qu'il fit ſur Lulli.

Je l'en loüe. Il falloit qu'on lui fit voir la suite,
Et c'est pourquoi ma Muse aux plaintes est re-
   duite.
Que si le Nourrisson de Florence eût voulu,
   Chacun eût fait ce qu'il eût pû.
Celui qui nous a peint un des travaux d'Alcide,
   Je ne veux pas dire Euripide,   [eu
Mais Quinault; Quinault donc pour sa part auroit
Saint-Germain, où sa Muse au grand jour eût
   paru :
   Et la mienne moins satisfaite,
Eût eu du moins Paris, partage de Cadette :
Cadette que peut-être on eût cru quelque jour
Digne de partager en aînée à son tour.
Quelque jour j'eusse pû divertir le Monarque :
Heureux sont les Auteurs connus à cette marque;
Les neuf Sœurs proprement n'ont qu'eux pour
   Favoris.
   Qu'est-ce qu'un Auteur de Paris ?
Paris a bien des voix, mais souvent faute d'une
   Tout le bruit qu'il fait est fort vain ;
Chacun attend sa gloire, ainsi que sa fortune,
   Du suffrage de Saint-Germain.
Le Maître y peut beaucoup ; il sert de regle aux
   autres
   Comme Maître premierement,
Puis, comme ayant un sens meilleur que tous les
   nôtres.
Qui voudra l'éprouver obtienne seulement
   Que le Roi lui parle un moment.
Ah ! si c'étoit ici le lieu de ses loüanges !
Que ne puis-je en ces Vers avec grace parler
   Des qualitez qui font voler
   Son Nom jusqu'aux Peuples étranges !
   On verroit qu'entre tous les Rois
   Le nôtre est digne qu'on l'estime :
   Mais il faut pour une autre fois

Reserver le feu qui m'anime ;
Je ne puis seulement qu'étaler aujourd'hui
Son esprit & son goût à juger d'un Ouvrage,
L'honneur & le plaisir de travailler pour lui.
Ceux dont je me suis plaint m'ôtent cet avantage;
  Puis-je jamais vouloir du bien
  A leur Cabale trop heureuse ?
D'en dire aussi du mal la chose est dangereuse :
  Je crois que je n'en dirai rien.
  Si pourtant notre homme se pique
D'un sentiment d'honneur, & me fait à mon tour
  Pour le Roi travailler un jour,
  Je lui garde un Panegyrique.
Il est homme de Cour, je suis homme de Vers;
  Joüons-nous tous deux de paroles,
  Ayons deux langages divers,
  Et laissons ces sottes frivoles.
Retourner à Daphné vaut mieux que se vanger;
Je vous laisse d'ailleurs ma gloire à ménager.
Deux mots de votre bouche, & belle & bien disante,
  Feront des merveilles pour moi.
  Vous êtes bonne & bienfaisante,
  Servez ma Muse auprès du Roi.

Madame de Thiange eut beau solliciter à la Cour pour la Fontaine, son Opera parloit contre lui ; & Lulli ne se fit pas une affaire de dire au Roi que les Vers en étoient détestables. Il n'en falut pas davantage pour faire oublier la Pastorale de Daphné ; & la Fontaine eut le chagrin de voir representer un Opera de Quinault à la place du sien. C'étoit la Tragedie de *Proserpine*, elle parut à Saint-Germain [44] le 3. Février 1680. & fut executée par l'Académie & la Musique du Roi ; & ensuite sur le Theatre de l'Opera par

[44] Mercure de Février 1680. p. 345.

l'Académie seule. Le Sieur Berain, après la retraite du Sieur Vigarani, en inventa les Machines & les Décorations. Mademoiselle Loüison Moreau y chanta dans le Prologue, & Mademoiselle Rochois commença de se distinguer dans le rôle d'Arethuse.

L'année suivante, le Balet intitulé le *Triomphe de l'Amour*, fut representé. Les Vers chantez sont de Quinault ; les Vers pour les personnes de Balet sont de Benserade ; la Musique de Lulli, & les Machines d'un Italien appellé Rivani. On vit danser dans ce Balet, à Saint-Germain, Monseigneur même, & Madame la Dauphine, Mademoiselle, Madame la Princesse de Conti, Monsieur le Prince de Conti, Monsieur le Duc de Vermandois, & Mademoiselle de Nantes, avec ce qu'il y avoit de jeunes personnes les plus distinguées à la Cour, tant hommes que femmes ; & le succès de ce mélange fut si grand, que lorsqu'on donna le même Balet à Paris, on introduisit, pour la premiere fois, sur le Theatre de l'Opera, des Danseuses, entre lesquelles brilla Mademoiselle la Fontaine. Il y eut encore une representation de ce Balet assez remarquable par rapport à Lulli. Je vais emprunter les paroles d'un Auteur qui a narré cette particularité (45) d'une maniere assez vive.

Il y avoit déja longtems que le Roi avoit donné des Lettres de Noblesse à Lulli. Quelqu'un lui alla dire qu'il étoit bienheureux que le Roi l'eût ainsi exemté de suivre la route commune, qui est qu'on aille à la Gentilhomerie par une Charge de Secretaire du Roi. Que s'il avoit eu à passer par cette porte, elle lui auroit été fermée, & qu'on ne l'auroit pas reçû. Un homme

---

(45) De Fresneuse, &c. t. 2. p. 207. & suiv.

de cette Compagnie s'étoit vanté qu'on refuseroit Lulli s'il se présentoit, à quoi les grands biens qu'il amassoit faisoient juger qu'il pourroit songer quelque jour. Lulli avoit moins d'ambition que de bonne fierté à l'égard de ceux qui le méprisoient. Pour avoir le plaisir de morguer ses ennemis & ses envieux, il garda les Lettres de Noblesse, sans les faire enregistrer, & ne fit semblant de rien. En 1681. on rejoüa à Saint-Germain le Bourgeois Gentilhomme, dont il avoit composé la Musique. Il chanta lui-même le personnage du Mufti, qu'il executoit à merveilles. Toute sa vivacité, tout le talent naturel qu'il avoit pour déclamer, se déployerent là ; & quoyqu'il n'eût qu'un filet de voix, & que ce rôle paroisse fort & penible, il venoit à bout de le remplir au gré de tout le monde. Le Roi, qu'il divertît extrêmement, lui en fit des complimens. Lulli prit cette occasion : mais Sire, lui dit-il, j'avois dessein d'être Secretaire du Roi, vos Secretaires ne me voudront plus recevoir. *Ils ne voudront plus vous recevoir ?* repartit le Monarque en propres termes, *ce sera bien de l'honneur pour eux. Allez, voyez Monsieur le Chancelier.* Lulli alla du même pas chez M. le Tellier, & le bruit se répandit que Lulli devenoit Monsieur le Secretaire. Cette Compagnie, & mille gens, commencerent à en murmurer tout haut. Voyez-vous le moment qu'il prend ? A peine a-t'il quitté son grand chapeau de Mufti, qu'il ose prétendre à une Charge, à une qualité honorable. Ce Farceur, encore essoufflé des gambades qu'il vient de faire sur le Theatre, demande à entrer au Sceau. M. de Louvois sollicité par Messieurs de la Chancellerie, & qui étoit de leur Corps, parce que tous les Secretaires d'Etat doivent être Secretaires du Roi, s'en offença fort. Il repro-

Tome I. c

cha à Lulli sa temerité, qui ne convenoit pas à un homme comme lui, qui n'avoit de recommandation & de services, que d'avoir fait rire. *Hé, tête-bleu*, lui répondit Lulli, *vous en feriez autant, si vous le pouviez*. La risposte étoit gaillarde. Il n'y avoit dans le Royaume que M. le Maréchal de la Feüillade & Lulli qui eussent répondu à M. de Louvois de cet air. Enfin, le Roi parla à M. le Tellier. Les Secretaires du Roi étant venus faire des remontrances à ce Ministre, sur ce que Lulli avoit traité d'une Charge parmi eux, & sur l'interêt qu'ils avoient qu'on le refusât pour la gloire de tout le Corps; M. le Tellier leur répondit en des termes encore plus désagreables, que ceux dont le Roi s'étoit servi. Quand ce vint aux Provisions, on les expedia à Lulli avec des agrémens inoüis (46). Le reste de la ceremonie s'accomplit avec la même facilité : il ne trouva à son chemin aucun Confrere brusque ni impoli. Aussi fit-il noblement les choses de son côté. Le jour de sa reception, il donna un magnifique repas, une vraye fête, aux Anciens, & aux gens importans de sa Compagnie, & le soir un plat de son métier; l'Opera, où l'on joüoit le *Triomphe de l'Amour*. Ils étoient vingt-cinq ou trente qui y avoient ce jour-là, comme de raison, les bonnes places : de sorte qu'on voyoit la Chancellerie en Corps, deux ou trois rangs de gens graves, en manteau noir & en grand chapeau de Castor, aux premiers rangs de l'Amphitheatre, qui écoutoient d'un serieux admirable, les Menuets, & les Gavotes de leur Confrere le Musicien. Ils faisoient une décoration rare, & qui embellissoit le Spectacle; & l'Opera apprit ainsi publiquement que son Sei-

(46) Ce fut au mois de Decembre 1681. Mercure de Decembre, p. 328.

gneur s'étant voulu donner un nouveau titre, n'en avoit pas eu le démenti. M. de Louvois même ne crut pas devoir garder sa mauvaise humeur. Suivi d'un gros de Courtisans, il rencontra bientôt après Lulli à Versailles. *Bon jour*, lui dit-il en passant, *bon jour, mon Confrere* : ce qui s'appella alors un bon mot de M. de Louvois.

Persée fut ensuite représenté pour la premiere fois (47), par l'Académie de Musique, le 18. Avril 1682. Le Public souhaitoit avec d'autant plus d'ardeur de voir cet Opera, que n'ayant point été pour lors représenté pour le Roi comme la plûpart de ceux que Lulli donnoit, ce fut un spectacle tout nouveau. Monseigneur le Dauphin, & leurs Altesses Royales, honorerent de leur présence cette premiere representation. Au mois de Juin suivant, Persée fut représenté à Versailles devant le Roi. Ce Prince avoit dit que lorsqu'il viendroit voir cet Opera il en feroit avertir quelques jours auparavant, afin qu'on eût le tems de s'y préparer, & de dresser un Theatre dans la Cour du Château, qui étoit le lieu destiné pour ce spectacle. Cependant le tems s'étant mis tout d'un coup au beau, & Sa Majesté voulant que Madame la Dauphine eût part à ce divertissement avant qu'elle accouchât, on n'avertit de se tenir prêt que vingt-quatre heures avant la representation : ainsi (48) on ne put travailler au Theatre que le jour même. Il se trouva fort avancé sur le midi : mais le vent ayant changé, la pluye qui tomba tout le matin fit assez connoître qu'il en tomberoit le reste du jour. Le Roi étoit prêt de remettre l'Opera à un autre tems, lorsqu'on lui promit qu'il y auroit pour le soir même un autre Theatre dressé dans le Manége ; & en effet

(47) Mercure Avril 1682. p. 330. (48) Mercure Juillet 1682. p. 36.

à huit heures & demie du soir, le lieu où l'on travailloit encore des Chevaux à midi sonné, parut avec un brillant inconcevable. Theatre, Orqueſtre, haut-dais, rien n'y manquoit. Un tres-grand nombre d'Orangers d'une groſſeur extraordinaire, tres-difficiles à remuer, & encore plus à faire monter ſur le Theatre, s'y trouverent placez. Tout le fond étoit une feüillée compoſée de veritables branches de verdure coupées dans la forêt. Il y avoit dans le fond & parmi ces Orangers, quantité de Figures, de Faunes, & de Divinitez, & un fort grand nombre de girandoles. Beaucoup de perſonnes qui ſçavoient de quelle maniere ce lieu étoit quelques heures auparavant, eurent peine à croire ce qu'elles voyoient. Ce fut dans Perſée que Mademoiſelle Deſmâtins fit ſon eſſai pour le chant & pour la Danſe, en quoi elle a réüſſi depuis avec tant de ſuccès.

Ce ne fut point tant la promptitude avec laquelle ce Theatre ſe trouva prêt, que la beauté de la Piece de Quinault qui cauſa la ſurpriſe de toute la Cour. Il n'y eut que quelques Dames, qui, par des raiſons particulieres, ne purent ſe réſoudre à en approuver quelques endroits. Le ſentiment de Phinée leur parut trop cruel. Elles demandoient s'il étoit d'un veritable Amant de dire, qu'il aime mieux voir ſa maîtreſſe devorée par un Monſtre, qu'entre les bras de ſon rival. Cette queſtion fut tellement agitée par les beaux eſprits que les Mercures ſe trouverent remplis des Réponſes que l'on y fit. Voici l'endroit de l'Opera de Perſée. Phinée dit :

L'Amour meurt dans mon cœur la Rage lui
 ſuccede ;
  J'aime mieux voir un Monſtre affreux
  Dévorer l'Ingrate Andromede,

de Philippe Quinault.

Que la voir dans les bras de mon Rival heureux. &c.

Un bel Esprit appuya ce sentiment par ces Vers que j'ai trouvé les moins mauvais de tous ceux que l'on a faits sur ce sujet.

Voilà ce que Phinée a dit dans sa colere,
    Et ce que tout autre auroit dit.
Qu'on ne s'y trompe pas ; un Amant qu'on trahit
Est en droit de tout dire est en droit de tout faire.
    Et sans craindre d'en user mal,
Peut voir avec plaisir perir une infidelle.
Ce n'est pas que cela se doive à cause d'elle,
Mais seulement pour faire enrager son Rival.

Au mois de Janvier 1683. *Phaëton* parut à la Cour (49). Mademoiselle Fanchon Moreau commença de chanter dans le Prologue de cette Piece. Comme il n'y avoit point encore d'assez grande Salle à Versailles pour y faire des Machines, il n'y en avoit point dans cet Opera, qui fut ensuite representé à Paris le 27. Avril pour la premiere fois. Phaëton a été la premiere Piece Lyrique qui ait paru à Lyon (50) lorsqu'on y a établi une Académie de Musique en 1687. Elle y fut representée avec un succès si extraordinaire, qu'on la vint voir de quarante lieuës à la ronde.

Sur la fin de l'année 1683. Messieurs de l'Académie Françoise firent faire un Service pour la Reine, que la France avoit eu le malheur de perdre au mois de Juillet. M. l'Abbé de la Chambre fit l'Oraison Funebre. Quinault en fit l'Epitaphe ; elle est digne de son sujet, & elle merite que j'en fasse part au Public, d'autant plus qu'il

---

(49.) Mercure Janvier 1683. p. 321. (50.) Mercure de Mars 1688. p. 322.

n'est point venu à ma connoissance qu'elle ait été imprimée.

Tremble, qui que tu sois, & respecte en ce lieu
Une Reine deux fois par le Ciel couronnée :
Fille d'un puissant Roi, Femme d'un demi-Dieu:
De ses beaux jours trop tôt la course fut bornée.
Sa bonté, sa douceur, toutes ses actions
Furent de l'Univers les admirations :
Sa pieté brilloit plus que son Diadême :
Elle vêquit en Sainte, elle est morte de même ;
Et ce sacré réduit, que tu vois revêtu
Des dernieres grandeurs de cette Souveraine
  Est moins le Tombeau d'une Reine
  Que le Temple de la Vertu.

Quelque tems avant la mort de la Reine, le Roi avoit ordonné à Quinault de faire un Opera. Sa Majesté lui en avoit même donné le sujet. C'étoit celui d'*Amadis*. Il courut un bruit que Quinault étoit fort embarassé comment il executeroit le dessein du Roi. Quinault prit cette occasion pour faire un Madrigal auquel il donna pour titre, *L'Opera difficile*.

Ce n'est pas l'Opera que je fais pour le Roi
  Qui m'empêche d'être tranquile :
Tout ce qu'on fait pour lui paroît toujours
  facile.
  La grande peine où je me voi,
  C'est d'avoir cinq filles chez moi
  Dont la moins âgée est nubile.
Je dois les établir & voudrois le pouvoir :
Mais à suivre Apollon on ne s'enrichit guere ;
C'est avec peu de bien un terrible devoir
De se sentir pressé d'être cinq fois beaupere.
  Quoi cinq Actes devant Notaire,
  Pour cinq filles qu'il faut pourvoir ?
  O Ciel ! peut-on jamais avoir
  Opera plus fâcheux à faire ?

Ce n'étoit nullement la necessité qui porta Quinault à composer cette petite Piece, puisqu'il avoit amassé des biens que l'on faisoit monter à plus de cent mille écus. On fit cependant plusieurs réponses à ce Madrigal : mais je les ai crû assez froides pour ne pas en ennuyer le Lecteur.

On connut par la suite que Quinault avoit été fort peu embarassé de traiter le sujet d'*Amadis*, cet Opera ayant été representé à Paris le 15. Janvier 1684 (51). par l'Académie Royale de Musique. Il ne parut point à Versailles à cause de la mort de la Reine. Cet Opera fut suivi de celui de *Roland*, qui fut executé à la Cour le 18. Janvier 1685. & pour la premiere fois à Paris le 8. Février suivant. Parmi un grand nombre de beaux morceaux dont est composé cet Opera, & quoy-qu'il ait passé pour être assez regulier, quelques Critiques n'ont pas laissé de dire qu'Angelique est trop souvent sur la Scene avec Medor ; que Roland n'y paroît pas assez, & que la fureur de ce Héros devroit être employée à quelque chose de plus grand, qu'à déraciner des Arbres, à renverser des Vases, & à tirer son épée contre des Figures inanimées à qui il a tort de s'en prendre du malheureux amour qui lui fait tourner la cervelle.

Peu de tems après la conclusion de la Treve [en 1685.] Racine composa l'*Idylle sur la Paix*. Elle fut chantée dans l'Orangerie de Sceaux, le jour que le Roi fit l'honneur au Marquis de Seignelai, de venir se promener dans cette agreable maison.

Cette même année Quinault donna le Balet du *Temple de la Paix*, qui fut dansé le 15. Octobre

_____
(51) Mercure de Janvier 1684. p. 229.

devant Sa Majesté à Fontainebleau. Enfin Quinault fit paroître son chef-d'œuvre ; je veux parler d'*Armide*. Ce fut le triomphe de notre Auteur & celui de Mademoiselle Rochois. Il fut representé le 15. Février 1686. par l'Académie de Musique ; jamais Opera ne fût tant admiré. Lorsqu'Armide s'anime à poignarder Renaud dans la derniere Scene du second Acte ; on a vû vingt fois tout le monde saisi de frayeur ne soufflant pas, demeurer immobile, l'ame toute entiere dans les oreilles & dans les yeux, jusqu'à ce que l'air de Violon, qui finit la Scene, donnât permission de respirer ; puis respirant là avec un bourdonnement de joye & d'admiration, on n'avoit que faire de raisonner. Ce mouvement unanime du peuple disoit fort sûrement, que la Scene est ravissante.

L'Abbé de Villiers a tort de blâmer les repetitions qui sont dans l'adieu de Renaud & d'Armide, en disant :

Chaque plainte d'Armide a l'air d'un Madrigal,
Et semblant badiner en ce moment fatal,
Renaud tourne en rondeau son adieu lamentable.

Aux tragiques sujets ce stile est-il sortable ?

Où peut-on trouver plus de feu ? l'un est un Amant qui s'arrache à l'amour pour se rendre à la gloire ; l'autre est une Amante desesperée qui perd ce qu'elle aime. Est-il possible de les peindre avec des traits plus naturels, & d'exprimer plus vivement les transports de deux Amans malheureux (52) & pleins de leur passion ? L'art ne s'y trouve-t'il pas d'accord avec la nature ? Le contraste de leur caractere n'a-t'il pas les beautez

―――――――――――
(52) Theatre Lyrique, Préface, p. 24.

differentes qu'il doit avoir ? Les répetitions que l'Abbé de Villiers y condamne ne sont-elles pas de deux Amans attendris, pénetrez de ce qu'ils sentent, & qui ne sentent que le chagrin de se séparer ? Peut-on lire cet adieu sans en être touché, & peut-on n'en être pas touché, sans avoir le goût bien extraordinaire & bien bizarre ? Est-il rien de moins badin que les sentimens de Renaud, & les emportemens d'Armide ? L'esprit peut-il mieux expliquer les mouvemens qui agitent le cœur dans ces momens rigoureux ? Didon dans Virgile fait verser des pleurs ; Armide dans Quinault m'arrache des larmes & des soupirs ; je m'interesse pour elle, & plains également le perfide Renaud & l'infortunée Armide. J'ose même avancer que le Héros de Quinault est plus grand en cette occasion que celui de Virgile. L'un obéit aux Dieux, l'autre obéit à la gloire : celui-là fuit en secret la Reine de Carthage, comme un timide qui se défie de ses forces ; celui-ci abandonne la Princesse de Damas, malgré les charmes & les plaisirs qu'il trouve auprès d'elle ; le Troyen n'étoit pas fort sensible, le François est plus amoureux, & supporte avec fermeté la violence qu'il se fait dans un adieu si douloureux : le Sacrifice du pieux Enée est moins grand & moins héroïque, que celui du courageux Renaud.

Une des plus grandes perfections d'un Spectacle est que la beauté croisse d'Acte en Acte. Il n'y a peut-être point d'Opera qui ait cet avantage comme Armide, & cet avantage est d'un prix immense. Il est vrai qu'il s'y trouve quelques endroits que l'on peut critiquer comme le quatriéme Acte qui manque de matiere. Quinault a été ici nu & sterile à l'excès. Il devoit y ménager quelque action ou quelque épisode moins sec que la double rencontre de deux fausses maîtresses de

Chevalier Danois & d'Ubalde ; répetition froide, jeu propre seulement à la Comedie, & qu'il faut retrancher. Mais enfin le divertissement qui est exquis, répare & récompense cet Acte foible, & quant ce vient au cinquième, tout le monde demeure d'accord que rien n'a jamais été si parfait. Il est tout seul un Opera. Le divertissement est au milieu ; l'attention de l'auditeur demeure libre pour ce qui va suivre. Enfin, la derniere Scene efface autant les premieres que l'Acte efface les quatre premiers.

Le perfide Renaud me fuit.
Combien de beautez ! quelle force, quelle adresse d'expression jusques dans les moindres choses ! On peut appeler cette Scene pour le pathetique, pour les graces, pour la diversité des mouvemens, le triomphe en abregé de la Poësie Françoise. Cela finit par le fracas du Palais enchanté, que les démons viennent détruire en un instant. Dans l'émotion que cause une machine, amenée & placée avec un art si unique, la toile tombe, & l'auditeur, plein de sa passion, qu'on a augmentée jusqu'au dernier moment, ne peut ne la point remporter toute entiere. Il s'en retourne chez lui penetré, malgré qu'il en ait, rêveur, chagrin du mécontentement d'Armide. Je ne sçai ce que l'esprit humain pourroit imaginer de superieur au cinquième Acte d'Armide. Cet Opera montre à merveilles combien le Poëte contribuë à la sublime beauté ou à la langueur d'un Opera, par la bonne ou mauvaise constitution qu'il lui donne.

Quoyque le Theatre ait beaucoup perdu lorsque Quinault a renoncé à faire des Opera ; je doute qu'il eût pû faire une Piece Lyrique au-dessus de celle d'Armide. C'est peut-être cette raison qui l'engagea à ne plus travailler : je veux pourtant bien ajouter foi aux paroles de Perrault qui dit que Quinault, sur la fin de sa vie, eut regret d'avoir donné son tems à faire des Opera; qu'il prit la résolution de ne plus composer de Vers que pour chanter les loüanges de Dieu, & les grandes actions de son Prince, & qu'il commença par un Poëme sur la destruction de l'Hérésie; dont il rapporte les quatre premiers Vers.

Je n'ai que trop chanté les Jeux & les Amours;
Sur un ton plus sublime il faut nous faire entendre :
 Je vous dis adieu Muse tendre,
 Et vous dis adieu pour toujours.

Lorsque Lulli apprit de Quinault qu'il étoit résolu d'abandonner l'Opera, & qu'il vouloit s'occuper à des choses plus sérieuses; cet Italien chercha tous les moyens imaginables pour le faire changer de dessein : mais il n'en put venir à bout ; Quinault demeura ferme dans sa résolution. Lulli connut mieux que personne la perte qu'il faisoit ; il vit bien qu'il ne pourroit jamais trouver un Poëte qui pût égaler Quinault. Cependant la necessité où Lulli se trouvoit d'avoir toujours un Opera nouveau, fit qu'il engagea M. Campistron à en faire un. Celui-ci donna à Lulli les paroles d'*Acis & Galatée*; il en fit la Musique & quelques mois après que les représentations d'Armide furent cessées, il en fit part au Public. Il parut d'abord à Anet, & ensuite à Paris avec un succès extraordinaire. Cet Opera fut suivi d'un autre de la composition du même Auteur, auquel il donna pour titre *Achille & Polixene*. M. Campistron n'en donna d'abord que quelques fragmens à Lulli. Ce Musicien travailla dessus pendant cinq ou six mois, au bout desquels il tomba dangereusement malade & mourut le 22. Mars 1687. âgé de 54. ans. Tellement que Lulli n'a composé que l'Ouverture & le premier Acte d'Achille & Polixene ; le reste de la Musique est de la composition de Colasse. Cet Opera parut vers le mois de Novembre 1687.

La mort de Lulli fut suivie un an après de celle de Quinault qui décéda le 29. Novembre 1688. âgé de 53. ans, après avoir exercé un peu plus de dix-sept ans sa Charge d'Auditeur des Comptes avec beaucoup d'honneur. Son corps fut porté le 28. dans l'Eglise S. Loüis sa Paroisse. Il fut generalement regreté de tous ses amis ; non seulement à cause de sa probité, mais parce que la République des Lettres perdoit en lui un de ses plus beaux genies pour la Poësie Lyrique.

Philippe Quinault a laissé cinq filles dont trois ont pris le parti du Couvent. Des deux autres, l'une a été mariée à M. le Brun, Auditeur des Comptes, neveu du fameux le Brun, Peintre du Roi ; & l'autre à M. Gaillard, Conseiller de la Cour des Aydes. Ce dernier a entre ses mains tous les Manuscrits de son beaupere : mais il ne peut les donner au Public, parce qu'il est expressément ordonné par le Testament du défunt que tous les Ouvrages qu'il laisseroit après sa mort ne seroient pas mis au jour. La description de la Maison de Sceaux de M. Colbert, Poëme des plus ingenieux & des plus agreables, fait partie de ces Manuscrits. Les autres sont, la Pastorale Allégorique sur le Mariage du Roi, dont j'ai déja parlé ; une petite Comedie intitulée les Madrigaux ; le Poëme de l'Héresie détruite, qui est resté imparfait ; & un grand nombre de petites Pieces en Vers & en Prose sur differens sujets.

Avec quelque mépris que ses ennemis l'ayent

traité, ils n'ont pû lui ôter la gloire d'avoir excellé dans la Poësie Lyrique. Les Opera qu'il a faits, ont beau être imitez de tous ceux qui travaillent (53) en ce genre-là, ils seront toujours inimitables. Si cependant quelqu'un est assez heureux pour le pouvoir égaler, on peut dire que jamais on ne le surpassera. Tous ses Vers sont naturels (54), propres à chanter, & si bien trouvez, qu'ils semblent avoir été faits par les Muses mêmes. Un bonheur dont se pouvoit vanter Lulli, c'est d'avoir trouvé en Quinault un Poëte (55) dont les Vers ont été dignes de sa Musique, & tels qu'il les pouvoit souhaiter pour bien mettre en leur jour toutes les beautez & toutes les délicatesses de son Art. Mais ce bonheur lui étoit dû afin qu'il ne restât rien à desirer à ses Ouvrages.

Plusieurs Critiques ne pouvant trouver de Poëte pour opposer à Quinault, ont voulu renvoyer à Lulli toute la gloire de ses Opera, & mettre le Musicien fort au-dessus du Poëte; c'est une matiere qui n'a pas encore été décidée; & si je voulois suivre l'opinion de quelque Auteur, ce seroit celui de S. Evremond qui étoit d'un tout contraire, puisqu'il donne toute la préference au Poëte sur le Musicien. Mais sans m'arrêter aux differens sentimens que l'on a eu sur ce sujet, je ne rapporterai que le passage d'un Auteur qui en a parlé trop judicieusement, pour ne pas déferer à ses paroles. ″On ne trouvera pas ″ mauvais, dit cet Auteur Anonime (56), que je ″ m'oppose, pour le corps des Poëtes, à la loüan-″ ge que les Musiciens prétendent mériter au sujet

---

(53) De Callieres, Epigrammes choisies, Liv. 1. p. 223.

(54) Devisé, Mercure de Novembre 1688. p. 333.

(55) Perrault, Hommes illustres.

(56) Lettre de Clement Marot sur la mort de Lulli, p. 41. & suiv. Cologne 1688.

» des representations en Musique. Je soutiens,
» dit-il, que c'est une injustice criante de consi-
» derer comme le principal moteur de ces grands
» Spectacles, celui qui n'y a droit tout au plus
» que pour un cinquiéme; le Peintre qui ordonne
» les décorations, le maître de Danse qui dispose
» les Balets, & même le Machiniste, aussi bien
» que celui qui dessigne les habits, entrent pour
» leur part dans la composition totale d'un Ope-
» ra, aussi-bien que le Musicien qui en fait les
» chants. Cela est si vrai, que si l'Opera se trou-
» voit défectueux dans quelqu'une de ces parties,
» on n'y trouveroit gueres moins à censurer, que
» si la Musique n'en étoit pas bonne. Le veritable
» Auteur d'un Opera est le Poëte; il est le nœud
» qui assemble toutes ces parties, & l'ame qui
» les fait mouvoir: l'invention du sujet produit
» toutes ces beautez differentes, selon qu'elle est
» plus ou moins fertile : les évenemens qu'elle
» fait naître les attire à leur suite par une heu-
» reuse necessité, & si la Musique a de l'élevation
» & de la grandeur, si elle exprime pathetique-
» ment les mouvemens des passions, elle en a la
» principale obligation à l'énergie des Vers qui
» la conduisent par la main. A la verité la Poë-
» sie reçoit quelques agrémens de la Musique par
» un secours mutuel : mais il ne s'ensuit pas qu'-
» elle lui doive être préferée, de la même ma-
» niere qu'il est vrai de dire qu'une belle per-
» sonne reçoit quelque avantage de la maniere
» galante dont elle est coëffée; on seroit pour-
» tant ridicule de préferer une jolie coëffure à un
» beau visage. &c. «

 Quoyque j'aye rapporté tous les éloges que l'on a fait de Quinault, je ne prétens point me rendre garand des endroits que l'on en pourroit retrancher. J'avouërai avec tout ce qu'il y a de

Connoisseurs, que Despreaux ayant été le plus fin Critique de son tems, ne peut avoir repris Quinault sans avoir remarqué quelques défauts dans ses Pieces de Theatre ; je n'ai donc fait l'extrait de quelques réponses des adversaires de Despreaux, que pour rapporter d'une maniere tout à fait desinteressée tout ce qui s'est dit pour & contre sur ce sujet. A l'égard de Despreaux, quoyque dans plusieurs endroits de ses Satires il n'ait pas trop ménagé notre Poëte ; il a pourtant avoüé qu'étant tous deux fort jeunes lorsqu'il écrivit contre lui, Quinault n'avoit pas fait alors un grand nombre d'Ouvrages qui lui ont acquis dans la suite une juste réputation. Quand même Despreaux n'auroit pas rendu justice à Quinault par un aveu si public, la réputation du dernier auroit été assez bien vengée par le Prologue d'un Opera que Despreaux a donné dans la derniere édition de ses Oeuvres (57). Avec quel front un Satirique ose-t'il publier une piece si médiocre, pour l'opposer aux Opera de Quinault ? Quelle comparaison de trois douzaines de Vers à la Perrin avec quatorze Opera, qui ont été les délices, & qui le sont encore de tous ceux qui ont le bon goût de la Poësie Lyrique ? Cependant Despreaux n'avoit composé, à ce qu'il dit, son Prologue, que pour délasser deux Dames des Opera de Quinault. En verité, il faut qu'un homme d'esprit s'oublie bien pour parler de cette maniere. Que Quinault eût ri s'il eût vû ce beau Prologue, & que la Préface lui en eût paru courte : elle lui auroit donné matiere à faire de belles réflexions. Moderé comme il étoit, il se seroit peut-être contenté de dire ce que des Journalistes bien sensez ont pensé sur ce sujet : Qu'il y a un

(57) C'est celle de Billiot 1713.

âge (58) où l'on devroit joüir de sa gloire comme d'un bien acquis dans sa jeunesse : mais que l'avidité de cette espece de bien ressemble en cela à l'avarice, que la foiblesse de l'âge ne rend que plus ardente.

(58) Journal Litteraire, Septembre & Octobre, p. 45. à la Haye 1713.

F I N.

APPROBATION.

J'Ai lû par ordre de Monseigneur le Chancelier, un Manuscrit qui a pour titre, *La Vie de Philippe Quinault de l'Académie Françoise* ; & j'ai crû qu'on en pouvoit permettre l'impression. Fait à Paris, ce 15. Mai 1714.

Signé BURETTE.

LES RIVALES
Comedie.

LES RIVALES,
COMEDIE
De Mr. QUINAULT.

PERSONNAGES.

PHILIPIN, *Valet d'Alonce.*

ISABELLE, *Maîtresse d'Alonce.*

ELISE, *Suivante d'Isabelle.*

D. ALONCE, *Amant d'Isabelle & de Philidie.*

PHILIDIE, *Rivale d'Isabelle.*

D. LOPE, *Pere de Philidie.*

FEDERIC, *Hôte de Castelblanc.*

L'HOSTESSE.

D. FERNAND, *Frere d'Isabelle.*

La Scene est à Lisbone.

LES RIVALES.
COMEDIE.

ACTE I.

SCENE PREMIERE.

PHILIPIN *s'éveillant sur un tas de pierre.*

U suis-je? quel Démon en ce lieu m'a porté?
Je suis transi de froid, & de plus tout croté,
Ha, j'ai les reins brisez! quel maudit tas
    de pierres?
Mais où pensé-je aller ? on ne void Ciel, ni terre,
A deux doigts de mon nez mes yeux ne sçauroient voir,
Et je croi qu'en un four il ne fait pas si noir.
J'en soupçonne la cause, & j'ai bonne mémoire
Qu'au logis d'Isabelle Elise m'a fait boire.
Cette aimable Suivante est digne, sur ma foi.
D'avoir pour serviteur un homme tel que moi,
Pour faire ainsi dépence, il faut bien qu'elle m'aime,
Elle envoyoit au vin avec un soin extrême;

A 2

LES RIVALES,

Elle n'en est pas quitte au moins pour un écu,
J'ai mis par quatre fois la pinte sur le cu,
Et sans doute qu'après cette débauche insigne,
Troublé de la vapeur du doux jus de le vigne,
Le bon Pere Bachus en ce lieu m'a conduit,
Et m'a fait sommeiller ainsi jusqu'à la nuit.
Il n'en faut point douter, un mal de tête horrible
Est de ces verités la preuve trop sensible ;
J'ai le palais bien sec, le gosier enflâmé,
Et me voilà du moins pour deux jours enrumé.
Ce n'est pas tout: mon maître est un dangereux homme,
Il s'en faudra bien peu tantôt qu'il ne m'assomme,
Je vai sentir pleuvoir une grêle de coups,
Avecque Philidie il a pris rendez-vous,
Je l'y devois attendre, & demain, que je pense,
Du bon tems d'aujourd'hui je ferai penitence,
Est possible qu'après m'avoir bien outragé,
Il pourra sans argent me donner mon congé.
Au Diable soit l'Amour ; mais ou j'ai la berluë,
Ou dans l'obscurité je remets cette ruë,
Philidie y demeure, & voilà sa maison,
J'y voi de la lumiere, ou je suis sans raison :
Possible que la belle attent encor mon maître,
Je voudrois bien sçavoir quelle heure il pourroit être :
Mais je me trompe fort ou quelqu'un vient ici,
Qui rendra sur ce point mon esprit éclairci.

SCENE II.

ISABELLE, ELISE, PHILIPIN.

ISABELLE.

Elise, tu m'apprens une étrange nouvelle,
Alonce m'abandonne, Alonce est infidelle,
Et quand pour moi l'ingrat doit être plus atteint,
Sa chaîne vient à rompre, & sa flâme s'éteint.
Pourroit-il bien commettre une action si noire,
Aprés tant de sermens ? non, je ne le puis croire.

COMEDIE.
ELISE.
Croyez-moi, Philipin, tantôt m'a tout compté:
Son départ pour la Flandre est un point arrêté,
De plus il galantise une beauté nouvelle,
Et doit enfin passer cette nuit avec elle.
ISABELLE.
De sa bonne fortune il m'aura pour témoin,
Mais du logis marqué sommes-nous encore loin?
Voi bien, je ne suis pas du perfide attenduë.
PHILIPIN.
Il n'est pas tard, je voi des femmes dans la ruë,
Il nous faut éclaircir: Madame, s'il vous plaît,
Je pourrai bien de vous sçavoir quelle heure il est.
ELISE.
Philipin, est-ce toi?
PHILIPIN.
C'est Elise, ou je meure.
Ha! puisque je te tiens, je me moque de l'heure,
Fais-moi voir seulement, si tu veux m'obliger,
Que je t'ai rencontrée à l'heure du Berger.
ELISE.
Ma Maîtresse me suit.
PHILIPIN.
Mon Elise, mon ame.
ELISE.
Tout beau.
ISABELLE.
Qui parle à vous?
ELISE.
C'est Philipin, Madame.
ISABELLE.
Hé bien mon cher ami, ton Maître est-il venu?
PHILIPIN.
Mon Maître!
ISABELLE.
Le secret ne m'est pas inconnu,
Il doit être en chemin dans l'ardeur qui le presse:
Vien-tu de sa venuë avertir sa Maîtresse?

PHILIPIN.

Je n'en connois que vous.

ISABELLE.

Va, j'en sçai tout le fin.

PHILIPIN.

Comment, elle sçait tout, elle a vû le Devin,
Madame, tout le monde aime fort à médire.

ISABELLE.

Tu sçais qu'on m'a dit vrai ; mais c'est que tu veux rire.
Tu sçais tout le complot.

PHILIPIN.

Non, foi d'homme de bien.
Je veux être pendu, si.....

ELISE.

Ne jure de rien,
Tantôt mangeant chez nous le fromage, & la poire,
Ne m'as-tu point au long appris toute l'histoire ?
Ne m'as-tu pas compté qu'Alonce cette nuit
Seroit chez Philidie en secret introduit,
Et qu'en lui promettant de la prendre pour femme,
La belle devoit tout accorder à sa flâme ?
N'as-tu point dit encor, qu'Alonce est sur le point
D'aller voir le païs, quoi qu'il n'en parle point
Que son pere l'oblige à voir toute l'Espagne,
Et d'aller faire ensuite en Flandre une Campagne,
Qu'il doit quitter ces lieux dans trois jours au plus tard,
Et qu'enfin tout est prêt déja pour son départ ?

PHILIPIN.

Moi, je t'ai dit cela ?

ELISE.

Pourquoi tout ce mystere,
L'ai-je pû deviner ?

PHILIPIN.

Ha, je me desespere !
O malheureux poison ! ô vin trois fois maudit,
Qui sur ma pauvre langue a pris tant de credit ?

COMÉDIE.

ELISE.
Qu'as-tu donc, Philipin ?

PHILIPIN.
Laisse-moi, fine mouche,
Qui pour voir dans mon cœur as fait ouvrir ma bouche,
Avec ta bonne chere enfin tu m'as perdu,
Et jamais un repas ne fut si cher vendu.
Quel malheur ! quelle honte ! ha ! de grand cœur j'enrage.

ISABELLE.
Il ne faut point, Ami, t'affliger davantage,
Si ton Maître se fâche, & que tu sois chassé,
Bien-tôt par ma faveur tu seras mieux placé :
Tandis, pour t'assurer de ce que je propose,
Tien, prens ce diamant, attendant autre chose ;
Je n'ai pas pris ma bourse.

PHILIPIN.
Ha, Madame, il suffit,
Mon crime est trop payé s'il vous tourne à profit ;
Encore qu'avec danger, je vous sers avec joye,
Et je ferois pour vous de la fausse monnoye.
Mon Maître a fort grand tort, & je suis enragé,
Qu'avec Philidie il se soit engagé,
Ce qu'elle a de beauté n'est ma foi rien qui vaille,
Et vous valez écu mieux qu'elle ne vaut maille.

ISABELLE.
Ton Maître cependant en est beaucoup épris ?

PHILIPIN.
Point : il m'en a parlé souvent avec mépris,
Mon Maître est de ces gens, dont le siecle est fertile,
Qui parleroient d'amour en un jour à cent mille ;
Aussi je ne croi pas qu'il vienne au rendez-vous,
Je sçai qu'il feint pour elle, & qu'il n'aime que vous.

ISABELLE.
Il la peut épouser sans que j'en sois jalouse.

PHILIPIN
Allez, ne craignez pas que mon Maître l'épouse.

A 4

LES RIVALES,
ISABELLE.
Il le promet pourtant.
PHILIPIN.
Hà ! voilà bien dequoi,
Un Amant qui promet ne donne pas sa foi.
ISABELLE.
Mais il ne m'aime plus ?
PHILIPIN.
Madame, il vous adore,
Hier même en soûpirant il le disoit encore,
Toutes les fois qu'il passe un seul jour sans vous voir,
Il fait des actions d'un homme au desespoir.
Il se plaint fort souvent de la rigueur fatale,
Qui rend à vos grands biens sa richesse inégale,
Et fait que vôtre Pere a pû lui refuser
L'honneur de vous servir, & de vous épouser.
ISABELLE.
Cette fille l'engage, & c'est ce qui me choque.
PHILIPIN.
De ces engagemens aujourd'hui l'on se mocque,
Et pour vous dire tout, c'est que sans l'avertir,
Dans deux jours pour la Flandre Alonce doit partir.
ISABELLE.
L'on vient, est-ce ton Maître ?
PHILIPIN.
Ouy, c'est lui, ce me semble,
ELISE.
Il sera bien surpris !
PHILIPIN.
Déja pour lui je tremble,
Je m'en vai l'avertir que vous êtes ici.
ISABELLE.
Il n'en est pas besoin, j'en prendrai le souci.

COMEDIE.
SCENE III.
ALONCE, ISABELLE, ELISE, PHILIPIN.

ALONCE.

Je ne vai qu'à tâtons, le flambeau, qui préside
  Sur les feux de la nuit, ne me sert point de guide.
Et pour mes vœux secrets n'osant se déclarer,
N'éclaire point du tout, pour ne pas m'éclairer.
Amour conduit mes pas dans une nuit si noire,
Les douceurs que je cherche, augmenteront ta gloire,
J'approche de l'endroit où vont tous mes desirs.
Mais quel fâcheux remords vient troubler mes plaisirs?
Isabelle a ma foi, je l'adore elle-même,
Je vai trahir ma flame, & son amour extrême,
Le crime sur mes pas, fuyons d'ici, mais quoi,
J'ai promis, on m'attend, que dira-t-on de moi?
J'ois du bruit, avançons, je croi voir une femme
Est-ce vous, Philidie?

ISABELLE *déguisant sa voix.*
Oüy.

ALONCE.
Charme de mon ame.

ISABELLE, *bas.*
Feignons bien.

ALONCE.
Vos bontez égale vos appas.
Puis-je entrer?

ISABELLE.
Tout à l'heure.

ALONCE.
Enfin....

ISABELLE.
Parlez plus bas.

PHILIPIN
Elise, comment donc ils se font des caresses?

LES RIVALES,

Mon Maître aſſûrément prend ſon nez pour ſes feſſes,
Il faut le détromper.

ELISE.
Comment ? garde t'en bien !

PHILIPIN.
Monſieur ?

ELISE.
Je dirai tout !

ALONCE.
Qu'eſt-ce que veux-tu ?

PHILIPIN.
Rien,
Pour vous faire parler j'ai crié de la ſorte,
Afin de vous connoître.

ALONCE.
Attens à cette porte,
Et ſi tu vois quelqu'un par hazard en ſortir,
Accours ſans faire bruit pour nous en avertir.

ELISE.
Je t'aime !

PHILIPIN.
Avec moi donc viens faire ſentinelle.

ELISE.
Veux-tu qu'en s'en allant ma Maîtreſſe m'appelle ?

ISABELLE.
Je croi que vous m'aimez !

ALONCE.
Il n'eſt point ſous les cieux
D'objet, qui loin de vous ne me ſoit ennuieux,
Deux beaux yeux plein d'éclat n'ont jamais dans une
    Ame
Produit tant de reſpect avecque tant de flâme,
Et tout ce que l'amour a fait de languiſſans
N'a jamais eu les feux, que pour vous je reſſens,

ISABELLE.
Je croirois tout cela ſans l'amour d'Iſabelle.

ALONCE.
Vos beautez dans mon cœur l'ont emporté ſur elle,

COMEDIE.

Et dés le premier jour que je vins à vous voir,
Vous avez en mon ame usurpé son pouvoir.
Je croi qu'en vous voyant, Isabelle elle-même
Ne me haïroit pas de ce que je vous aime,
Elle vous doit ceder : vos charmes que je sers,
Peuvent dans un instant rompre, & donner des fers,
Et toute la beauté, dont cet objet se vante,
Pour garder un captif n'est pas assez puissante.
L'éclat dont vous brillez, me fait voir clairement
Qu'on ne la peut aimer qu'avec aveuglement,
Et quand je pense à vous, si je la considere,
Je ne remarque point d'attraits, qui doivent plaire.

ISABELLE, *se découvrant.*

Je suis fort obligée à ce discours flatteur,
Isabelle est donc laide, infidelle, imposteur.
Quoi donc, Ame inconstante autant que déloyale,
Tu fais à mes dépens ta cour à ma Rivale ?

ALONCE.

Mon aimable Isabelle......

ISABELLE.

Ah ! ne me parle plus,
De tes déloyautez tu dois être confus,
Ingrat, qu'on peut nommer le plus grand des parjures,
Cesse de m'abuser, acheve tes injures.
Ta bouche assez long-tems m'a trop bien figuré
Un tourment, que ton cœur a toûjours ignoré,
Elle m'avoit déja si bien persuadée
De l'excés d'un amour, qui n'étoit qu'une idée,
Que je n'aurois jamais pû croire ton mépris,
Si ta bouche aujourd'hui ne me l'avoit appris,
Et pour mon desespoir ne m'avoit fait paroître
Qu'enfin je suis trompée, & que tu n'est qu'un traître.
Tu m'abandonnes, lâche, & ton cœur inconstant
En des feux criminels s'engage en me quittant !

PHILIPIN.

Peste, comme elle crie, elle en est aux reproches,
Et mon maître est penault comme un fondeur de cloche.

ALONCE.

Ma faute, & mon malheur sont sans comparaison,
Toute excuse me manque, & vous avez raison.

ISABELLE.

Perfide, je t'aimois, & mon ame charmée
S'estimoit trop heureuse en se croyant aimée,
Et n'eût point preferé dans sa fidelle ardeur
L'Empire de la Terre à celui de ton cœur.
Juge, juge à quel point ton changement me blesse,
Tu connois mon amour, ou plûtôt ma foiblesse,
Je vivois pour toi seul, & tu n'ignores pas
Que cette trahison va causer mon trépas ;
Ingrat, est-ce le prix de mon amour sincere ?
J'ai reçû tes sermens sans l'aveu de mon Pere,
Je me suis engagée, & s'il avoit falu
Qu'il eût contre mon choix, mon hymen résolu,
Je me serois pour toi malgré lui conservée,
J'aurois bien consenti de me voir enlevée,
Et n'aurois pas tremblé de cent périls divers,
En suivant ta fortune au bout de l'Univers.
Je te l'avois promis, & sans doute un barbare
Auroit été touché d'une bonté si rare,
Cependant quand déja je te croi mon époux,
Tu promets mariage, & prens des rendez-vous !
D'un objet tout nouveau ton Ame est enflamée,
Ton feu, qui brilloit tant, n'est plus rien que fumée,
Et comme un faux ardent, dont l'éclat éblouït,
Me meine au précipice, & puis s'évanoüit.
Hi ! c'en est trop, ingrat, je romps aussi ma chaîne,
Et mon amour jadis fut moindre que ma haine.
Mais c'est trop t'arrêter, va mieux passer la nuit,
Acheve ton dessein.

COMEDIE.
SCENE IV.
PHILIDIE, ALONCE, ISABELLE, ELISE, PHILIPIN.

PHILIDIE.
SOrtons, j'entends du bruit.
ISABELLE.
Entre, qui te retient, Monstre de perfidie?
PHILIPIN.
On sort de la maison, Monsieur, c'est Philidie.
ISABELLE.
Laisse-moi.
ALONCE.
Je vous suis.
ISABELLE.
On t'attend là-dedans.
ALONCE.
Je ne vous quitte point de crainte d'accidens.
ISABELLE.
Lors que plein d'inconstance à mes yeux tu te montres,
Pourrois-je redouter de plus tristes rencontres?
ALONCE.
Je vous condui chez vous.
ISABELLE.
Non, tu te ferois tort,
Entre, je vais des vœux pour rencontrer la mort.
PHILIPIN.
Prenez garde, elle avance.
ALONCE.
O rigueurs effroiables!
PHILIPIN.
Deux femmes en fureur valent pis que deux diables.
Monsieur, gagnons au pied, je ne voi rien pour nous,
Si ce n'est des gros mots, & possible des coups.
ALONCE.
O rendez-vous fatal! ô fortune cruelle!
Qui m'ôte Philidie, & m'arrache Isabelle,

LES RIVALES,

Pour m'excuser ici tout effort seroit vain.
Quittons ce lieu funeste, & partons dés demain.

Il se retire.

SCENE V.

PHILIDIE, ISABELLE, ELISE.

PHILIDIE.

Ce sont quelques passans.

ISABELLE.

     Il est entré, ce lâche;
Ma Rivale avec lui rit de ce qui me fâche,
L'ingrat vole à mes yeux où tendent ses desirs,
Et mon dépit mortel augmente ses plaisirs.
Há ! je veux l'imiter : déja je le déteste
Beaucoup plus que la mort ; cent fois plus que la peste;
Plus qu'un Tygre effroiable, & qu'un Monstre odieux :
Mais quoi dans ce dessein j'ai les larmes aux yeux ?
Et lors que je m'efforce à l'ôter de mon ame,
Je fais sortir mes pleurs, & je retiens ma flâme.
Oüi, perfide, en mon cœur, tu t'es rendu si fort,
Que tu n'y sçaurois plus perir que par ma mort.
Comme ta trahison mon amour est extrême,
Tu cesses d'être aimable, & toutefois je t'aime:
Mais puisque de ce mal rien ne me peut guérir,
Pour étouffer ma flâme, ingrat, je vai mourir.
Mourir, & cependant une autre avec audace,
Triomphant de mon bien, rira de ma disgrace ?
Non, non, il faut mêler ses Roses de Cyprés,
Perdons nôtre Rivale, & perissons aprés,
Faisons si bien qu'Alonce ait part à nos allarmes,
Et qu'aprés nôtre mort il verse encor des larmes.

Elle se retire.

COMEDIE.
SCENE VI.
PHILIDIE.

CEs passans dans la nuit ont un long entretien:
Ecoutons de plus prés, mais je n'entens plus rien.
Alonce, que j'attens, souffre que je te blâme,
La fin de mes refus a fait cesser ta flâme.
Ta froideur se fait voir dans ton retardement,
Le nom de paresseux détruit le nom d'Amant.
Un Amant attendu merite qu'on l'accuse,
Il a toûjours failli, quand il faut qu'il s'excuse;
Et quelque obstacle enfin qui le puisse arrêter,
Avec un peu d'amour il doit tout surmonter,
Malgré l'orgueil d'un sexe à qui le tien défere,
J'aurois bien plûtôt fait le pas que tu dois faire.

SCENE VII.
D. LOPE, PHILIDIE.
D. LOPE.

OUi, ma fille est dehors; c'est elle que je voi.
PHILIDIE.
Enfin j'entens du bruit, & quelqu'un vient à moi,
Est-ce toi, cher Amant, tu m'as bien fait attendre?
D. LOPE.
O Dieux, quelle infortune! ha, que viens-je d'entendre?
Ma fille abandonnée attend un suborneur,
Quel affront ai-je à craindre aprés ce deshonneur?
PHILIDIE.
Cher Alonce, est-ce toi? parle avec assurance,
A ta paresse au moins ne joint pas le silence,
Dans un profond sommeil mon Pere enseveli
A mis sa défiance, & ses soins en oubli,
Et tous nos surveillans surpris des mêmes charmes
Ne sont plus en état de nous donner d'allarmes.
Quoi, tu crains mon abord? ô Dieux, quel changement

LES RIVALES,

Alonce, si c'est toi, parle mon cher Amant.

D. LOPE.

Que te dirai-je, horreur des plus abandonnées,
Qui me couvres de honte en mes vieilles années :
Méchante quel discours pourrois-je concevoir,
Qui marquât tout ton crime, & tout mon desespoir ?

PHILIDIE.

C'est mon Pere, ô fortune injuste, & rigoureuse !
O miserable Amante ! ô fille malheureuse !

D. LOPE.

Rentre, rentre, méchante, & me commets ce soir
Le soin d'attendre Alonce, & de le recevoir.

PHILIDIE.

N'entrons point au logis, évitons sa colere.

D. LOPE.

O Ciel, qui de ce monstre a sçû me rendre Pere !
Que ne confondois-tu, malgré mon mauvais sort,
Le jour de sa naissance, & le jour de sa mort !
Et toi, qui m'as forcé d'aller chercher ma honte,
Conseiller malheureux, dont j'ai trop fait de conte,
Soupçon trop veritable, & trop pernicieux,
Pourquoi m'as-tu pressé de venir en ces lieux ?
Sans toi, dans le repos je me verrois encore,
Ce n'est pas un grand mal que celui qu'on ignore,
Par un succés funeste aux soupçons attaché,
J'ai trouvé trop enfin, pour avoir trop cherché.

Fin du premier Acte.

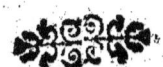

COMEDIE.
ACTE II.
SCENE PREMIERE.
L'HOSTESSE, FEDERIC.

L'HOSTESSE.
Mais est-il un mari qui soit d'humeur si sombre ?
FEDERIC.
Mais les cocus sans moi sont en assez grand nombre.
L'HOSTESSE
Qui t'a fait prendre ainsi des sentimens jaloux ?
FEDERIC.
Qui t'a si bien apris à faire les yeux doux ?
L'HOSTESSE.
Faut-il aux survenans montrer des yeux si rudes ?
FEDERIC.
Faut-il donner matiere à mes inquietudes ?
L'HOSTESSE.
Mais on n'oseroit donc ni rire ni parler !
FEDERIC.
Mais j'enrage tout vif quand je t'ois cajoler.
L'HOSTESSE.
Ha ! j'aime autant mourir que de vivre en esclave.
FEDERIC.
Ha ! j'aime mieux cesser d'avoir du vin en cave.
L'HOSTESSE.
Tu prens au criminel des regards innocens,
Je n'oserois donc plus recueillir les passans.
FEDERIC.
Ce sont à mon avis des excuses frivoles,
Allant au devant d'eux, on diroit que tu voles,
Tu prens un air plus gai qu'un jeune émerillon
Ou qu'un petit lapin, qui revient du boüillon,
Tu mignardes ta voix.
L'HOSTESSE.
    Et crois-tu qu'une Hostesse,
Qui porte sur le front une morne tristesse,

LES RIVALES,

Attire les passans d'un sourci refrogné !

FEDERIC.

Le stile que tu prens, en est bien éloigné.

L'HOSTESSE.

Va, puisque ton humeur est si desagreable,
Cherche une autre que moi qui serve sur la table,
Qui pour tout ordonner se leve si matin,
Et prenne garde à tout quand tu tires du vin,
Je vai me renfermer, de peur que je ne sorte,
Comme un bon gardien prens la clef de la porte.

FEDERIC.

Elle s'en va pleurer tout le reste du jour,
Va, ne te fâche point, excuse mon amour.

L'HOSTESSE.

Je ne puis excuser un amour qui m'outrage.

FEDERIC.

Si je ne t'aimois point, je n'aurois point d'ombrage,
Il ne m'aviendra plus de t'en parler jamais.

L'HOSTESSE.

Tu me le promets donc ?

FEDERIC.

Oüi, je te le promets.

L'HOSTESSE.

Et moi je te promets que le plus beau visage,
Le corps le plus adroit, & l'esprit le plus sage,
Fût-il avec cela riche comme un Banquier,
S'il me parloit d'amour, n'auroit point de quartier.
Croi que j'ai tant d'honneur, que j'ai tant de constance,
Que tu peux en tout tems dormir en assurance.

FEDERIC.

Hors ce petit martel, depuis quatre ou cinq ans,
Nous vivons sans debat ainsi que deux enfans,
Ce mal, qui me déplaît, m'est comme hereditaire,
Il tenoit au cerveau de feu Monsieur mon Pere.

L'HOSTESSE.

De grace, efforce-toi de le chasser du tien,
Ne sois plus si jaloux, & je t'aimerai bien,

Elle le fl. te.

COMEDIE.
FEDERIC.
Que sa main est doüillette! ha, ma joie extrême!
Mais j'ai peur qu'à quelqu'autre elle en fasse de même.
L'HOSTESSE.
Ne t'avise donc plus de venir m'éclairer.
FEDERIC.
D'une si bonne femme il se faut assûrer,
Mais voyons si nôtre Hoste en la chambre repose,
Il pourroit bien avoir besoin de quelque chose.
L'HOSTESSE.
Le voici.

SCENE II.
PHILIDIE, FEDERIC, L'HOSTESSE.
PHILIDIE *déguisée en homme.*
Mes soupçons sont assez évidens.
FEDERIC.
Cet homme me déplaît, il parle entre ses dents.
PHILIDIE.
Puisqu'Alonce est parti, c'est qu'il est infidele,
Et qu'en m'abandonnant il emmeine Isabelle,
Mais je le trouverai s'il est dessous les Cieux,
E je ferai perir ma Rivale à ses yeux.
Tenez mon cheval prêt.
FEDERIC.
Quoi, Monsieur, tout à l'heure?
PHILIDIE.
Il ne se peut qu'ici plus long-tems je demeure.
L'HOSTESSE.
Mais le jour est déja bien proche de sa fin.
PHILIDIE.
Pressé comme je suis, je dois gagner chemin.
L'HOSTESSE.
Des voleurs cependant redoutez la surprise,
Un Marchand sur le soir fut mis hier en chemise,
Un homme seul si tard ne s'en pourra sauver.

LES RIVALES,
PHILIDIE.
N'importe, il faut partir, quoi qu'il doive arriver.
FEDERIC.
Tu retardes Monsieur.
L'HOSTESSE.
Partez, il ne m'importe,
Mais on sert bien ici les gens de vôtre sorte.
Le vin est excellent, nos lits sont des meilleurs :
Vous vous repentirez si vous allez ailleurs,
Et trouverez peut-être au lieu d'Hôtellerie,
Ou quelque coupe-gorge, ou quelque écorcherie.
PHILIDIE à Federic.
Enfin, quoi qu'il en soit, je vous rendrai content,
Amenez mon cheval.
FEDERIC.
Monsieur, tout à l'instant.

SCENE III.
L'HOSTESSE, PHILIDIE.
L'HOSTESSE.
Puisque vôtre départ est si fort necessaire,
Je ne dirai plus rien, Monsieur, qui le differe.
Mais je suis curieuse, & voudrois bien sçavoir
D'où vient la sombre humeur, que vous nous faites voir,
Vous avez tant de grace avec vôtre tristesse ;
Qu'en vôtre mauvais sort déja je m'interesse,
Et trouve que chacun doit prendre part aux maux
D'un homme comme vous, qui n'a guere d'égaux.
Dans vôtre ame sans doute un noir chagrin préside,
Vous regardez par fois le Ciel d'un œil humide,
Et ne pouvez qu'à peine, en ce grand déplaisir,
Prononcer quatre mots, sans lâcher un soûpir.
Vous rêvez à toute heure, & je suis bien trompée,
Ou quelque passion à vôtre ame occupée.
Seroit-ce point l'amour, qui vous rend malheureux ?
C'est ainsi qu'on languit, quand on est amoureux :
Sur-tout quand on s'adresse à quelque ame cruelle,
Qui ne peut concevoir une ardeur mutuelle.

COMEDIE.
PHILIDIE.
Helas! c'est là mon mal., vous l'avez deviné,
Sous de rigoureux fers mon cœur est enchaîné,
Et l'on ne peut souffrir sous l'amoureux empire
Des maux pareils à ceux qui font que je soûpire.
L'HOSTESSE.
Depuis quel tems l'amour fait il vôtre tourment?
PHILIDIE.
Mon desespoir commence en ce jour seulement,
Oüi, ce n'est qu'en ce jour que j'ai pû reconnoître
Les rigueurs de l'amour dans les maux qu'il fait naître,
Et le mortel ennui, dont on est allarmé,
Quand on aime, & qu'on sçait qu'on ne peut être aimé,
En vain j'ai dans le cœur un excez de tendresse.
L'HOSTESSE *à part.*
Seroit-ce bien à moi que ce discours s'adresse?
PHILIDIE.
Le cœur que je demande, a quelque autre lien,
Un objet plus heureux m'enleve tout mon bien,
Et rendant en ce jour mon esperance éteinte,
Produit le desespoir, dont mon ame est atteinte,
Et fait que de ces lieux diligemment je fuis,
Sans même oser parler de la peine où je suis.
L'HOSTESSE *à part.*
C'est à moi qu'il en veut, tout de bon je le pense.
De cet objet aimé regretez-vous l'absence?
Voions ce qu'il dira.
PHILIDIE.
   Ce n'est pas mon souci,
Ce que j'aime n'est pas encore loin d'ici.
Que sa vûë aujourd'hui coûte cher à mon ame!
L'HOSTESSE *à part.*
Que son adresse est grande à découvrir sa flâme!
PHILIDIE.
Vous ne concevez rien à mon tourment égal,
La fortune & l'amour se plaisent dans mon mal,
A l'envi l'un de l'autre ils causent mes allarmes.

LES RIVALES,

L'HOSTESSE *à part.*

Ma foi j'en ai pitié, Dieux ! il répand des larmes.

PHILIDIE.

Engagement fatal !

L'HOSTESSE *à part.*

Se peut-il qu'en naissant,
Un feu que j'ai causé, soit déja si puissant ?
De tels embrasemens sont choses fort nouvelles,
On me l'avoit bien dit que j'étois des plus belles.

PHILIDIE.

Helas !

L'HOSTESSE *à part.*

Je fais sa peine, il n'en faut point douter,
Je ne la puis guerir ; mais je la puis flâter.

PHILIDIE.

Amant trop malheureux ! trop aveugle Maîtresse !

L'HOSTESSE.

Monsieur, donnez relâche à l'ennui qui vous presse ;
Ne feignez plus, je sçai qui vous fait soûpirer,
J'en connois bien la cause, & puis vous assûrer
Qu'elle sçait vôtre peine, & qu'elle la partage.

PHILIDIE.

Le sçavez-vous, Madame ?

L'HOSTESSE.

Oüi, je sçai davantage,
Qu'elle est en ce logis, & que restant ce soir,
Vous verrez qu'elle aura du plaisir à vous voir.

PHILIDIE.

Du plaisir à me voir ? seroit-il bien possible ?
O Dieux !

L'HOSTESSE.

Qu'à ce bonheur il se montre sensible !

PHILIDIE.

Lui pourrai-je parler ?

L'HOSTESSE.

Oüi, sans déguisement,
Que ce soit toutesfois un peu discrettement.
Vous m'aimez, je le voi, mais les nœuds d'hymenée,
Rendent à Federic ma passion bornée,

COMEDIE.
Ses ardeurs seulement me doivent émouvoir,
Et souffrant vos discours je choque mon devoir.
Si je suivois aussi ma premiere pensée,
De vos contes d'amour je serois offensée,
Mais j'excuse un jeune homme, & dois me souvenir
Que sa faute est à plaindre, & non pas à punir.
PHILIDIE.
Sçachez.....
L'HOSTESSE.
Je sçai bien tout.
PHILIDIE.
Qu'elle est extravagante!
Mais....
L'HOSTESSE.
Mais consolez-vous, je veux être indulgente,
Et tant que mon honneur ne sera point blessé,
Je vous traiterai mieux que vous n'avez pensé.
C'est tout ce qu'une femme à l'hymen engagée
Peut pour rendre aujourd'hui vôtre ame soulagée
Federic unissant mes destins à ses jours,
En recevant ma foi, prit toutes mes amours,
Il m'aime, & mon ardeur à la sienne pareille
Me permet seulement de vous prêter l'oreille.
Vous êtes honnête homme, & je m'assure bien,
Qu'outre cette faveur vous ne souhaitez rien.
PHILIDIE.
Vôtre honneur avec moi se trouve en assûrance,
Et mon honnêteté passe vôtre esperance.
Ce que vous permettez est encor trop pour moi,
Aimez vôtre mari, gardez-lui vôtre foi :
Faites voir un amour au-delà du vulgaire,
Un homme tel que moi ne s'en fâchera guere,
Je n'ai pas maintenant lieu de me divertir,
Soyez toûjours fidelle, & me laissez partir.
L'HOSTESSE.
Il se moque, il se rit : mon dépit est extrême.
PHILIDIE.
Vous vous abusez fort croiant que je vous aime,
J'aime, il n'est que trop vrai ; mais j'atteste les Dieux,

LES RIVALES,

Que le feu que je sens ne vient point de vos yeux,
La source de ma flâme a beaucoup plus de force,
Elle a moins de douceur; mais non pas moins d'amorce,
Et dans le triste état, Madame, où je me voi,
Je ne puis rien pour vous, vous aussi rien pour moi,
Des passans d'autrefois soiez plus estimée,
Nôtre foi seroit fausse étant bien éprouvée,
Souffrant que l'on cajole, on fait trop de faveur,
Quand on prête l'oreille on veut donner le cœur,
Et bien-tôt un galant a séduit une femme,
Lors qu'il obtient d'abord cette entrée en son ame,
Certes, celui qu'hymen a joint avecque vous,
A beaucoup de sujet de paroître jaloux,
Si je lui disois tout, je vous rendrois plus sage,
Mais le voici qui vient.

L'HOSTESSE.

Ha, quel sanglant outrage.

SCENE IV.
FEDERIC, L'HOSTESSE, PHILIDIE.
FEDERIC.

Votre cheval est prêt.

L'HOSTESSE.

Voiez cet effronté,
Qui me fait des discours contre l'honnêteté.
Qui croiroit tant d'audace avec tant de jeunesse?
Tu trouves mon mari tout cassé de vieillesse,
C'est, dis-tu, le bourreau des plus beaux de mes ans,
Et je devrois songer à mieux passer mon tems.

FEDERIC.

Quoi, Monsieur, dit cela?

L'HOSTESSE.

Mille fois pis encore,
Je ne sçai qui me tient que je ne le devore.

PHILIDIE.

Croiez....

L'HOSTESSE.

Dira-t-il bien qu'il est fort innocent?

Con-

COMEDIE.

Confiderés un peu le bel adolescent.
N'est-il pas bien trouffé pour faire des conquêtes.
Et pour parler d'amour à des femmes honnêtes ?
Il étoit bien venu pour venir m'éprouver,
Il n'a pas rencontré ce qu'il penfoit trouver,
N'eût été pour un peu, fa harangue impudente
Eut reçû de ma main quelque belle patente.

FEDERIC.
Tout beau.
PHILIDIE.
Sur mon honneur....
L'HOSTESSE.
L'homme de bonne foi,
Faire le difcoureur & s'adreffer à moi....
FEDERIC.
L'honnête femme !
PHILIDIE.
O Dieux !
L'HOSTESSE.
Qu'il déloge bien vîte,
Ailleurs qu'en ce logis il peut bien chercher gîte.
FEDERIC.
Monfieur, vous avez tort.
L'HOSTESSE.
Nous aimons trop l'honneur,
Pour retirer jamais ceans un fuborneur.
PHILIDIE.
Il faut conter dehors.
L'HOSTESSE.
Qu'il craigne ma colere.
PHILIDIE.
Sortons, mon Maître.
FEDERIC.
Allons.
L'HOSTESSE.
Il ne fauroit mieux faire,
PHILIDIE *à part.*
Qu'il feroit étonné s'il étoit éclairci ?
Mais je n'ai pas le tems de m'arrêter ici.

Tome I.

SCÈNE V.
L'HOSTESSE.

HE' bien, si je n'eusse eu l'adresse & le courage
De repousser ainsi l'outrage par l'outrage,
Si je n'eusse menti d'une bonne façon,
Federie eut accreu de moitié son soupçon,
Et ce jeune innocent eut bien eu l'impudence
De mettre devant lui ma faute en évidence.
Qui l'eut jamais pensé qu'un jeune homme bien fait,
Qui ne semble pas sot le fut tant en effet ?
Ses discours m'avoient mise dans un desordre étrange,
Mais je m'en suis tirée en lui donnant le change,
Par cette invention mon honneur se maintient,
Ma faute est reparée, & le bon homme en tient.
Mais on vient.

SCÈNE VI.
ISABELLE L'HOSTESSE.

ISABELLE *déguisée en homme.*

OUi, le traître enleve Philidie,
Ils sont partis ensemble, ô noire perfidie !
Ma Rivale en mourra.
L'HOSTESSE.
C'est quelque hôte nouveau,
ISABELLE.
Parlons bas, on m'entend.
L'HOTESSE.
Dieux ! qu'il me semble beau,
L'autre avoit moins de grace, & bien plus de tristesse.

COMEDIE.
ISABELLE.
Cette femme est jolie, & c'est je croi l'hôtesse,
Pour lever tout soupçon de mon déguisement,
Disons-lui des douceurs, & feignons galamment.
L'HOSTESSE.
Monsieur, vous plaît-il pas venir en la cuisine,
Voir ce que pour souper il faut qu'on vous destine ?
Vous trouverez de quoi faire un fort bon repas.
Sinon la basse-court ne vous manquera pas.
ISABELLE.
Quoi que l'on me prépare il ne m'importe guere,
Tant que je vous verrai je ferai bonne chere,
L'honneur & le plaisir de se voir prés de vous
Ont bien d'autres appas que les mets les plus doux,
Que pourroit souhaitter l'homme le plus étrange,
Servi par une hôtesse aussi belle qu'un Ange.
L'HOSTESSE.
Vous aimez à railler, Monsieur, je le connoi,
Ce compliment est fait pour quelqu'autre que moi ;
Ces discours rafinez ne sont point en usage
Prés d'une simple hôtesse en un petit village.
ISABELLE.
Dans tout ce que l'Espagne a de grandes Citez,
Vos charmes terniroient les plus rares beautez,
Celles qui sont par art à la Cour adorées,
Ne peuvent justement vous être comparées,
Vos yeux ont un éclat, que l'on rencontre peu,
Un seul de vos regards mettroit cent cœurs en feu,
Aussi quand j'ai souffert votre premiere vûë ;
J'en ai senti mon ame au même tems émûë,
Et mon cœur tout surpris de ce trouble naissant
En a lâché par force un soûpir innocent.
L'HOSTESSE.
Monsieur, épargnez-moi, conservez votre adresse,
Pour vous faire autre part quelque belle maîtresse,
Je croi que vos desseins pour ne vous point mentir
Sont de m'en faire accroire & de vous divertir,
En juger autrement seroit m'être oubliée,

Je sçai que je suis laide, & de plus mariée.
ISABELLE.
Laide ! ah c'est faire tort à vos charmans appas,
Que d'un autre que vous je ne souffrirois pas,
Et c'est récompenser d'une injure cruelle
Les soins, qu'eût la Nature à vous rendre si belle.
L'HOSTESSE à part.
Que son discours me plaît, & que mal-aisément,
On se fâche d'entendre un homme si charmant !
ISABELLE.
La fortune devroit vous avoir mieux traitée,
Mais vous auriez grand tort d'en paroître irritée,
C'est un bonheur parfait que l'on ne trouve point,
Que d'estre heureuse & belle ensemble au dernier
    point,
Voir la beauté sans pompe, est-ce une chose étrange,
On void bien quelquefois des perles dans la fange,
Je ne vous plaindrois point, n'étoit que votre Epoux
Est un parti bien triste & peu digne de vous,
Sans mentir votre sort est beaucoup pitoyable,
De n'avoir pour mari qu'un objet éfroyable,
Dont la force est éteinte & le sang tout glacé,
Et que le faix des ans a rendu tout cassé
Pourriez-vous bien goûter les plaisirs de la vie,
Prés d'un homme, dont l'âge en fait passer l'envie,
Et qu'on doit regarder comme un spectre vivant,
Qui déja dans la tombe a le pied bien avant ?
C'est en quoi je vous plains dans cette conjoncture,
Le sort eut du caprice & vous fit trop d'injure,
Et l'hymen fut cruel d'unir en même jour
Les glaçons de la mort, & les feux de l'amour :
Vous deviez mieux choisir, la chose est d'impor-
    tance.
L'HOSTESSE.
C'est ma faute, Monsieur, & j'en fais penitence.
ISABELLE.
Vous l'avez assez faite, il faut chercher ailleurs
Les plaisirs, qu'à vos jours refusent vos malheurs,

COMEDIE.

Votre âge vous y pousse, & vos jeunes années
Pour un vieillard tout seul ne sont pas destinées,
Vous trouverez.....

L'HOSTESSE.

Monsieur, mon mari vient à nous,
Ne me dites plus rien, il a l'esprit jaloux.

ISABELLE.

Ne craignés rien, croiés que je suis assez sage
Pour vous parler d'amour sans lui donner d'ombrage,
J'entre dans la cuisine.

L'HOSTESSE.

Attendés un moment,
Je vai vous préparer le bel appartement.

ISABELLE.

J'oubliois sur ce point un avis qui me touche,
Faites où je serai que personne ne couche,
Je vous payerai bien.

L'HOSTESSE.

Monsieur, c'est assez dit,
Assurés-vous qu'ici vous ayés tout credit.

SCENE VII.

FEDERIC, L'HOSTESSE.

FEDERIC.

TOut credit, l'offre est belle & n'est pas sans
    mystere ;
Connois-tu ce jeune homme, & les biens de son pere ;
C'est plûtôt qu'il t'en conte, & je jurerois bien,
Que vous venés d'avoir un fort long entretien,
Tu prens toûjours plaisir d'être libre & coquette,
Et ne regardes pas si cela m'inquiete.
Femme que l'on cajole en ce siecle méchant,
Est un bien à l'enchere & qui cherche marchand.

B 3

LES RIVALES,
L'HOSTESSE.

Dieux ! quelle jalousie à la tienne est pareille,
Avoir martel en tête, & la puce à l'oreille,
Lorsque j'ose emploier des moiens innocens
Pour rendre ce logis agreable aux passans,
Si tu veux t'obstiner dans cette humeur bisarre,
Je voi bien qu'il faudra qu'enfin l'on nous separe,
Ce passant, qu'à grand tort tu prens pour suborneur,
Est de tous les mortels le plus homme d'honneur,
Et bien qu'assez long-tems il m'ait entretenuë,
Il m'a fait des discours si plein de retenuë,
Que tout ce que de lui je me puis figurer,
C'est ou qu'il sort d'un cloître ou qu'il y veut entrer,
Aussi ne suis-je pas femme, à qui l'on en conte,
Je crains plus que la mort ce qui me peut faire honte,
Aprés ce que j'ai dit à ce jeune insolent,
Qui vouloit prés de moi s'ériger en galant,
Dévrois-tu pas sçavoir de quel air je maltraite
Quiconque s'émancipe à me conter fleurette,
Vois-tu pas à quel point l'honneur m'est précieux,
Et combien tes soupçons me sont injurieux ?

FEDERIC.

Ma femme, excuse moi, bien que ta foi soit claire,
Je serois moins jaloux si tu m'étois moins chere,
Suportans ce défaut marque-moi ton amour,
Mais apprens que notre hôte est déja de retour,
On l'auroit détroussé dans la forêt prochaine,
Sans l'aide d'un passant, qui ceans le rameine.

L'HOSTESSE.

Quoi tu donnes retraite à cet impertinent ?

FEDERIC.

Son guide qui m'en prie, est le jeune Fernand,
Le fils du grand Prevost.

L'HOSTESSE.
                 Dont la sœur est si belle,
Que ma tante a nourrie, & qu'on nomme Isabelle ?

FEDERIC.

Lui-même.

COMEDIE.
L'HOSTESSE.
A sa priere il le faut recevoir :
Mais, je t'en avertis, je ne le veux point voir,
FEDERIC.
Du moins si le hazard à tes yeux le presente,
Ne fais point de vacarme : & sois plus complaisante,
Ils demandent qu'à part nous les fassions coucher.
L'HOSTESSE.
S'ils veulent plus d'un lit qu'ils en aillent chercher,
La chambre des deux lits par l'autre est retenuë,
Que n'ont-ils eu l'esprit de hâter leur venuë,
La chambre, qui nous reste, est belle & grande assez,
Deux y peuvent coucher sans être fort pressez,
Le lit est tout au moins aussi grand que le notre,
Dom Fernand est fâcheux.
FEDERIC.
Ce n'est pas lui, c'est l'autre
Dom Fernand est pressé de hâter son retour,
Et veut demain partir avant le point du jour,
Son compagnon lui fait demander cette grace,
Il faut le contenter.
L'HOSTESSE.
Que veux-tu que je fasse ?
FEDERIC.
Vois-tu, n'obligeons pas Dom Fernand à demi,
On peut sans qu'il soit vû de cet homme endormi,
Lui donner jusqu'au jour sa chambre pour retraite,
En l'y faisant entrer par la porte secrette.
L'HOSTESSE.
Pour l'en faire sortir....
FEDERIC.
Devant partir matin,
Si l'autre l'apperçoit, croi qu'il sera bien fin.
L'HOSTESSE.
J'ai peur qu'en son projet mon mari ne s'abuse,
Et s'il le voit aussi....
FEDERIC.
Quitte à lui faire excuse,

LES RIVALES,

L'HOSTESSE

C'est trop s'incommoder pour un méchant morveux.

FEDERIC.

Quoi qu'il en soit enfin, ma femme je le veux.

L'HOSTESSE

Ma douleur, s'il le sçait, ne sera pas petite,
Ce passant qu'on méprise, est homme de mérite,
Qui sent son grand Seigneur, & qui parle à ravir,
Mais je suis peu courtoise, il faut laisser servir.

FEDERIC.

Femme jeune & courtoise est un peu dangereuse,
Que d'un mauvais choix la suite est rigoureuse,
En tant de maux divers l'hymen peut nous plonger,
Que la plus longue vie est peu pour y songer.

Fin du second Acte.

ACTE III.

SCENE PREMIERE.

ISABELLE *dans sa chambre accoudée sur une table.*

STANCES.

Raison, n'en parlez plus, laissez agir ma rage.
  Bien qu'Alonce tout seul m'outrage,
J'en veux à Philidie, elle a fait son mépris,
Elle m'arrache l'ame, & c'est avec justice
  Que je prétends qu'elle perisse,
Car j'aimois moins le jour que ce qu'elle m'a pris.

COMEDIE.

Mon cœur, pour redoubler l'horreur, que j'ai pour elle,
    Adore encore cet infidelle,
Et ne sçauroit changer aprés son changement ;
Ma haine se rencontre à mon amour égale,
    Et voulant perdre ma Rivale,
Je sens bien que je veux recouvrer mon Amant.
Je cours à la vengeance, & l'Amour est mon guide,
    Ses feux pour trouver ce perfide
M'éclaire au chemin qu'il doit avoir tenu :
Mais helas j'entreprens une vaine poursuite,
    Puis qu'enfin Alonce me quitte,
Alonce est trop changé pour étre reconnu.
D'où vient que je ne puis imiter ce volage !
    Brisons le nœud, qui nous engage,
Meslons notre inconstance à sa legereté ;
Et faisons en joignant le mépris à l'injure,
    Qu'on doute, aprés cette avanture,
Si l'ingrat m'a quitté, ou si je l'ai quitté.

Sans doute ce remede est le seul qui me reste,
    Pour me tirer d'un sort funeste.
En perdant mon amour je perdrai mon ennui :
Oüi, changeons, mais helas que je suis insensée !
    Pour executer ma pensée
Mon cœur manque, & l'ingrat l'emporte avecque lui.

Oüi, oui, mon cœur serré d'une chaîne immortelle,
Tout méprisé qu'il est, suit encor l'infidelle,
Quelle charme rend mon ame insensible au dépit !

SCÈNE II.

D. FERNAND, ISABELLE, FEDERIC.

FEDERIC.

Ecoutons.

ISABELLE.

Tout à coup le sommeil m'assoupit,
Il semble que ce Dieu dans son paisible Empire
Veut sçavoir si l'amour peut causer du martyre,
Ses pavots sur mes sens font un débile effort.
Tout mon repos dépend d'Alonce ou de la mort.

FEDERIC.

Entrons sans faire bruit, sans doute qu'il sommeille,
Ou ce profond sommeil abuse mon oreille.

D. FERNAND.

Il n'est pas endormi, je voi de la clarté,
Voiez.

FEDFRIC.

Il dort, vous dis-je, entrés en seureté,
C'est un jeune étourdi qui manquant de cervelle,
N'a pas même le soin d'éteindre la chandelle,
Et hors du bec à peine a le dernier morceau,
Que déja sur la table il dort comme un pourceau,
Il faut qu'avec ces gens de bien prés l'on regarde,
Ces têtes à l'évent font de mauvaise garde.

D. FERNAND.

Emportés la chandelle & me laissés ici,
Allez.

FEDERIC.

Quoi, voulés-vous passer la nuit ainsi?

D. FERNAND.

De revoir mes parens mon desir est extrême,

Je veux demain partir avant l'Aurore même,
Et je ne trouve pas qu'il soit fort à propos
De passer d'autre sorte un moment de repos :
Mais comme on perd tous soins alors que l'on som-
meille,
Avant le point du jour commandez qu'on m'éveille.
FEDERIC.
Moi-même j'y viendrai pour faire moins de bruit.
Reposez-bien, Monsieur, bon soir & bonne nuit.

SCENE III.

ISABELLE, D. FERNAND.

ISABELLE s'éveillant.

Quoi donc vous me fuyez, sommeil, charmeur des
    peines,
Vos charmes pour mon mal sont des puissances vaines,
Pour un esprit de haine, & d'amour combattu ;
Tous vos pavots sont secs, & n'ont point de vertu,
Et mon malheur refuse à mes sens déplorables.
Le repos, que la nuit offre aux plus misérables.
D. FERNAND sur un lit.
Qu'entens-je, & qui l'oblige à tenir ces propos ?
ISABELLE à part.
Sortés, larmes, soûpirs, soyés tous mon repos,
Puisque par la rigueur de mon destin funeste
La liberté des pleurs est le bien, qui me reste.
D. FERNAND à part.
Les ennuis, dont le jour nous sommes accablez,
Dans le tems du repos se trouvent redoublez,
Et l'ame à ces objets étant lors occupée,
Comme elle est moins distraite, elle en est plus frap-
    pée.

LES RIVALES,
ISABELLE.
Helas !
D. FERNAND.
Possible enfin écoutant ces regrets,
Je pourrai découvrir ses sentimens secrets.
ISABELLE.
Sources de mes malheurs ; lumieres decevantes,
Funestes qualités à trahir si sçavantes,
Quel esprit dans le monde auroit pû s'affranchir
De vos charmes trompeurs, que je n'ai sçû gauchir,
De cet indigne objet, de cette ame infidelle,
Amour m'avoit bien fait la peinture trop belle ;
Amour, qui nous flattant d'un bonheur imparfait,
N'a des biens qu'en idée, & des maux en effet,
Amour qui n'a pour moi qu'une haine obstinée,
O passion fatale ! ô fille-infortunée !
D. FERNAND.
Fille, quelle avanture ! & qu'elle me surprend,
Son esprit est bisarre, ou son malheur est grand,
ISABELLE.
Allons dessus un lit poursuivre notre plainte,
Gardons de nous blesser, la chandelle est éteinte,
Possible qu'en ce lieu nous reposerons mieux.
Elle va au lit où est couché D. Fernand.
D. FERNAND.
Madame ?
ISABELLE.
Un homme ici : je suis perduë ! ô Dieux !
Que veux-tu ? qui t'amene ? & qu'oses-tu prétendre ?
Contre qui que tu sois ce fer pour me défendre.
D. FERNAND.
Assurés-vous,....
ISABELLE.
Quel est ton dessein lâche & noir ?
Ou ne m'approche pas, ou crains mon desespoir.
D. FERNAND.
De grace écoutés-moi, ne craignés rien vous dis-je,
Je sais à quel respect votre sexe m'oblige,

COMEDIE.

Je ne suis point venu pour croître vos malheurs,
Je ne prévoiois pas vos plaintes ni vos pleurs,
Et j'étois sur ce lit dans la seule pensée
D'y passer une nuit déja fort avancée,
L'hôte, qui dans ce lieu me vient de faire entrer,
Avant le jour naissant m'en viendra retirer,
Tandis si ma presence ici vous est suspecte,
Pour vous marquer encor combien je vous respecte,
Je sors, & vous ôtant tout sujet de trembler,
J'abandonne un repos, qui pourroit vous troubler.

ISABELLE

Me laissant seule ici vous m'allez faire grace,
Mais cachés bien sur tout mon sexe, & ma disgrace.

D. FERNAND.

Je cherche à vous servir, & vous donne ma foi,
Que vous ne tairez pas vos secrets mieux que moi,
Mais quel prétexte prendre en sortant à telle heure ?

ISABELLE.

C'est-là ma peine, helas !

D. FERNAND.

              Souffrés que je demeure,
Je suis homme d'honneur, & mes vœux les plus doux
Sont de vous consoler sans approcher de vous.

ISABELLE.

Que mon malheur est grand !

D. FERNAND.

              Je tiendrai ma parole.

ISABELLE.

C'est ce que je veux croire, & ce qui me console.

D. FERNAND.

Que le Ciel me punisse en lâche ravisseur,
Si j'en use avec vous plus mal qu'avec ma sœur.

ISABELLE

Il suffit, je m'assûre, & n'ai plus d'autre envie
Que de vous confier les secrets de ma vie,
Afin qu'un aveu libre, où mon cœur se résout,
Vous force à ne rien dire en vous apprenant tout.

LES RIVALES,
D. FERNAND.

Croiez si les destins à mes vœux sont propices,
Qu'à ma discretion je joindrai mes services,
Vôtre honneur avec moi ne court aucun hazard,
Je n'aprendrai vos maux que pour y prendre part.

ISABELLE *assise sur un lit, & D. Fernand sur l'autre.*

Ma patrie est Lisbonne, & mon nom Isabelle,
Cette illustre Cité m'a vû naître chez elle,
Mon pere, grace aux Dieux, y tient un noble rang,
Et la vertu soûtient la gloire de son sang,
Avec un fils qu'il aime, autant qu'il me déteste,
Je suis d'un chaste hymen tout le fruit qui lui reste,
Mon frere est sans égal, & Fernand est son nom,
Il fait depuis trois ans la guerre en Arragon,
C'est l'appui de mon pere, & j'en suis l'ennemie,
Il acquiert de l'honneur, & moi de l'infamie.

D. FERNAND.
C'est ma sœur Isabelle, ô l'étrange malheur !

ISABELLE.
Quand il sçaura mon sort, qu'il aura de douleur !
Sa tendresse pour moi surpasse l'ordinaire,
Il s'en faudra bien peu qu'il ne se desespere,
Il ira me chercher au bout de l'Univers.

D. FERNAND.
Qu'entends-je juste ciel ! ayez les yeux ouverts.

ISABELLE.
Le Soleil dans les cieux d'une course enchaînée,
Depuis qu'il éclaira le jour où je fus née,
Avoit au plus déja quinze fois fait son tour,
Quand je vins à sentir les premiers traits d'amour.
Enfin, Alonce......

D. FERNAND.
        O Dieux ! Alonce l'infidelle !

ISABELLE.
A ce funeste nom mon mal se renouvelle,
C'est celui de l'ingrat, dont le fatal discours
Du repos de ma vie intertompit le cours,

COMEDIE

Dés l'abord sans regret je souffris sa presence,
Je l'écoutai parler avecque complaisance,
En suite il fut traité plus favorablement,
Je consentis qu'il prît le nom de mon Amant,
Je me plus à le voir, & me croiant aimée
Presque insensiblement je me trouvai charmée.
Enfin aiant appris que mon pere inhumain
Destinoit à quelqu'autre & mon cœur & ma main,
Pour achever de vaincre, Alonce avec adresse
M'assura de sa foi, m'en fit une promesse,
Et par son desespoir m'attendrit tellement,
Que je tombai d'accord de mon enlevement.
Enfin ma passion me rendit insensée,
Et son amour ne fut que trop récompensée.
Son amour, je m'abuse, il n'en a jamais eû,
Son ardeur étoit feinte, & mon cœur fut deçû,
Il n'étoit rien que glace, & ce qu'il eut de flame
Fut toûjours dans sa bouche, & jamais dans son ame.

D. FERNAND à part.

Sans doute il l'a trompée, & puis s'en est mocqué,
Pour vôtre enlevement le jour fut-il marqué?

ISABELLE.

Helas!

D. FERNAND.
Elle en dit trop en n'osant me rien dire.

ISABELLE.

L'ingrat, d'un autre objet reconnoissoit l'empire,
Son nom est Philidie, & comme son époux,
Il en eût hier au soir le dernier rendez-vous,
Je l'appris, j'y courus, & dans la nuit ce traître
Me prit pour Philidie, & me fit tout connoître,
Et dans ce noir complot aiant mal réüssi,
Disparut dés le soir, & Philidie aussi.
Vous pouvez bien juger aprés cette nouvelle,
Que ma rage fut grande, & ma douleur mortelle,
Suivant mon desespoir en des ennuis si grands,
J'ai déguisé mon sexe, & quitté mes parens,
Enfin sous cet habit je suis assez hardie

Pour égorger ensemble Alonce & Philidie.
Je sçai qu'ils vont en Flandre, & je vai faire effort
Pour les y rencontrer, ou pour trouver la mort,
Ce funeste recit est l'Histoire importune
Des maux, que m'ont causé l'Amour & la Fortune;
Mais il dott, & marquant l'excés de mon malheur,
J'excite du repos, & non de la douleur.

D. FERNAND.

Non, non, je ne dors point, votre voix, qui m'é-
veille,
M'a touché jusqu'au cœur, en me frapant l'oreille,
Bien que je sois ami de votre injuste Amant,
Je partage aujourd'hui votre ressentiment ;
Son amitié m'offence, & pour vous j'y renonce,
Je deviens le plus grand des ennemis d'Alonce ;
Et dans sa trahison je voi tant de noirceur,
Que je vous vangerai comme ma propre sœur.
Mais c'est assez parlé, il est tems de nous taire,
La nuit nous donnera quelque avis salutaire,
L'Aurore ici dans peu ramenera le jour,
Goûtons quelque repos, attendant son retour.

SCENE IV.

L'HOSTESSE, ISABELLE, D. FERNAND.

L'HOSTESSE avec une lanterne.

Quelqu'un parle, écoutons.

ISABELLE.

Maintenant il repose,
Mais le sommeil m'accable, & ma paupiere est close,
Amour, unique auteur de mes ennuis pressans,
Accordez quelque tréve au trouble de mes sens.

COMEDIE.
L'HOSTESSE.

Aucun bruit maintenant ne frape mon oreille,
Je suis la seule ici qu'un beau fantôme éveille,
Tandis que mon mari dort bien profondément,
Contemplons à nôtre aise un objet si charmant.
Agréable dormeur, passant rempli de charmes,
Par quel secret pouvoir causes-tu mes allarmes ?
Et viens-tu dans mon lit lors que mes yeux son clos
Par des appas si doux traverser mon repos ?
Que sois-je malheureuse, & qu'est-ce que j'espere,
En brûlant d'une flâme à mon honneur contraire,
Ce bel Hôte est injuste, & c'est trop de rigueur
Que de vouloir loger jusques dedans mon cœur.

SCENE V.

FEDERIC, L'HOSTESSE, ISABELLE, D. FERNAND.

FEDERIC.

Je la prends sur le fait, elle est toute interdite.
L'HOSTESSE.
Tu deviendras malade !
FEDERIC.
     Ah ! la bonne hypocrite.
L'HOSTESSE.
Retourne te coucher.
FEDERIC.
     Sors, je suivrai tes pas.
Qu'as-tu donc ?
FEDERIC.
    Sors, te dis-je & ne replique pas,
Enfin, je t'ai surprise, & tu t'es mécomptée,

LES RIVALES,
Tu quittes donc mon lit, Madame l'éfrontée,
Pour chercher dans cet autre un homme à ton desir,
Et venir en ces lieux mandier du plaisir,
Dis-moi si ses baisers sont à ta fantaisie.

L'HOSTESSE.
Quoi, tu ne peux jamais être sans jalousie ?
A me persecuter, trouves-tu des appas,
Pour condamner ainsi mes veilles & mes pas ?

FEDERIC.
Va, va, pour mon repos tu n'es que trop soigneuse.

L'HOSTESSE.
Te voilà bien matin dans ton humeur grondeuse,

FEDERIC.
Te voilà bien matin prête à faire l'amour.

L'HOSTESSE.
D. Fernand veut partir avant le point du jour,
Le venir éveiller quand l'Aurore s'aproche,
Est-ce un crime effroiable, & digne de reproche ?

FEDERIC.
Prés de l'autre passant, que venois-tu chercher ?

L'HOSTESSE.
Je craignois son réveil, & voulant l'empêcher,
Je venois de son lit abaisser la custode,
Pour rendre de Fernand le départ plus commode,

FEDERIC.
Tu peux, en emploiant tes discours specieux,
Pécher innocemment, même devant mes yeux.

L'HOSTESSE.
Au gré de ton humeur de raison incapable,
Une femme de bien semble toûjours coupable,
Pour punir tes soupçons, je veux....

FEDERIC.
Que dis-tu ! quoi ?

L'HOSTESSE.
Que malgré tes soupçons, je veux n'aimer que toi,
Que je suis insensible aux amours insensées,
Et qu'à ton seul profit vont toutes mes pensées,

COMEDIE.
FEDERIC.
Je veux le croire ainsi, mais ton soin me déplaît,
Travaille à mon repos plus qu'à mon interêt,
Aux gens, dont la jeunesse à la grace est égale,
Je te croirois d'humeur un peu trop liberale.
L'HOSTESSE.
O le jaloux esprit ! pour finir nos débats,
Eveille Dom Fernand, je descendrai là-bas.

SCENE VI.

FEDERIC, D. FERNAND, ISABELLE.

FEDERIC regardant Isabelle.

Ce compagnon sans doute à la débauche incline,
Et s'il n'est dangereux, il en a bien la mine,
Je ne veux plus loger tels hôtes maintenant,
Mais la nuit va finir, éveillons D. Fernand.
Monsieur ?
D. FERNAND.
Est-il bien tard ?
FEDERIC.
L'Aurore va paroître.
D. FERNAND.
Allez toûjours devant, je suis vos pas, mon maître.
FEDERIC.
Faites donc peu de bruit.
D. FERNAND.
Laissez-moi, je ne veux
A ce jeune passant dire qu'un mot ou deux.
FEDERIC.
Lui parler ! ha, plûtost gardez qu'il ne vous voie.

LES RIVALES,
D. FERNAND.
Non, non, dans ma rencontre il aura de la joie,
Je suis son frere, allez.
FEDERIC.
Ah! Monsieur, en ce cas
Vous lui pouvez parler, je n'y resiste pas.

SCENE VII.
D. FERNAND, ISABELLE.

D. FERNAND.

O Sœur infortunée, honte de nôtre pere,
Objet de ma tendresse, objet de ma colere,
Dois-je dans cet état effroïable & nouveau
Te voir comme ton frere, ou comme ton bourreau?
Suivrai-je, en consultant cette triste avanture,
Les transports de la rage, ou ceux de la nature?
Avec quels sentimens te dois-je regarder?
T'embrasserai-je, ou bien t'irai-je poignarder?

ISABELLE s'éveillant en tirant l'épée.
Me poignarder, perfide!

D. FERNAND.
Heas!
ISABELLE.
Traître, parjure,
Que t'a donc fait ma vie!
D. FERNAND.
Une sanglante injure,
Mais j'ai...
ISABELLE.
Demeure, lâche, ou ce fer, que je tiens,
Pourra mettre en suspens tes destins & les miens.

COMEDIE.
D. FERNAND.
Ne faiſons point encor de bruit ni de reproche,
Conſiderez devant celui qui vous approche,
J'ai droit d'être en fureur plus que vous ne penſez,
Obſervez mon viſage, & me reconnoiſſez,
Rappellez de Fernand quelque image legere.
ISABELLE.
Que voi-je, ô juſtes Dieux !
D. FERNAND.
      Vous voiez votre frere.
ISABELLE.
Mon frere ! ſi ce nom peut m'être encor permis,
Je reconnois mon crime après l'avoir commis,
La tache, dont je rends votre gloire flétrie,
Par mon ſeul repentir ne peut être amoindrie,
Vengez-vous, & d'un coup, qui me prive du jour,
Etouffez votre honte avecque mon amour.
Je renonce à la vie, elle eſt pour moi ſans charmes,
Ma faute veut du ſang, c'eſt trop peu que mes larmes,
Ma mort venant de vous aura quelque douceur,
Frapez, frapez, mon frere.

    Elle ſe jette à ſes genoux.
D. FERNAND.
     Ah ! levez-vous, ma Sœur,
J'ai l'ame encor trop tendre, & le bras trop timide
Pour punir votre faute avec un fratricide,
Tous les crimes d'amour ſe doivent excuſer,
Ma Sœur en uſe mal, moi j'en veux bien uſer,
Et l'amitié pour elle en mon ame établie,
Ne la peut oublier alors qu'elle s'oublie,
Malgré votre foibleſſe, & mon reſſentiment,
Je veux prendre le ſoin de chercher votre Amant.
Pour trouver du repos dans les bras d'un vieux pere
Je quittois des combats la fatigue ordinaire,
Mais il faut le venger devant d'un ſuborneur,
Et qui lui doit le jour lui doit rendre l'honneur.
Oüi, j'empêcherai bien qu'Alonce vous rebutte,

Vous avez sa promesse, il faut qu'il l'execute,
Votre nourrice ici fait encor son séjour,
Auprés d'elle inconnuë attendez mon retour,
Je m'en vai l'avertir de tout ce qu'il faut faire,
Et vous laisser tandis sous le nom de mon frere
Avec un Cavalier plein d'esprit & d'apas,
Que hier dans la forêt je sauvai du trépas,
Enfin, pour vous, ma Sœur, je veux tout entreprendre,
Perdez de vos ennuis la part que j'y dois prendre,
Votre infidele Amant ne m'échapera pas,
Jusques dans les enfers j'irois suivre ses pas.

ISABELLE.

O Frere, le meilleur, qui fut jamais au monde,
Se peut-il qu'en mes maux, un tel bien se confonde,
Et qu'aprés notre honneur indignement blessé,
Je trouve un défenseur en un frere offensé,
Mais quoi ? vous allez faire une inutile queste,
Philidie est heureuse, Alonce est sa conqueste,
En vain pour le gagner vous ferez quelque effort,
L'infidele est trop lâche, & le charme est trop fort.

D. FERNAND.

Non, non, croiez qu'il faut aprés sa perfidie,
Qu'il laisse à mon abord le jour, ou Philidie,
Il n'aura que le choix de vous, ou du trépas.

ISABELLE.

Dieux ! faites qu'on le trouve, & qu'il ne meure pas.

Fin du troisiéme Acte.

ACTE IV.

SCENE PREMIERE.

FEDERIC, PHILIDIE.

FEDERIC.

Dom Fernand & son frere à l'inſtant vont deſ-
cendre,
Ils n'ont qu'un mot à dire.
PHILIDIE.
Il les faut donc attendre,
Tout preſſé que je ſuis j'en uſerois trop mal,
Si ſans les ſaluër je montois à cheval.
FEDERIC.
Vous êtes bien monté, ne ſoiez point en peine,
Votre beſte eſt jolie, & mange bien l'avoine,
Elle galopera tantôt comme un lutin,
Elle a vuidé trois fois notre grand picotin,
Mais comblé juſqu'au haut; car, Monſieur, je vous
jure,
Que je n'ai pû jamais vendre à fauſſe meſure;
Si le profit m'eſt cher, le vol m'eſt odieux,
Je vends bien quand je puis, mais je livre encor mieux,
Je ſuis homme de bien, de baſſeſſe incapable.
PHILIDIE.
L'excuſe eſt inutile à qui n'eſt point coupable,
Parlons de votre femme.

FEDERIC.
Allez, mon Cavalier,
Votre faute est legere, & je veux l'oublier.
PHILIDIE.
La chose ne va pas comme on vous fait entendre.
FEDERIC.
Quoi, du nom de galant vous voulez vous défendre ?
Je cajolois aussi durant mes jeunes ans,
C'est le vice aujourd'hui des plus honnêtes gens,
J'en tenois si ma femme en eut cru vos paroles.
Vous êtes, je le sçai, du nombre des bons droles,
Ces yeux fins & brillans en sont un grand signal.
PHILIDIE.
Bon homme mon ami, vous me connoissez mal.
FEDERIC.
Lorsque j'ai voiagé, pour bannir ma tristesse,
J'ai voulu comme vous en conter à l'Hôtesse.
PHILIDIE.
Il faut vous tout apprendre....
FEDERIC.
Il n'en est pas besoin.
PHILIDIE.
Je veux vous éclaircir....
FEDERIC.
N'en prenez pas le soin.
PHILIDIE.
Souffrez avant partir que je vous desabuse,
Me soupçonnez-vous pas ?
FEDERIC.
Non, non, je vous excuse.
PHILIDIE.
Vôtre femme....
FEDERIC.
Ah ! cessons de parler sur ce point.
PHILIDIE.
Vous penserez....
FEDERIC.
Non, non, je n'y penserai point.
PHILI-

COMEDIE.
PHILIDIE.

O Dieux ! vid-on jamais homme plus ridicule ;
Mon maître, croyez-moi, vous êtes trop credule.

FEDERIC.

Monsieur, à vos leçons je pourrois donner foi,
Si vous aviez la barbe aussi grise que moi.

PHILIDIE.

L'impertinent vieillard !

FEDERIC.

J'ai de l'experience.

PHILIDIE.

Laissez-moi dire enfin deux mots en patience.

FEDERIC.

Vous en direz, Monsieur, deux cens si vous voulez.

PHILIDIE.

C'est pour votre profit.

FEDERIC.

Ah ! je me tais, parlez.

PHILIDIE.

Votre femme de moi n'a reçû nul outrage.
Sçachez.

SCENE II.

L'HOSTESSE, FEDERIC, PHILIDIE.

L'HOSTESSE.

AUrai-je donc tout le soin du ménage,
Je me romps sans secours & la tête & les bras,
J'ai fait faire nos lits, j'ai resserré les draps,
J'ai fait mettre de l'eau dedans notre fontaine,
De ballier par tout j'ai même pris la peine,
J'ai préparé le linge & mis le pot au feu,
N'auras-tu point le cœur de m'aider tant soit peu ?

Tom. I.   C

LES RIVALES,
PHILIDIE.
Laissez-le.
L'HOSTESSE,
Mêlez-vous, Monsieur, de votre affaire.
Fernand dans la cuisine entre avec son frere.
FEDERIC.
S'ils veulent boire, il faut que je perce un tonneau.
L'HOSTESSE.
Ne cause donc pas tant avec cet étourneau.
FEDERIC.
Si sa fortune est basse, elle a l'ame bien haute,
Dejeunerez-vous pas, Monsieur, avec notre hôte?
PHILIDIE.
Non, je suis trop pressé.
FEDERIC.
Le vin soûtien le cœur,
Dejeunez, croyez-moi.
L'HOSTESSE.
Tu retardes Monsieur.
PHILIDIE.
Vous parliez autrement hier en même occurence.
L'HOSTESSE.
On connoit mal ses gens sur la seule apparence.
Vien voir si Dom Fernand ne veut rien.
FEDERIC.
Le voici.

SCENE III.
FEDERIC, L'HOSTESSE, D. FERNAND ISABELLE, PHILIDIE.

FEDERIC.
Messieurs, vous plaît-il pas de déjeûner ici?
L'HOSTESSE.
De même qu'à Lisbonne en ce logis on traite.

COMEDIE.
FEDERIC.
On trouve en ma maison tout ce qu'on y souhaite,
Desirez-vous manger quelque langue de bœuf?
Un potage garni couvert de jaunes d'œuf?
Pâté froid de levraut, d'un jambon quelque tranche?
Poulets en fricassée avec la saulce blanche?
Pigeonneaux en ragoûts, ou ce qu'il vous plaira?
Messieurs, dans un moment on vous les servira.
D. FERNAND.
Une langue de bœuf seule peut nous suffire.
L'HOSTESSE.
J'oubliai par malheur hier à la faire cuire.
D. FERNAND.
Vous nous donnerez donc le potage promis.
L'HOSTESSE.
Monsieur, le pot au feu ne vient que d'être mis.
D. FERNAND.
Le pâté, le jambon.
L'HOSTESSE.
    Ah, Monsieur, je déteste,
Louvet notre grand chien vient de manger le reste.
D. FERNAND.
Donnez-nous des poulets, ou bien des pigeonneaux.
L'HOSTESSE.
Monsieur, nostre voisin en nourrit de fort beaux,
Irai-je en acheter?
D. FERNAND.
   Allez vîte, Madame.
FEDERIC.
Quant à du vin, Monsieur, j'en ai qui ravit l'ame,
J'ai du vin d'Alican, dont on fait tant d'état,
Et du vin de Madere, & du plus délicat.
D. FERNAND.
J'aime fort ce dernier.
FEDERIC.
    Il est encore trouble,
S'il n'est pris dans sa boitte il ne vaut pas un double.

C 2

LES RIVALES,
D. FERNAND.
Et celui d'Alican ?
FEDERIC.
C'est d'un excellent vin,
J'en aurai dans deux jours, il est sur le chemin,
J'en ai d'autre aussi bon, & je vai tout à l'heure
Percer de mon celier la piece la meilleure.

SCENE IV.

ISABELLE, D. FERNAND, PHILIDIE.

D. FERNAND.

MOnsieur, certain avis, qu'on vient de me donner,
Sur les pas, que j'ai faits, m'oblige à retourner,
Et si votre départ souffre qu'on le differe,
Aprés avoir ici mis ordre à quelque affaire,
Nous partirons ensemble, & quand nous serons deux,
Le bois à traverser sera moins dangereux.
PHILIDIE.
Je n'ai plus de pensée à vos desirs contraire.
D. FERNAND.
Agréez cependant l'entretien de mon frere.
PHILIDIE.
J'admire vos bontez, & mes ressentimens
Sont beaucoup au dessus de tous les complimens.
ISABELLE.
Auprés de vous, Monsieur, avec joye on demeure.
D. FERNAND.
Je vous quitte à regret, & reviens dans une heure.

COMEDIE.

SCENE V.
ISABELLE, PHILIDIE.

ISABELLE.

Grace à vos bons destins, j'ai lieu d'être ravi
Que mon frere ait l'honneur de vous avoir servi,
Mais je ne saurois voir qu'avec un peu d'envie
Qu'il ait seul pû sauver une si belle vie,
Je sens à vous servir une inclination,
Qui seroit même effort en même occasion.

PHILIDIE.

Vous m'honorez, Monsieur, autant comme il m'oblige,
Votre façon d'agir me confond & m'afflige,
Puis qu'aprés vos bontés, & ses soins genereux,
Je ne puis m'acquiter à pas un de vous deux,
Et que j'aurai l'ennui de voir mon impuissance
Mêler l'ingratitude à ma reconnoissance.

ISABELLE.

Pourrai-je avoir l'honneur de sçavoir en quels lieux
La lumiere en naissant se fit voir à vos yeux ?
Possible que j'aurai l'honneur de vous connoître,
Si c'est prés de Lisbonne, où le Ciel m'a fait naître.

PHILIDIE.

Lisbonne n'est pas loin des lieux où je suis né,
C'est un château voisin, aux plaisirs destiné,
De revenu passable, & de structure antique.
Mon pere y fait séjour sous le nom de Mancique.

ISABELLE.

Je le connoi : le Ciel prolonge ses vieux ans,
Mais tout Lisbonne sait qu'il n'eut jamais d'enfans,
Et que dessus ce point il est inconsolable.

PHILIDIE bas.

Que répondrai-je ! helas, que je suis miserable,
Si je ne suis son fils, du moins il s'en faut peu,
Mon pere est son cadet, & je suis son neveu.

ISABELLE.

Moins encor, son cadet n'a qu'une seule fille,
Et sans avoir jamais frequenté sa famille,
Touchant ses interêts je n'ignore de rien,
J'en suis instruit de gens qu'ils le connoissent bien,
La beauté de sa fille est beaucoup estimée,
Et je le sai du bruit qu'en la fait Rnommée,
Si Lope est votre pere, un tel habillement
Pourroit bien ce me semble être un déguisement.
Votre beauté, votre air, & cette honnête honte,
Qui fait que la rougeur au visage vous monte,
Sans que vous disiez rien, me font connoître assez
Qu'enfin vous n'êtes pas ce que vous paroissez.
Cependant s'il vous reste assez de défiance,
Pour craindre de me faire entiere confidence,
Ne vous contraignez point, mon desir curieux,
Ne prétend nullement vous être injurieux :
Je perdrai mon soupçon si peu qu'il vous offence,
Et croirai ce qu'enfin vous voudrez que je pense.

PHILIDIE.

Helas ! plût au destin, auteur de tous mes maux,
Que votre jugement se pût rencontrer faux.
Il est vrai, la fortune aveugle & rigoureuse
A sçu me rendre fille, & fille malheureuse,
Et je vous croi d'un cœur trop noble & trop dis-
    cret,
Pour vouloir maintenant vous taire aucun secret.
Sous cet habit funeste aux perils exposée
Je suis fille de Lope en homme déguisée,
Qui prenant de l'Amour & ma regle, & ma loi,
Vai sur les pas d'un guide aveugle autant que moi.
Ce Dieu, dont la puissance est fatale aux Dieux
    mêmes,
Me forçant de me rendre à des graces extrêmes,

COMEDIE.

Se servir des regards d'Alonce mon vainqueur,
Pour lancer tous ses feux jusqu'au fond de mon cœur.

ISABELLE.

Je connoi sous ce nom un homme dont l'adresse
Peut prétendre à charmer la plus fiere Maîtresse.
En quels lieux cet Alonce a-t-il reçû le jour ?
C'est ma Rivale, ô Dieux ! sois moi propice, A-
    mout !   *bas.*

PHILIDIE.

De l'antique Maison des Gonsalves de Rome,
La nature a formé ce jeune Gentilhomme,
Et par quelque interêt, qui ne m'est pas connu,
Son pere d'Italie à Lisbonne est venu.

ISABELLE.

C'est lui que je connoi, c'est un homme admirable,
Dont le merite est rare, & la personne aimable,
Je m'assure qu'il aime autant qu'il est aimé,
Par de si doux appas il doit estre charmé.
Sa passion sans doute est pour vous sans mesure,
Sa flame à vôtre ardeur répond avec usure,
Enfin il vous adore, il n'en faut point douter.

PHILIDIE.

Monsieur, de point en point je vai tout vous conter.
Nos peres se trouvant en bonne intelligence
Sembloient vouloir d'abord s'unir par alliance,
Et suivant leurs desirs, nos inclinations
Formerent dans nos cœurs d'égales passions ;
L'un & l'autre touché d'une commune estime,
Void croître avec plaisir cette amour legitime,
Alonce à m'épouser bornoit tout son dessein,
Et j'en eus sa promesse écrite de sa main.

ISABELLE.

Que lui permîtes-vous, en qualité de femme ?
Cedâtes-vous enfin aux desirs de sa flame ?
Le perfide ! l'ingrat ! quel malheur est le mien ! *bas.*

PHILIDIE.

Je vous estime trop pour vous déguiser rien,

C 4

Nous pensions lors goûter avec pleine assurance
Les charmes de l'amour, & ceux de l'esperance ;
Mais comme on voit souvent que du soir au matin
L'infortune succede au plus heureux destin,
Les Roses, dont le sort ne nous fit voir que l'ombre,
Devinrent tout à coup des épines sans nombre.
Un malheur imprévû par quelques differens
Détruisit l'amitié qui joignoit nos parens,
Lors que de nos deux cœurs l'union peu commune
Ne se pouvoit plus rompre au gré de la fortune.
Mon pere étant déja de mes feux averti,
M'ordonna de prétendre à quelqu'autre parti,
Et de cette rigueur me voiant toute émuë,
D'Alonce pour jamais me défendit la vûë,
Je le vis toutefois, & dans un tel malheur
Il me parut touché d'une extrême douleur,
Et si-tôt qu'à l'entendre il me vid préparée,
Il me dit que son ame étoit desesperée,
Qu'un pouvoir trop injuste à nos vœux s'opposoit,
Et qu'il falloit ravir ce qu'on nous refusoit.
Helas ! par ce discours je me trouvai séduite.

ISABELLE.

Et qu'en arriva-t-il ?

PHILIDIE.

Ecoûtez-en la suite.
Dans mon cœur interdit, l'Amour en ce moment
Joignit à tous ses feux tout son aveuglement,
Ma pudeur fut vaincuë aussi-tôt qu'attaquée,
Le rendez-vous fut pris, & l'heure en fut marquée;
Enfin mon cœur au charme étoit abandonné,
Quand je vis arriver le moment assigné.

ISABELLE.

Hé bien, de votre amant remplîtes-vous l'attente ?
Se trouva-t-il heureux & fûtes-vous contente ?

PHILIDIE.

Hélas ?

ISABELLE.

L'évenement fut-il selon vos vœux ?

COMEDIE.

Rien ne traversa-t-il vos desseins amoureux ?
Comment furent passez ces momens pleins de char-
　　mes ?
Dans toutes vos douceurs n'eûtes-vous point d'alar-
　　mes ?
Sçûtes-vous ménager le tems, l'occasion ?
A quoi se termina votre assignation ?

PHILIDIE.

A me laisser le nom de fille infortunée,
Qui pour mourir d'ennui semble avoir été née,
J'attendois mon Amant, quand mon pere sans bruit
Par un soupçon fatal sur mes pas fut conduit :
Je le pris pour Alonce, & ma voix indiscrete,
Découvrit devant lui ma passion secrete,
Sa fureur fut extrême, & mon étonnement
Me conseilla la fuite & ce déguisement,
Et pour dans ce dessein m'engager davantage,
J'appris hier au matin qu'Alonce étoit volage,
Et que déja par tout le bruit étoit porté
Qu'il venoit d'enlever une jeune beauté.

ISABELLE.

Avez-vous sçû son nom ?

PHILIDIE.

　　　　　　　On la nomme Isabelle.

ISABELLE.

Je connoi cette fille, on la tient assez belle,
Mais ce choix vous fait tort, vous avez des appas,
Que dans votre Rivale on ne rencontre pas.

PHILIDIE.

Fût-elle des beautez la divinité même,
Je la veux immoler à mon dépit extrême,
Eût-elle sans dessein traversé mon amour,
J'ai perdu mon Amant, elle en perdra le jour,
Qu'elle ignore l'état, où l'ingrat m'a laissée,
N'importe, elle saura que je suis offencée ;
Il faut que ma vengeance, au gré de ma fureur,
Arrache avec le fer Alonce de son cœur.
Mais sans l'heureux secours de votre illustre frere

Mon dessein rencontroit un succez bien contraire
Ma Rivale n'avoit plus rien à redouter,
Et je trouvois la mort que je lui vai porter,
Mais enfin de ce fer il faudra qu'elle meure.
ISABELLE.
A qui porte la mort, souvent la mort demeure,
Isabelle est à craindre avecque son amour,
Sans doute elle aime Alonce, & ne hait pas le jour,
Sa mort ne doit pas être une entreprise aisée;
Votre espoir pourroit bien vous avoir abusée;
Et malgré vos efforts peut-être que son cœur
Vous fera partager son peril & sa peur.
PHILIDIE.
Plût aux Dieux qu'elle fût dans cette même place,
Vous verriez les effets répondre à la menace.
ISABELLE.
Elle y pourroit bien être & ne pas s'alarmer.
PHILIDIE.
Comment?
ISABELLE.
Suis-je obligé de vous en informer?
PHILIDIE
Aprés des complimens pleins d'un zéle si rare,
Je trouve en ces discours un changement bizarre;
Vous ayant confié ce que j'ai de plus cher,
J'ai dû vous attendrir, & non pas vous fâcher;
Ayant de mon estime une preuve si claire,
Me refuseriez-vous l'amitié que j'espere?
ISABELLE.
Si vous m'avez tout dit, je n'en ferai pas moins.
Sçachez qu'à vous troubler je mettrai tous mes soins,
Et que j'aurai pour vous une haine immortelle,
Tandis que vous serez Rivale d'Isabelle.
PHILIDIE.
D'Isabelle! comment? quoi vous la connoissez?
ISABELLE.
Oüy, oüy, je la connois plus que vous ne pensez,
L'amitié qui nous lie est d'une force extrême,

COMEDIE.

On ne peut l'outrager sans m'outrager moi-même,
Et devant l'attaquer je veux vous avertir
Que mon bras de vos coups la saura garantir.
PHILIDIE.
Quoi, vous me menacés & conspirés ma perte,
Vous, à qui librement je me suis découverte ?
Je n'attendois rien moins que ce couroux ardent.
ISABELLE.
Vous avés pris sans doute un mauvais confident,
Et dont l'inimitié vous doit être fatale,
Tant que vous prétendrés nuire à votre Rivale.
PHILIDIE.
Malgré vous, Isabelle, & tous mes ennemis,
Mon cœur ne démord point de ce qu'il s'est promis,
Il faut qu'absolument Alonce me demeure,
Ou bien il faut du moins que ma Rivale meure.
ISABELLE.
Ne vous emportez-point, il faudra malgré vous,
Ou qu'Isabelle obtienne Alonce pour époux,
Ou que si cet ingrat répond à votre envie,
Son choix vous soit funeste & vous coûte la vie.

SCENE VI.

D. FERNAND, PHILIDIE, ISABELLE.

D. FERNAND.

Mon frere, qu'avez-vous, qui vous cause en ces lieux
Cette rougeur au teint, & ce feu dans les yeux ?
ISABELLE.
Des discours outrageux qui vous doivent surprendre.

LES RIVALES,
PHILIDIE.
Dequoi vous plaignez-vous ?
ISABELLE.
Vous lui pouvez apprendre,
Si je restois encor en ces lieux un moment,
Possible je ferois trop d'éclaircissement.

SCENE VII.

D. FERNAND, PHILIDIE.

D. FERNAND.
Dans un couroux sanglant mon frere se retire,
Vous l'avez offensé ?
PHILIDIE.
Je ne saurois qu'en dire.
D. FERNAND.
Dequoi lui parliez-vous attendant mon retour ?
PHILIDIE.
Mes discours precedens n'ont été que d'amour.
D. FERNAND.
D'amour ! il sait son sexe, ô fatale avanture !
PHILIDIE.
Lui découvrir mon cœur, est-ce lui faire injure ?
D. FERNAND.
De tels aveux par fois choquent au dernier point.
PHILIDIE.
J'ai bien fait plus encor.
D. FERNAND.
Quoi ; ne le celez point.
PHILIDIE.
J'ai sçû lui déclarer mon nom & ma famille,
Et lui dire qu'enfin....
D. FERNAND.
Achevez.

COMEDIE

PHILIDIE.

Je suis fille.

D. FERNAND.

Fille ? que dites-vous ? est-il possible, ô Dieux !
Quoi, j'aurois pû sauver un chef-d'œuvre des Cieux ?
Quoi, je pourrois avoir le bonheur & la joie
D'ôter à des voleurs une si belle proie ?
Vous, fille ? est-il bien vrai ? mais pour n'en douter pas
Je n'ai qu'à consulter ce teint doux, ces appas,
Ce recueil de beautez, dont l'éclat est extrême,
M'en assûre bien mieux que votre bouche même.
Alors que dans le bois je vous vis attaquer,
Un puissant mouvement, qu'on ne peut expliquer,
M'inspirant tout-à-coup une ardeur peu commune,
Me fit avec plaisir courir votre fortune,
Et lors que des voleurs, dont vous couriez danger,
Le Ciel par mon secours eut sçu vous dégager,
Sur votre beau visage aiant porté la vuë,
Mon cœur fut interdit, mon ame fut émuë,
Et sentit le pouvoir en ses émotions
De l'Astre qui préside aux inclinations.
Mais je m'apperçoi bien que cette simpathie,
S'est insensiblement en amour convertie,
Oli, charmé de l'éclat, qui sort de vos beaux yeux,
J'ai le même respect pour vous que pour les Dieux,
Et ce respect profond est mêlé d'une flâme,
Qui fait naître déja des langueurs dans mon ame,
Et si de quelque espoir vous honoriez mes feux,
Je croirois faire envie aux Rois les plus heureux.

PHILIDIE.

Hélas !

D. FERNAND.

Pâr cet hélas que me voulez-vous dire ?

PHILIDIE.

On dit toûjours qu'on aime alors que l'on soûpire.

D. FERNAND.

Quel bonheur si ma flâme a pû vous émouvoir !
Me pourriez-vous aimer ?

LES RIVALES,

PHILIDIE.

Je voudrois le pouvoir.
Mais l'Amour pour jamais en d'autres nœuds m'engagé,
Par un arrest du fort j'aime un Amant volage,
Je sçai votre mérite, & ce que je vous doi,
Mon cœur seroit à vous, s'il pouvoit être à moi ;
Et quand pour un ingrat ma passion éclate,
Pour mon liberateur j'ai honte d'être ingrate.

D. FERNAND.

Helas, qui peut jamais sous l'amoureuse loi
Se plaindre de son sort plus justement que moi ?
Quoi, vous préferez donc, ô miracle des Belles,
Les froideurs d'un volage à mes ardeurs fidelles ?
Et la plus forte amour avec trop de rigueur,
Perd sa gloire & son prix en naissant dans mon cœur ?
Quel espoir peut flâter, ô Beauté sans égale,
Une ame qui jamais ne sera déloyale ?
Un cœur, qui doit garder ses feux jusqu'au trépas ?
S'il faut que l'inconstance ait pour vous des appas ?
Sans accuser jamais vos rigueurs obstinées,
Je veux vous adorer, ce sont vos destinées,
Les Astres ont marqué mon amour dans les Cieux,
Ou plûtost mon amour est marqué dans vos yeux,
Et je n'opposerois qu'un effort ridicule
A ces Astres brillans, qui veulent que je brûle :
Oüi, je veux vous aimer avecque vos rigueurs,
Je veux chérir ma flame, & nourrir mes langueurs,
Et je ne puis, malgré votre ame impitoiable,
Cesser d'être amoureux, comme vous d'être aimable.

PHILIDIE.

Je devrois vous aimer, je le reconnoi bien,
Mais où l'Amour peut tout, le devoir ne peut rien.
Je sens de ma raison les forces enchaînées,
J'aime un volage Amant, ce sont mes destinées ;
Il est aimable encor, bien qu'il soit scelerat,
Je hai l'ingratitude, & j'adore l'ingrat,
Et vous partagerez, s'il faut que je m'exprime,

COMEDIE.

Lui, toute mon amour, vous toute mon estime.
D. FERNAND.
Sçaurai-je point quel est cet auteur de mon mal,
Qui sans avoir d'amour, est pourtant mon Rival?
Et n'aprendrai-je point pour quel sujet mon frere,
A tous vos sentimens s'est montré si contraire?
PHILIDIE.
Ce n'est pas un secret que je vueille celer,
Mais vueillez m'épargner la honte d'en parler,
Vous sçavez une part de mon destin funeste,
Allez voir votre frere, il vous dira le reste,
Possible pourrez-vous, apprenant mes malheurs,
Vous résoudre à porter vos passions ailleurs;
Ne pouvant y répondre, & vous rendre justice,
Je ferai des souhaits, que votre amour finisse.
D. FERNAND.
Mon amour & ma vie auront un même sort,
Et former ces souhaits, c'est souhaiter ma mort.

Fin du quatriéme Acte.

ACTE V.

SCENE PREMIERE.

D. FERNAND, ISABELLE.

D. FERNAND.

Sachez que l'on m'outrage en choquant mon amour,
Vous avez bien aimé, ma Sœur, j'aime à mon tour,
Et si nous différons, c'est qu'en cette avanture
J'aime un objet constant, vous un Amant parjure.
Ne vous obstinez point à faire un vain effort
Contre un amour, qui semble être un arrest du sort,
Il faut qu'à la flater votre esprit s'étudie,
Et que comme une sœur vous aimiez Philidie.

ISABELLE.

Moi, l'aimer! ah plûtost me puissiez vous haïr,
Mon cœur jusqu'à ce point ne sçauroit se trahir,
Moi je voudrois aimer qui veut m'ôter la vie?
M'arrive le trépas plutost que cette envie.

D. FERNAND.

Ne portez pas si loin vos sentimens jaloux,
Le bonheur où je tends doit refléchir sur vous,
Ma flame à votre amour ne sera point fatale,
Quand je serai content, vous serez sans Rivale;
Et je prétends forcer votre haine à finir,
Si l'hymen avec elle me peut un jour unir.

COMEDIE.
ISABELLE.
Plaise au Ciel qu'à vos soins ma Rivale se rende,
Et que je sois trompée en ce que j'aprehende.
D. FERNAND.
La voici, demeurez.
ISABELLE.
Un tiers choque un Amant.
D. FERNAND.
Sur ce qui s'est passé, faites-lui compliment.
ISABELLE.
Pour m'excuser si-tôt j'ai l'ame trop sensible.
D. FERNAND.
Mais il faut vous forcer.
ISABELLE.
Mais il est impossible.

SCENE II.
PHILIDIE, D. FERNAND.
PHILIDIE.
Monsieur, le tems me presse, il est déja bien tard,
Et je viens vous prier de songer au départ.
D. FERNAND.
Par tout où je serai, sans user de priere,
Vous devez commander avec puissance entiere,
Partons puis qu'il vous plaît dans ce même mo-
    ment,
Mais si j'ose vous dire encor mon sentiment,
Vous êtes ce me semble injuste autant que belle,
De suivre qui vous fuit, d'aimer un infidelle,
D'exposer aux périls, qui ménent au tombeau
Tout ce que la Nature a formé de plus beau,
Et de commettre enfin à toutes les disgraces

Des tresors infinis, les Amours, & les Graces,
Helas! si plus sensible à mes feux vehemens,
Vous m'aviez témoigné les moindres sentimens,
Mon ame également & charmée & ravie
Tiendroit votre bonté plus chere que ma vie,
Et n'adorant plus rien que l'éclat de vos yeux,
Recevroit vos faveurs comme celles des Dieux.

PHILIDIE.

Mais le vouloir des Dieux autrement en ordonne,
Un cœur ne peut choisir qu'à l'instant qu'il se don-
   ne,
Et dés qu'il a subi ce funeste accident,
Il ne se regle plus, il suit son ascendant.
Je sens que je m'égare en suivant un perfide,
L'amour, qui me conduit, fut toûjours mauvais guide,
Je néglige mon sexe, & mon ressentiment,
Pour les considerer j'ai trop d'aveuglement,
Un ingrat me captive, & j'abhorre ma chaîne,
Mais ne la pouvant rompre, il faut qu'elle m'entraîne.

D. FERNAND.

Puisqu'à vous arrêter mes vœux sont superflus,
Partez, vous le voulez, je n'y contredis plus,
Mais si vous souhaitez encore que je vive,
Par tout où vous irez, souffrez que je vous suive.

PHILIDIE.

J'ai regret que vos feux ne puissent m'émouvoir.
Mais quoi, qu'esperez-vous?

D. FERNAND.

           Vous aimer & vous voir,
Possible pourrez-vous par le tems mieux instruite,
Aimer qui vous adore, & laisser qui vous quitte.

PHILIDIE.

Peut-être aussi qu'Alonce, à ma vûë attendri,
Ne méprisera pas l'objet qu'il a cheri,
Et je ne puis penser qu'en un jour il oublie,
Une image en trois ans dans son ame établie.
Les maux inveterez, & les vieilles amours
Ne finissent jamais qu'en terminant nos jours,

COMEDIE.

Et je fens dans mon cœur, quoi qu'Alonce ait pû faire,
Un inſtinct qui l'excuſe, & qui veut que j'eſpere,
Mais quand il faut partir, il ſied mal de parler,
Quiconque ſuit l'Amour, doit comme lui voler.

D. FERNAND.

Oüi, partons, & ſouffrez que....

PHILIDIE.

Voici votre frere,
Voiez comme ſes yeux m'expriment ſa colere:
Il médite ma perte, & je le ſçai fort bien.

D. FERNAND.

Non, non, je vous promets qu'il ne vous fera rien.

SCENE III.

ISABELLE, PHILIDIE, D. FERNAND.

ISABELLE.

Mon frere, ſans témoins j'ai deux mots à vous dire.

D. FERNAND.

Parlez.

ISABELLE.

Qu'auparavant, Madame ſe retire,
La choſe eſt d'importance, & doit ſe dire à part.

PHILIDIE.

Apprenez ce que c'eſt, je me tire à l'écart.

ISABELLE.

Alonce eſt arrivé dans cette hôtellerie.

D. FERNAND.

Dieux!

ISABELLE.
Il faut lui parler promptement, je vous prie,
Et faire réüssir notre commun espoir,
Avant que Philidie ait le tems de le voir.
D. FERNAND.
Je suivrai votre avis, aiant pris congé d'elle,
Madame, avec regret j'aprends une nouvelle,
Qui m'arrête en ces lieux pour un quart d'heure au plus,
De ces retardemens, j'ai lieu d'être confus,
Mais vous devez penser, alors que je vous quitte,
Qu'un interest bien grand aussi m'en sollicite.
PHILIDIE.
J'attendrai volontiers votre commodité.
D. FERNAND.
Je reviens sur mes pas.
ISABELLE.
Allons de ce côté.

SCENE IV.

ALONCE, PHILIPIN, PHILIDIE.

PHILIDIE.

Que vois-je, c'est Alonce ? ô rencontre imprévuë !
Reprenons nos esprits troublez par cette vuë.
PHILIPIN.
Ma foi l'on dit bien vrai, qu'où réside l'Amour,
La Raison volontiers ne fait pas son séjour,
Et qu'où l'on void régner cette ardeur insensée,
Le cerveau n'est pas sain quand l'ame en est blessée,
Retourner à Lisbonne en étant hier parti,
Que dira Dom Bernard en étant averti ?

COMEDIE.

C'est prendre comme il faut le chemin de la Flandre,
Nous allons fort bon train : l'on n'a qu'à nous attendre,
Notre argent va sauter, nous serons ébahis
Que vous nous ferez voir dans peu bien du païs,
Et que bien-tôt....

ALONCE.

Tais-toi, je hai ta raillerie.
Quand mon retour mettroit mon vieux Pere en furie,
Ma fortune en desordre, & ma vie en danger,
C'est un dessein formé, que je ne puis changer,
Je ne puis vivre un jour éloigné d'Isabelle,
Je sçai bien que je suis l'horreur de cette belle,
Je veux lui témoigner quel regret je conçoi,
De l'avoir obligé à douter de ma foi.
Helas, si cette belle indignement traitée,
Sçachant mon repentir, cessoit d'être irritée,
Que je quitterois bien ces inclinations,
Qui me font en tous lieux prendre des passions,
J'en veux faire serment, Philipin, & je jure....

PHILIPIN

Que vous n'en ferez rien, de peur d'être parjure,
Je veux être berné si vous passez un jour
Sans revoir Philidie après vôtre retour,
Vous sçavez qu'il importe à qui vit dans le monde,
De sçavoir cajoler, & la brune & la blonde.
Et qu'enfin dans la Cour vous fûtes élevé,
Où, qui dit un galand, dit un fourbe achevé.

ALONCE.

Je veux absolument pour devenir fidelle,
Rompre avec Philidie, & n'aimer qu'Isabelle.

PHILIDIE.

Il parle avec chaleur, il le faut écouter.

ALONCE.

Oüi, contre Philidie il se faut révolter,
Etouffe, étouffe, Alonce, une flame si noire,
Banni-la de ton cœur, même de ta memoire,
Songe en la cajolant à quoi tu te commets,

Evite sa presence, & n'y pense jamais,
Tu ne la peux aimer, sans trop de perfidie,
Meurs plutost mille fois que de voir Philidie.
PHILIDIE.
Que de voir Philidie ?
PHILIPIN.
O Dieux, qu'il est surpris !
PHILIDIE.
Continuë, infidelle, acheve tes mépris.
ALONCE.
Mon Pere là-dessus n'en dit pas davantage,
Ensuite il me donna l'ordre de mon voiage,
M'enjoignit de n'y mettre au plus que quinze mois,
Et puis il m'embrassa pour la derniere fois.
PHILIDIE.
Quoi, ce n'est qu'un recit des discours de ton Pere.
ALONCE.
En pouvez-vous douter, vous qui m'êtes si chere,
Ce fut à mon départ son dernier entretien,
C'est dequoi je parlois, Philipin le sçait bien.
PHILIPIN.
Oüi, Madame, ha ma foi la colle est ravissante,
Ah que mon maître est fourbe, & la belle innocente !
PHILIDIE.
Je ne puis dissiper mes soupçons là-dessus.
ALONCE.
Avec trop de rigueur vous les avez conçûs,
Quoi, sur une parole à contresens tournée,
Vous doutez de ma foi, vous l'avez soupçonnée ?
Ne dois-je pas me plaindre ; avez vous remarqué
Qu'en ces termes jamais je me sois expliqué ?
Mes discours précedens, mes actions passées
Peuvent-ils confirmer ces injustes pensées ?
Que ces cruels soupçons soient enfin rejettez,
Ils font tort à ma flame, ainsi qu'à vos beautez,
Pour me voir engager dans une amour nouvelle,
Mon ame est trop charmée, & vous êtes trop belle.

COMEDIE.
PHILIDIE.
Mais je pourrois douter de votre passion,
Quand vous n'auriez manqué qu'à l'assignation,
C'est de votre froideur un assez grand indice.
ALONCE.
Cette autre plainte encor est une autre injustice,
Si je ne m'y trouvai, que la foudre des cieux
Tombe dessus ma tête, & m'écrase à vos yeux.
Mais ne vous trouvant point, & vous croiant legere,
Je ne resistai plus aux ordres de mon Pere,
Et plein de desespoir, enfin je suis parti,
Philipin le peut dire.
PHILIPIN.
Oüi, qu'Alonce a menti.
PHILIDIE.
Cher Alonce, il suffit, ma crainte est dissipée,
Tu n'es point infidelle, & je suis détrompée,
Tu me dois pardonner ce grand emportement,
Juge de mon amour par mon déguisement,
Connoi, connoi qu'au point où pour toi je m'engage,
Je t'aimerois encor quand tu serois volage,
Et qu'aprés mon départ ma crainte, & ma douleur,
En changeant mon habit, n'ont point changé mon cœur,
Mais bien que ton amour paroisse fort ardante,
L'image d'Isabelle encore m'épouvante.
J'ai toujours des soupçons, que j'ai peine à chasser,
Ma passion est tendre, & tout la peut blesser.
ALONCE.
Je l'aimois, il est vrai, mais votre amour extrême
Me fait voir que c'est vous, que seule il faut que j'aime.

SCENE V.

L'HOSTESSE, ISABELLE, DOM FERNAND, ALONCE, PHILIDIE, PHILIPIN.

L'HOSTESSE.

C'Est ici que tantost j'ai crû le voir entrer.
ISABELLE.
Quel malheur !
D. FERNAND.
Ecoutons avant que nous montret.
ALONCE.
Oüi, je veux pour jamais oublier Isabelle,
Vous êtes plus aimable, & vous aimez plus qu'elle,
Nous vivrons & mourrons sous une même loi,
Donnez-moi votre main, & recevez ma foi.
ISABELLE.
Il faut auparavant qu'Isabelle périsse.
PHILIPIN.
Ah, voici bien le diable !
PHILIDIE.
O Dieux, quelle injustice !
D. FERNAND.
Il faut mourir, Alonce, ou l'épouser ici.
PHILIDIE.
On ne l'attaque point sans m'attaquer aussi.
ISABELLE.
J'accepte le parti, vuidons notre querelle,
Vous êtes ma Rivale, & je suis Isabelle.
PHILIDIE.
Isabelle ! ah, ce nom vous coûtera le jour,
Il faut que votre mort termine notre amour.

COMEDIE.
ISABELLE.
Nous verrons.
D. FERNAND.
Quoi, ma sœur, que prétendez-vous faire ?
Soyez-moins violente, ou craignez ma colere.
ALONCE.
Arrêtez, & tournez vos armes contre moi,
Perdez un imposteur qui vous manque de foi,
Expiez par ma mort mes trahisons passées,
Je suis trop criminel, & vous trop offencée,
Vengez-vous, aussi-bien Alonce malheureux,
Quoi qu'il vous ait promis, n'en peut épouser deux.
PHILIDIE.
Tu m'as donné ta foi, connoi cette promesse,
C'est de toi qu'elle vient, parle.
ALONCE.
Je le confesse,
Mais je ne la puis suivre : ô Dieux ! quelle rigueur,
J'ay trop d'une Maîtresse, & j'ai trop peu d'un cœur.
ISABELLE.
Tu vois dans cet écrit ta promesse, infidelle,
Signée avec ton sang.
ALONCE.
Ouy, ma chére Isabelle,
Frappez, & pour punir mon infidelité,
Attaquez-vous au sang qui m'est encor resté.
ISABELLE.
Réponds à mon amour.
PHILIDIE.
Réponds à ma constance.
D. FERNAND.
Songe à faire un bon choix, sur tout crains ma vengeance.

Tom. I.   D

SCENE DERNIERE.

FEDERIC, L'HOSTESSE, PHILIDIE, ISABELLE, ALONCE, DOM FERNAND, PHILIPIN.

FEDERIC.

A Quoi t'amuses-tu, le monde est-il servi ?
L'HOSTESSE.
Ecoute je te prie, & tu seras ravi.
ALONCE.
Je dois rendre en mon choix l'une ou l'autre outragée,
Je puis rendre en ma mort l'une & l'autre vangée,
Je sai que toutes deux ont droit de m'épouser,
Mais qui dois-je choisir, qui puis-je refuser,
Il faut qu'une des deux souffre que je l'affronte,
L'honneur d'une à couvert, couvre l'autre de honte,
Je choisis donc la mort: suivez votre courroux,
Si je ne vis, au moins que je meure pour vous.
D FERNAND.
Hé bien, lâche ; ma main s'accorde à ton envie,
Tu n'en auras pas une, & tu perdras la vie.
Meurs.
ISABELLE.
Suspendez vos coups, tout perfide qu'il est,
J'immole à son salut mon plus cher interest,
Qu'il vive, cet ingrat, je cede à ma Rivale
Cet infidelle Amant, certe ame déloyale
Et dont pourtant la perte à mon cœur plein d'amour
Ne coûtera pas moins que la perte du jour.

COMEDIE.
D. FERNAND.
Ce discours ne rend pas ma colere moins forte;
Vous nous perdez ma sœur.
ISABELLE.
Il n'importe, il n'importe,
Je perirois du coup, qui le feroit perir,
Qu'il vive pour un autre en deussai-je mourir.
Je crains plus de le voir, malgré sa perfidie,
Dans les bras de la mort, qu'en ceux de Philidie,
Et mourant de regret, je ne me plaindrai pas,
S'il songe qu'il devra sa vie à mon trépas.
ALONCE.
A ces marques d'amour, je connois ma Maîtresse
C'est à vous, Isabelle, à qui mon choix s'adresse,
Vous me cedez en vain, je ne le puis souffrir.
Si je ne vis pour vous, je ne veux que mourir.
PHILIDIE.
Alonce, cet aveu ne m'est pas grande injure,
On ne perd pas beaucoup quand on perd un parjure,
Ma Rivale te cede, & je fais vanité
De ne lui pas ceder en generosité;
Si tu n'étois touché d'une bonté si rare,
Je concevrois horreur de la foi d'un barbare,
J'en suis même attendrie, & changeant mon amour,
Comme elle t'a cedé, je te cede à mon tour,
Je veux rendre justice au frere d'Isablle,
Et devenir sensible autant qu'il est fidelle.
D. FERNAND.
Pourrois-je bien vous croire, & ne point me flatter?
PHILIDIE.
Un hymen fait au Ciel ne se peut éviter,
Un cœur de qui déja mon salut est l'ouvrage,
Mais bien plus précieux que celui d'un volage,
Je sai que nos parens ne nous dédiront point.
D. FERNAND.
Ma joye & mon amour vont jusqu'au dernier point;
Alonce, je réponds de l'aveu de mon pere,
Je vous donne ma sœur & deviens votre frere,

ALONCE.

O Dieux, dans le transport, dont je me sens saisir,
J'ai bien à craindre encor si l'on meurt de plaisir.

L'HOSTESSE.

Quoi, dessous ces habits vous n'êtes donc pas hommes?
Que l'apparence trompe dans le siecle où nous sommes!

FEDERIC.

J'en perds ma jalousie, & j'en rends graces aux Dieux,
Du sexe qu'elles sont je les aime bien mieux.

L'HOSTESSE.

Ne les aime pas tant.

FEDERIC.

Ma foi, ma chere épouse,
Je pense qu'à ton tour tu deviendras jalouse.

PHILIPIN.

La fin couronne l'œuvre, il ne faut oublier
Qu'Elize & Philipin sont d'âge à marier,
Nous devons être unis aussi bien que vous autres,
Nous ferons des enfans qui serviront les vôtres.

ISABELLE.

Je te promets Elise.

ALONCE.

Et moi six cens écus.

PHILIPIN.

Hazard d'être à ce prix au nombre des cocus.

FEDERIC.

Messieurs, tout ira bien; mais il faut ce me semble,
Pour être bien d'accord que vous bûviez ensemble,
Va donner ordre aux mets.

L'HOSTESSE.

Toi, va tirer du vin.

D. FERNAND.

De Lisbonne aujourd'hui reprenons le chemin,
C'est là qu'Hymen aprés des peines sans égales,
Doit faire heureusement deux sœurs de deux Rivales.

PHILIPIN seul.

Quel caprice est égal à celui du destin,
Ma foi les plus savans y perdent leur latin.

La vie est une farce, & le monde un theatre,
Où ce galand préside, & fait le diable à quatre,
Sur tout, un tel succez me semble peu commun,
Hier je servois un maître, aujourd'hui j'en suis un,
Hier j'étois en malheur, aujourd'hui dans la chance,
Hier je perdois Elise, aujourd'hui je fiance,
Hier j'attendois des maux, aujourd'hui force biens,
Hier je quittois Lisbonne, aujourd'hui j'y reviens;
Tout change enfin, Messieurs, & pour derniere preuve,
Hier vous n'étiez pas-là, ce jour on vous y treuve,
Je vai changer d'habit, je suis votre valet,
Bon soir, vous me voyez au bout de mon rollet.

Fin du cinquiéme & dernier Acte.

LA GENEREUSE INGRATITUDE

TRAGI-COMEDIE

PASTORALE

DE Mr. QUINAULT,

Representée en 1654.

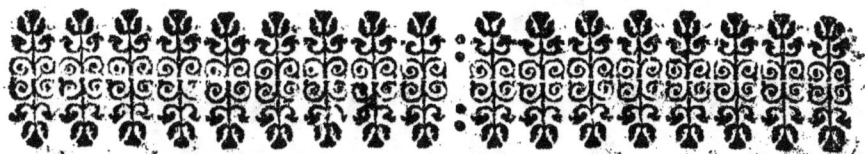

ACTEURS.

ZELINDE, Fille de Lindarache, déguisée en homme, sous le nom d'Ormin & l'habit d'un Esclave.

ZEGRY, Maître de Zelinde, & Amant de Fatime.

ALABEZ, Second Esclave de Zegry.

CHARIFE, Esclave de Fatime.

FATIME, Maîtresse de Zegry, & Amant d'Adibar.

ABENCERAGE, sous le nom d'Almansor, frere de Zelinde.

ZAIDE, Sœur de Zegry.

MEDINE, Esclave de Zaide.

ABIDAR, Amant de Zaide.

GASUL, Esclave d'Abencerage.

GOMELLE, Pere de Fatime.

LINDARACHE, Mere de Zelinde & d'Abencerage.

La Scene est dans la Forest d'Alger.

LA GENEREUSE INGRATITUDE.
TRAGI-COMEDIE.

ACTE I.
SCENE PREMIERE.

ORMIN.

Charmante solitude, agreable séjour,
Beaux lieux, où j'ai reçû ma vie & mon amour,
Vieux arbres, clairs ruisseaux, dont l'ombre & le murmure
Marquent de la pitié pour ma triste avanture,
Zephirs, Echo, Rochers, & vous sombres forêts
Soyés les confidens de mes ennuis secrets ;
Je ne suis plus Zelinde autrefois adorée
Des plus dignes Amans de toute la contrée ;
Sous l'habit d'un esclave en cette extrémité
Je sers un infidelle avec fidelité,
Un ingrat qui me flatte en mon malheur extrême,
Et qui me haïroit, s'il savoit que je l'aime.

Arbres dans votre sort que je vous trouve heureux,
Vous êtes mal-traités par l'Hyver rigoureux ;
Mais dés que le Printems fait cesser la froidure,
Vous reprenez soudain votre ancienne verdure ;
Et dessus vos rameaux dans le tems des moissons
On rencontre des fruits où l'on vid des glaçons.
Chacune des Saisons s'est vû deux fois changée,
Depuis qu'Amour s'obstine à me rendre affligée,
Que je languis sans cesse, & qu'il m'est défendu
De prétendre au repos que mon cœur a perdu.
Celui, pour qui je brûle avec tant de constance,
Est un volage, ô Dieux ! le voici qui s'avance.

SCENE II.

ZEGRY, ORMIN.

ZEGRY.

Ormin, je te cherchois.

ORMIN.

Je vous cherchois aussi.

ZEGRY.

Apprends que dés demain nous partirons d'ici.

ORMIN.

Quoi, Seigneur, vous quittez si-tôt votre Patrie,
Ces Cabanes, ces Bois, cette belle Prairie.

ZEGRY.

Je ne t'ai point celé que j'aime dans ces lieux
La charmante Fatime, un chef-d'œuvre des Cieux,
J'esperois voir ici cette Beauté si chere ;
Mais j'ai sçû qu'à Thunis elle est avec son pere,
Et bien que ce séjour possede mille apas,
Je n'y vois rien de beau quand je ne la vois pas.

TRAGI-COMEDIE.

ORMIN *à part.*

Que mon malheur est grand, que Fatime est heureuse !

ZEGRY.

Que son absence est rude à mon ame amoureuse !
Pour me rendre auprés d'elle au point du jour demain,
Je veux que de Thunis nous prenions le chemin,
Je serai trop content, pourvû que je la voie,
Je croi qu'elle prendra quelque part à ma joie,
Elle eut de mon départ un regret assez grand,
Et je ne lui suis pas sans doute indifferent.

ORMIN.

Sa flame assûrément ne sera pas éteinte.

ZEGRY.

Ah ! c'est tout mon espoir.

ORMIN *à part.*

Ah ! c'est toute ma crainte.

SCENE III.

ALBEZ, ZEGRY, ORMIN.

ALABEZ.

Allegresse, allegresse, étranglez vos soupirs,
J'ai du contrepoison pour tous vos déplaisirs.

ZEGRY.

Dis-nous ce que tu sais, sans nous laisser en peine.

ALABEZ.

Permettez, s'il vous plaît, que je reprenne haleine.

ZEGRI.

Parle donc.

ALABEZ.

Je n'ai garde.

ZEGRI.

Ah, c'en est trop souffrir !
Dis-nous tout promptement,

ALABEZ.
Vous en pourriez mourir.
ZEGRI.
C'est donc quelque malheur, que le destin m'envoye.
ALABEZ.
Vous en pourriez mourir, mais ce seroit de joie,
Fatime dans ces lieux arriva hier au soir.
ZEGRI.
Fatime, est-il possible ?
ALABEZ.
Oüi, je viens de la voir.
ZEGRI.
Tu te trompes, peut-être ?
ALABEZ.
Ah, je ne suis pas gruë
Je l'ai fort observée, & l'ai bien reconnuë.
Son Esclave qui fut ma Maîtresse autrefois,
Avec elle à l'instant vient d'entrer en ce bois.
ZEGRI.
Dieux ! ne la vois-je point ?
ALABEZ.
Oüi, c'est elle qui passe.
ZEGRI.
Que ses yeux ont d'éclat, que son port a de grace.
ORMIN à part.
Helas !
ZEGRI.
J'y reconnois mille nouveaux appas.
ALABEZ.
Estes-vous insensé, vous ne l'abordez pas.
ZEGRI.
Non pour la saluer, je lui rendrai visite,
J'aurai sans doute alors l'ame moins interdite.
ALABEZ.
Pour moi qui n'aime pas si délicatement,
Je vai sans differer faire mon compliment.
ZEGRI.
Sans nous montrer, d'ici nous pourrons reconnoître
Par l'accüeil du Valet, l'état qu'on fait du Maître.

SCENE IV.

ALABEZ, CHARIFE, FATIME,
ZEGRY, ORMIN.

ALABEZ.

ENfin donc tellement, tellement donc enfin.
CHARIFE.
Que veut cet insolent, passez votre chemin.
ALABEZ.
Quoi loin de m'embrasser, Charife me querelle.
CHARIFE.
Allez, retirez-vous ?
ALABEZ.
    Tu fais bien la cruelle.
FATIME.
Quel bruit ai-je entendu, quel homme suit vos pas ?
CHARIFE.
C'est un impertinent, que je ne connois pas.
ALABEZ.
Je suis donc fort changé de ce dernier voiage ;
Mais ton ame est changée, & non pas mon visage :
Ta Maîtresse sans doute aura de meilleurs yeux,
Elle sera moins sotte, & me connoîtra mieux.
FATIME.
Et qui donc êtes-vous ?
ALABEZ.
    L'Esclave de mon Maître.
FATIME.
Quel Maître ?
ALABEZ.
    Pourriez-vous aussi le méconnoître,

Son nom de votre esprit seroit-il effacé ?
FATIME.
Charife, assurément cet homme est insensé.
ALABEZ.
Quoi, du vaillant Zegry vous perdez la memoire ;
FATIME.
Zegry ?
ZEGRY à part.
Quelle inconstance, ô Ciel ! qui l'eût pû croire ?
ALABEZ.
Cet illustre heritier de ces braves Guerriers,
Qui jusques dans l'Espagne ont cuëilli des Lauriers,
Votre fidelle Amant, le frere de Zaïde.
FATIME.
Ah, je m'en ressouviens.
ZEGRY à part.
L'Ingrate, la perfide !
ALABEZ.
Vous ne demandez point en quel état il est ?
FATIME.
Pourquoi, dans sa personne ai-je quelque interest ?
Peut-être qu'il est mort ?
ALABEZ.
Vous l'avez dit, Madame.
FATIME.
Nous sommes tous mortels, le Prophete ait son ame.
CHARIFE.
Un fidelle valet eût couru son danger ?
Pourquoi n'es-tu pas mort ?
ALABEZ.
Pour te faire enrager.
ZEGRY se découvrant.
Le Prophete ait son ame, infidelle Fatime ?
Est-ce ainsi que pour moi votre bonté s'exprime,
Mon retour vous déplaît, objet trop décevant,
Qui me méprisoit mort, me doit haïr vivant.
Je trouble avec plaisir cette joie infidelle,
Que de mon feint trépas vous causoit la nouvelle.

TRAGI-COMEDIE.

Oüi, puisque de ma mort l'avis vous est si doux
Je vis encor, ingrate, & ne vis plus pour vous;
Toute ma passion se transforme en furie,
Je vous méprise autant que je vous ai cherie;
Mon cœur quitte avec joie un joug si rigoureux,
L'amour ne cause plus mes soûpirs ni mes feux,
Je soûpire des soins emploiez à vous plaire,
Et si je brûle encor, je brûle de colere.

ORMIN à part.

Ce succez à mes vœux répond au dernier point.

FATIME.

Cet aveu me surprend, & ne m'afflige point,
Mes discours précedens vous ont dû faire entendre
Que je n'ai pas pour vous l'ame tout-à-fait tendre,
Vous devez croire aprés ce mépris apparent,
Que ce qui vient de vous m'est fort indifferent;
J'ai mille autres Amans plus braves que vous n'êtes;
Et ne vous mettois pas au rang de mes conquestes.

ZEGRY.

Votre orgueil est plus grand que n'est votre beauté,
Le charme est assez foible, où je fus arrêté.
Il est vrai que jadis je vous trouvois aimable.
Mais j'étois amoureux, & n'étois pas croiable.
Aujourd'hui n'aiant plus l'esprit si déréglé
Vous cessez d'être belle, & moi d'être aveuglé;
Et si vous m'avez plû, c'est qu'il m'est impossible
Lors que je suis aimé de faire l'insensible.

FATIME.

Moi, vous aimer, ô Ciel! l'étrange opinion!
Je n'eus jamais pour vous que de l'aversion.
Tous vos soins n'ont servi jamais qu'à me déplaire;
Mais en vous haïssant, votre sœur m'étoit chere,
Et ce n'est en faveur que de notre amitié,
Que pour vos passions j'ai feint quelque pitié,
Sa priere a cent fois ma haine retenuë,
Vous juriez que vos jours dépendoient de ma vuë,
Et suivant ses desirs, je me faisois effort,
Afin de n'être pas cause de votre mort.

ZEGRY.
Vos yeux n'ont jamais fait de blessure mortelle,
FATIME.
Redoutez que la votre encor ne renouvelle,
Un seul de mes regards lancé d'un air plus doux
Peut changer en amour ce violent courroux ;
Mais d'un regard pareil je suis assez avare,
C'est pour votre conquête un prix un peu trop rare,
Je borne mes desirs à ne vous voir jamais,
Adieu devenez sage, & me laissez en paix.

SCENE V.

ZEGRY, ALABEZ, ORMIN.

ZEGRY.

Oui, je deviendrai sage, infidelle Fatime,
Ton mépris est injuste, & le mien legitime :
Puisque tu ne prétens qu'à te faire haïr,
Pour la derniere fois je te vais obéïr.
Mon cœur ne sera plus ton indigne trophée,
Ses liens sont brisez, sa flame est étouffée.
Alabez cependant marche dessus ses pas,
Sui-la jusques chez elle, & ne te montre pas.
ORMIN
Son orgueil est injuste, & n'est pas suportable ;
Et votre changement n'est que trop équitable.
O que vous faites bien d'affranchir votre cœur
Du joug imperieux d'un si cruel vainqueur !
Le Ciel vous a fait naître avec trop d'avantages
Pour n'obtenir jamais que d'éternels outrages ;
Il est d'autres beautez, qui feroient leurs plaisirs
De partager vos feux, d'imiter vos soupirs,
Et qui vous aprendroient que l'heur d'un Diadême

TRAGI-COMEDIE.

Cede au bien d'être aimé d'un objet que l'on aime.
Qui méprise en amour doit être méprisé,
Et ne mérite pas ce qu'il a refusé.

ZEGRY.

Que mes ennuis sont grands ! que ce mépris est rude !
O Sexe trop volage, ô noire Ingratitude ?
Depuis qu'Amour se plaît à troubler les Amans,
Fut-il jamais martyre égal à mes tourmens ?
De tous les déplaisirs mon cœur se sent atteindre.

ORMIN.

Ah, Seigneur, j'en connois qui sont bien plus à plaindre,
Et si ce que je sçai vous étoit revelé,
Vous auriez grand sujet d'être fort consolé.

ZEGRY.

Oüi, parle, & diverti la douleur qui m'accable,
La disgrace d'autrui console un miserable.

ORMIN.

Amour fais que son cœur cessant d'être abusé
S'attendrisse au recit du mal qu'il m'a causé !
Une jeune Beauté, de qui, par bien-séance
Je tairai, s'il vous plaît, le nom, & la naissance,
Et de qui j'oserai vous dire seulement,
Qu'elle m'étoit fort proche, & m'aimoit tendrement,
Touchoit encore à peine à sa quinziéme année,
Alors qu'on lui parla d'Amour & d'Hymenée ;
Et qu'on lui commanda d'esperer pour mari
Un homme trop aimable, & qui fut trop cheri ;
Et qui loin de brûler d'une ardeur mutuelle,
Prit pour un autre objet une amour criminelle,
Sa trop fidele Amante avec douleur l'aprit ;
Mais un plus grand malheur ensuite la surprit,
L'ingrat rompit l'accord du prochain mariage,
Et partit sans la voir pour faire un grand voiage,
Je puis vous assurer qu'après cet accident,
Sa tristesse fut vive, & son dépit ardent :
Mais son dépit fut moindre encore que sa flame,
L'inconstant la quitta sans sortir de son ame ;
Et méprisant son sexe, & bravant le trépas

Dessous l'habit d'un homme elle suivit ses pas.
ZEGRY *en rêvant.*
O rigueur trop barbare, ô passion funeste !
ORMIN.
Vous serez plus touché quand vous sçaurez le reste,
Dés qu'elle fut sur mer par un malheur nouveau,
D'infames Ecumeurs surprirent son Vaisseau,
Et quelque tems aprés elle fut achetée,
Par l'ingrat, qui l'avoit indignement quittée ;
Et c'est ainsi qu'enfin par d'étranges revers,
Le Sort comme l'Amour la voulut mettre aux fers :
Mais elle sans changer d'habit, & de courage,
Sçût trouver des douceurs en ce double esclavage,
Et sans vouloir sortir de cet état fatal
Suivit cet inconstant en son païs natal,
Et ne redoutant pas qu'on la peut reconnoître,
Servit sans nul espoir cet infidele Maître,
Essaya de lui plaire, & réüssit si bien,
Qu'il estima son zele, & ne lui cacha rien ;
Mais que cette amitié la rendoit peu contente !
De l'heur de sa Rivale elle étoit confidente,
Et l'ingrat à ses yeux protestoit chaque jour,
Qu'il perdroit la clarté plûtost que son amour.
ZEGRY *en rêvant.*
O peine sans égale, ô cruelle injustice !
ORMIN.
O Dieux ! il s'attendrit, amour sois-moi propice !
N'est-elle pas, Seigneur, plus à plaindre que vous ?
Au prix de ses tourmens, vos ennuis sont bien doux,
Vous ne répondez point ?
ZEGRY.
Oüi, oüi, je le confesse,
Je la dévrois haïr, mais j'ai trop de foiblesse !
Ah, Fatime !
ORMIN.
Ah, malheur !
ZEGRY.
Ormin, qu'elle a d'appas !

TRAGI-COMEDIE.
ORMIN.
Dessus ce que j'ai dit vous ne répondez pas ?
ZEGRY.
De quoi m'as-tu parlé ?
ORMIN.
D'une Amante accablée.
ZEGRY.
Il ne m'en souvient point tant j'ai l'ame troublée.
ORMIN.
Vous sembliez compâtir si fort à son malheur.
ZEGRI.
Helas ! je n'ai songé qu'à ma seule douleur.
ORMIN.
Quoi, l'ingrate Fatime aura-t-elle la gloire
En quittant votre cœur d'être en votre mémoire ?
Non, s'il vous en souvient, pour adoucir vos maux,
Ne vous souvenez plus que de ses seuls défauts,
Songez qu'elle est trop fiere, & n'est pas assez belle,
Pour garder un Amant si noble & si fidelle,
Que ses yeux, & son teint n'ont rien qui soit charmant,
Que sa taille & son port n'ont aucun agrément ?
Que son esprit.....
ZEGRI.
Ormin, n'en dis pas davantage.
Je ne sçaurois encor endurer qu'on l'outrage,
Cette ingrate Beauté, qui rit de ma langueur,
N'a point d'autres défauts que sa seule rigueur ;
Et je crains bien malgré ce défaut volontaire
Que mon amour triomphe encor de ma colere.
ORMIN.
Quoi, Fatime est si fiere, & vous l'êtes si peu,
Elle sera de glace, & vous serez de feu ?
Quoi, vous pourriez l'aimer lors qu'elle vous déteste,
Ah ! ne retombez plus dans cette erreur funeste.
Il n'appartient, Seigneur, qu'à de lâches esprits
De supporter sans haine un semblable mépris,
Pour laisser qui nous fuit, il faut peu se contraindre,
Et quand l'espoir s'éteint, l'amour se doit éteindre.

ZEGRI.

Ce que tu dis, Ormin, est la même équité,
Je dois suivre Fatime en sa legereté.
Je dois être insensible autant qu'elle est sévére,
Ma flame est une erreur, mais cette erreur m'est chere,
Tes fideles conseils ne sont pas de saison,
L'amour n'a pas fait place encore à ma raison,
Je suis né pour languir, & pour mourir pour elle,
Bien qu'elle soit ingrate, elle n'est pas moins belle.

ORMIN.

L'espoir qui me flatoit n'a duré qu'un moment !
O miserable Amante, ô trop injuste Amant !

ZEGRI à part.

Que ne la puis-je hair, & que n'est-il possible,
Que mon cœur amoureux se trouve moins sensible,
Ou que n'est-il au moins en cette extrêmité,
Sensible à sa rigueur, autant qu'à sa beauté.

SCENE VI.

ALMANSOR, ZEGRY, ORMIN.

ALMANSOR.

Ami, je te rencontre avec bien de la joïe,

ZEGRI.

Je suis toujours content, pourvû que je te voie,
Tu sçais que loin de toi, rien ne me semble doux,
Te voilà donc enfin habillé comme nous :
Cet habit est bien fait.

ALMANSOR.

Je l'ai pris tout-à-l'heure,
Dedans l'appartement que j'ai dans ta demeure.

ZEGRI.

Cet habit de Berger te sied infiniment :
Mais pour un Almansor c'est trop d'abaissement

ALMANSOR.

L'habit n'obscurcit rien de l'éclat du mérite;
Et je ne puis faillir alors que je t'imite :
Toi, dont la race est noble, & dont le cœur est tel,
Qu'il m'a sauvé la vie en un péril mortel.

ZEGRI.

Les Bergers de ce bois & de cette campagne
Descendent des Heros, qui conquirent l'Espagne,
De ces Maures fameux, de qui les grands exploits,
De cent peuples Chrétiens firent trembler les Rois,
Et qui voiant Thunis par Charles-Quint conquise,
Conservent dans ces lieux leur gloire, & leur fran-
    chise,
Disposent en secret les Rois les plus zelez,
A chasser les Chrétiens de ces lieux désolez,
Et se tiennent tout prêts pour joindre & pour ac-
    croître,
Le premier armement, que l'on verra paroître.

ALMANSOR.

Je sçai que ce desert vaut la plus belle Cour :
Mais apprens que Gomelle est ici de retour,
Souffre pour un instant, Zegry, que je te quitte :
Il est de mes amis, & je lui dois visite.

ZEGRI.

Tu connois donc Fatime !

ALMANSOR.

        Oüi, c'est une Beauté,
Qui du brave Gomelle a reçû la clarté ;
Adieu, je reviendrai te joindre en diligence,
Je dois l'entretenir pour chose d'importance.

SCENE VII.

ZEGRY, ORMIN.

ZEGRI.

D'Importance ! Ce mot redouble mon souci,
Pour épouser Fatime, il est sans doute ici !
O Ciel ! se pourroit-il pour comble de tristesse,
Que mon plus cher ami m'enlevât ma Maîtresse,
Helas, s'il étoit vrai je mourrois de douleur !
Cher Ormin, essaions d'empêcher ce malheur.
C'est de tes seuls avis que j'attens du remede :
L'esprit le plus brillant en lumiere te cede,
J'ai vû toûjours en toi, je ne sçai quoi de grand,
Ton adresse me charme, & ton soin me surprend.

ORMIN.

Seigneur, je suis Esclave, & fais gloire de l'être.

ZEGRI.

Non, non, je t'affranchis, sois l'ami de ton Maître.

ORMIN.

Ce que la liberté peut avoir de plus doux,
Me plaît moins que les fers que je porte pour vous.

ZEGRI.

Ce zele peu commun m'attendrit & m'étonne,
Quitte, quitte les fers, Ormin je te l'ordonne.
Sois libre.

ORMIN.

J'obéis, qu'ais-je promis, helas !
Puis-je être libre, Amour, quand mon cœur ne l'est pas ?

Fin du premier Acte.

ACTE II.

SCENE PREMIERE.

FATIME, ZAIDE, CHARIFE, MEDINE.

FATIME.

REntrez Zaide, il faut que les ceremonies
De même qu'autrefois d'entre nous soient banies.
Pourquoi voulez-vous prendre un inutile soin ?

ZAIDE.
Puisque vous le voulez, je n'irai pas plus loin.

FATIME.
Je puis donc m'assurer avant que je vous quitte,
Que vous empêcherez qu'Adibar vous visite,
Je vous l'ai déja dit, il m'aimoit autrefois :
Mais je sçai qu'aujourd'hui vous lui donnez des loix;
Et j'ai lieu d'esperer, s'il vous trouve inhumaine,
Qu'il pourra retourner à sa premiere chaîne.

ZAIDE.
Fatime, assurez-vous qu'il sera rebuté
Son amour n'est pour moi qu'une importunité ;
Mais souvenez-vous bien que si je vous suis chere,
Vous feindrez des bontez encore pour mon frere :
De grace, en ma faveur, laissés-lui quelque espoir.

FATIME.
Adieu, je vous promets de le mieux recevoir.

SCENE II.
MEDINE, ZAIDE.

ZAIDE.
Que dis-tu de Fatime, & de cette priere?
MEDINE.
Qu'Adibar est aimable!
ZAIDE.
Oüi, mais je suis trop fiere
Pour accepter un cœur, qu'un autre a surmonté;
Et qui seroit à moi par sa legereté;
Mais si j'osois aimer.
MEDINE.
Achevez!
ZAIDE.
Ah, Medine!
Je dois taire le reste.
MEDINE.
Et moi, je le devine,
L'amour vous a touchée, & j'ai lieu de juger,
Que c'est pour Almansor cet aimable Etranger.
ZAIDE.
Moi, de l'amour pour lui?
MEDINE.
Pourquoi non, est-ce un crime?
ZAIDE.
N'appelle point amour, ce qui n'est rien qu'estime.
MEDINE.
Dans l'estime & l'Amour on void tant de rapport,
Qu'on les prend l'un pour l'autre, & qu'on s'y trompe
fort.
ZAIDE.
Je dois me souvenir qu'en son dernier voiage,

Mon

TRAGI-COMEDIE.

Mon frere a dans Alger conclu mon Mariage,
Que mon nouvel Amant doit bien-tôt arriver;
Et que mon cœur se doit pour lui seul réserver,
De plus à ton avis, pourrois-je sans foiblesse
Aimer cet étranger que mon frere caresse!
Mais qui depuis un mois en ces lieux est venu,
Et de qui le mérite encor m'est inconnu.

MEDINE.

Puisque cet Etranger qui n'est pas du vulgaire
Mérite de se voir l'ami de votre frere,
L'on peut avec raison croire qu'assurément
Il doit bien mériter d'être aussi votre Amant;
Et j'ignore pourquoi votre bouche veut taire
La flame, qui pour lui dans vos yeux est si claire:
Lors qu'avec votre frere il vient vous visiter,
Vos regards sur lui seul semblent tous s'arrêter;
Et dans le même instant j'ai mille fois pris garde,
Qu'avec la même ardeur l'Etranger vous regarde.

ZAIDE.

Tout de bon, l'as-tu vû souvent me regarder?

MEDINE.

Vous prenez bien du soin de me le demander,
Voila plus cent fois depuis une heure entiere
Que vous m'interrogez dessus cette matiere;
Et sans doute à vous voir curieuse à tel point,
Je croi que ses regards ne vous déplaisent point,
Et que vous y serez sans peine accoûtumée.

ZAIDE.

Helas, peut-on jamais s'offenser d'être aimée?

MEDINE.

Si son amour vous plaît, je pense qu'aisément
Sa personne pourra vous plaire également.

ZAIDE.

C'est sans attachement que je le considere,
Peut-être il aime ailleurs, & je puis lui déplaire.

MEDINE.

Ce soupçon malgré vous met votre flame au jour;
Toûjours la jalousie est fille de l'Amour.

La Genereuse Ingratitude,
ZAIDE.

Plût au Ciel qu'il fût libre, & qu'il me trouvât belle :
Mais je le voi sortir du logis de Gomelle ;
Je veux sonder son ame & me desabuser.
Je vai sur ce gazon feindre de reposer.

MEDINE.

Comment ? pour quel dessein ? j'ai peine à le comprendre.

ZAIDE.

Eloigne-toi, tantôt tu le pourras apprendre.

SCENE III.

ALMANSOR, ZAIDE.

ALMANSOR.

Gomelle est en visite attendant son retour
Je puis ici rêver à ma nouvelle amour :
O Ciel, ne vois-je pas dessous cette verdure
L'adorable sujet des peines que j'endure !
Dans ce rencontre Amour semble assez me flatter,
C'est l'aimable Zaide, il n'en faut point douter
Avec tranquilité cette belle repose,
Tandis que je languis du mal qu'elle me cause,
Elle ne peut sans doute à present m'écouter ;
Et je puis lui parler d'amour sans l'irriter :
Mais helas ! de mon sort la rigueur est bien grande :
Lors que j'ose parler je crains que l'on m'entende.
Vous, qui m'avez appris l'usage des soûpirs,
Cher Objet de ma joie & de mes déplaisirs
Permettez que mon ame amoureuse & discrette
Exprime devant vous sa passion secrette,

TRAGI-COMEDIE.

Et s'ofe plaindre ici de cent maux endurez,
Que vous avez fait naître & que vous ignorez:
Et vous de tous mes feux fources toutes brillantes,
Où j'y pris des ardeurs qui sont si violentes
Beaux yeux charmans auteurs de ma captivité
Joüissez du repos que vous m'avez ôté;
Et parmi les pavots qui ferment vos paupieres,
Ne vous offensez pas de perdre vos lumieres.
L'Astre le plus brillant ne s'en peut dispenser,
Et souvent comme nous on les voit éclipser.

ZAIDE *faisant la rêveuse.*
Almansor.

ALMANSOR.
Elle rêve.

ZAIDE.
Ah, rigoureux martyre!
De languir, de brûler, & de n'oser le dire!
Helas!

ALMANSOR.
Qu'entens-je, ô Ciel!

ZAIDE.
Nous sentons même ardeur

ALMANSOR.
Que n'est-il vrai, Zaide?

ZAIDE.
Excuse ma pudeur.

ALMANSOR.
O sommeil favorable.

ZAIDE.
O cruelles contraintes!
Quand serons-nous contens, quand finiront nos
  plaintes?

ALMANSOR.
Dans mon ravissement tous mes respects sont vains,
Pour la remercier baisons ses belles mains.

ZAIDE *feignant de s'éveiller.*
Arrêtez, insolent, d'où vous vient cette audace?

E 2

ALMANSOR.
Qu'ai-je fait malheureux, j'allois vous rendre grace.
ZAIDE.
Dequoi?
ALMANSOR.
De vos bontez.
ZAIDE.
Je ne sai pas comment,
J'ai pû donner matiere à ce remerciment,
Quiconque aura voulu consulter l'apparence
Saura que j'ai pour vous beaucoup d'indifference ?
Mais quand j'en aurois moins, seroit-il à propos
Pour me remercier de troubler mon repos ?
ALMANSOR.
Excusez mon transport, Bergere trop aimable,
Si j'avois moins aimé je serois moins coupable,
Dans cette occasion un Amant circonspect
Eût fait voir peu d'amour montrant trop de respect;
Et tel que soit mon crime, ô Beauté que j'adore,
Il seroit pardonné si vous dormiez encore :
Mais, helas, mon bon-heur se voit bien-tôt chan-
 ger,
Vous ne vous éveillez qu'afin de m'affliger,
Vos yeux en reprenant leur grace & leur lumiere
Reprennent tout d'un tems leur fierté coûtumiere,
Et le charmant espoir dont j'ai si peu joüi,
Avec votre sommeil se trouve évanoui.
ZAIDE.
Vous vous expliquez mal ce mot d'espoir m'étonne,
Je n'en donne jamais ni n'en ôte à personne.
ALMANSOR.
Si même à vos discours j'osois ajoûter foi
Du moins n'auriez-vous pas d'aversion pour moi ;
Rien ne seroit égal à ma bonne fortune,
Vous ne trouveriez point ma presence importune,
Je serois mieux reçû, je serois estimé ;
Et possible.

TRAGI-COMEDIE.

ZAIDE.

Achevez

ALMANSOR.

Je pourrois être aimé.

ZAIDE.

Aimé, si c'est de moi, vous pourriez vous méprendre.

ALMANSOR.

Vous m'avez fait pourtant l'honneur de me l'apprendre,
J'ai place en votre cœur si j'en croi votre voix,
Vous êtes mon témoin & mon juge à la fois.
Ne désavoüez point cet arrêt favorable,
Cet oracle sorti d'une bouche adorable,
Ces mots remplis de charme en dormant prononcez,
Qui m'ont promis des biens qui sont si-tôt passez.

ZAIDE.

Je rêvois, Almansor, & vous savez qu'un songe
Est souvent un trompeur & toûjours un mensonge.

ALMANSOR.

Oui, ma gloire est un songe ainsi que vos bontés;
Mais j'ai des passions qui sont des veritez,
Ma flame dans mes yeux vous a paru trop claire,
Pour la pouvoir cacher à force de la taire,
Et l'ingrate froideur que vous me faites voir,
N'éteint pas mon amour ainsi que mon espoir.

ZAIDE.

Cet amour vient fort tard & j'en suis affligée,
Vous savez bien qu'ailleurs je me trouve engagée.

ALMANSOR.

Oui, je sai qu'un Amant favorisé des Cieux
Vous doit bien-tôt venir enlever à mes yeux,
Je sçai qu'il vous est cher, même avant qu'il vous voie,
Je ne troublerai point vos plaisirs ni sa joie,
Tel que soit son bonheur je prétens le souffrir,
Sans me plaindre de vous, mais non pas sans mourir.
Dés que vous partirez pour le fatal voiage,
Où se doit accomplir votre heureux mariage;

E 3

Sçachez qu'au même instant dans l'excez de mon
    deüil
Vous me verrez partir pour aller au cercüeil,
Où les restes du feu qui m'y fera descendre,
Aprés ma mort encore échaufferont ma cendre.
ZAIDE.
La fortune vous doit un sort beaucoup plus doux.
ALMANSOR.
Mon bon ou mauvais sort ne dépend que de vous,
Une faveur d'ailleurs me seroit importune :
Enfin je vous adore, & non pas la fortune.
ZAIDE.
Qu'attendez-vous de moi dans l'état où je suis ?
ALMANSOR.
D'immortelles ardeurs & d'éternels ennuis,
Je dois toûjours aimer sans espoir que l'on m'aime.
ZAIDE.
Quiconque aime beaucoup peut esperer de même.
ALMANSOR.
Quoi, pourrois-je esperer d'être un jour mieux
    traité ?
ZAIDE.
Consultez là-dessus votre fidelité.
ALMANSOR.
Votre ame pour aimer paroit trop insensible.
ZAIDE.
Un Amant bien constant peut faire l'impossible,
Et le premier refus ne doit pas étonner
Quiconque a de l'amour assez pour en donner.
ALMANSOR.
Ah, c'est m'en dire assez ?
ZAIDE.
           Le sang au front me monte,
Je n'en ai que trop dit & j'en rougis de honte.
ALMANSOR.
Cet aveu glorieux me rend trop satisfait.
ZAIDE.
Les songes quelquefois ne sont pas sans effet.

Mais déja le Soleil acheve sa carriere,
Rentrons pour discourir dessus cette matiere,
Je crains cet importun.

SCENE IV.
ADIBAR, ZAIDE, ALMANSOR.

ADIBAR.

Sans paroître trop vain
Puis-je esperer l'honneur de vous donner la main,
L'une vous reste libre, oserai-je la prendre ?
ZAIDE.
J'ai peu besoin des soins que vous me voulez rendre.
ADIBAR.
Ma conduite vaut bien celle d'un Etranger.
ZAIDE.
Vous pourriez me déplaire en pensant m'obliger.
ADIBAR.
Le Prophete qui sait combien je vous révere,
Connoît bien à quel point je crains votre colere,
Et les soins que je prends vous doivent assurer
Que je ne viens ici que pour vous honorer.
Puis-je vous dire à part un secret d'importance ?
ZAIDE.
Rien ne m'est important comme la bien-seance,
Qui ne me peut permettre au jugement de tous
D'écouter des secrets d'un homme tel que vous.
ADIBAR.
Je ne demande rien que ce qu'obtient un autre.
ZAIDE.
Son entretien me plaît, & je hai fort le vôtre.
ALMANSOR.
Vous prenez mal le tems pour conter vos secrets,

L'Amour n'est pas souvent propice aux indiscrets,
Et l'incivilité que votre orgueil exprime,
Est un mauvais moien pour gagner de l'estime.
ADIBAR.
Je ne suis pas ici pour prendre vos leçons.
ALMANSOR.
J'en fais à vos pareils de toutes les façons.
ADIBAR.
Ce grand emportement vous convainc & m'excuse
De l'incivilité dont votre erreur m'accuse,
Un homme mieux instruit de peur d'être suspect,
Se seroit retiré pour marquer son respect ;
Vous êtes fort grossier, mais avec indulgence
On doit d'un Etranger supporter l'ignorance.
ZAIDE.
Vous avez les défauts qu'en lui vous condamnez,
Cet Etranger m'oblige, & vous m'importunez.
ADIBAR.
Votre main toutesfois lui dévroit être ôtée.
ALMANSOR.
Vous seriez en danger si je l'avois quittée.
ADIBAR.
Vous pourriez la quitter pour courir à la mort.
ALMANSOR.
Je respecte Zaide, & vous méprise fort.
ADIBAR.
Si le même respect n'arrêtoit ma vengeance,
Le châtiment de prés suivroit votre insolence.
ZAIDE *quittant la main d'Almansor.*
Ces mouvemens si prompts & si forts éclatans
Doivent être pour moi de mauvais passe-tems,
Et je reconnois bien par cette violence,
Qu'aucun ne me respecte, & que chacun m'offence.
ALMANSOR.
Quoi, suivant ses desirs vous m'ôtez votre main ?
Mon Rival trop content va devenir trop vain,
Devez-vous m'outrager à dessein de lui plaire ?

TRAGI-COMEDIE.

ZAIDE.
Et par quel droit auſſi dois-je vous ſatisfaire ?

ADIBAR.
Madame en ma faveur ne vous contraignez pas :
Je ſai qui de nous deux pour vous a plus d'appas.
Je lui cede en bon-heur, & peut-être en merite,
Son entretien vous plaît & le mien vous irrite,
De cette verité, je ne puis ignorer.
Pour ne vous troubler pas je vai me retirer,
Mon reſpect eſt plus fort que n'eſt la jalouſie,
Dont mon ame amoureuſe eſt juſtement ſaiſie ;
Et mes reſſentimens pour vous ſeront forcez
Juſques à me haïr, ſi vous me haïſſez.
Que mon Rival ſans trouble ici vous entretienne,
Aux dépens de ma joie établiſſez la ſienne :
Mais ſongez qu'Adibar, qui vous quitte à regret,
S'il n'eſt le plus aimé, n'eſt pas le moins diſcret.

ZAIDE.
Adibar, revenez.

ADIBAR.
Mon départ vous oblige.

ZAIDE.
Non, ſi vous m'eſtimez, vous reviendrez, vous-dis-je,
Pour lever des ſoupçons à ma gloire oppoſez.
Donnez-moi votre main & me reconduiſez.

ALMANSOR.
Ah, je ne puis ſouffrir cette injure inhumaine.

ZAIDE.
Almanſor, demeurez ſur peine de ma haine.

ALMANSOR.
Ecoutez quatre mots.

ZAIDE.
Rien ne peut m'émouvoir :
J'écoute la raiſon & je ſui mon devoir.

SCENE V.
ALMANSOR.

Quel coup de foudre, ô Ciel, contre toute apparence,
Vient détruire ma joie avec mon esperance ?
J'écoute la raison, & je fui mon devoir.
Ma constance à ces mots cede à mon desespoir ;
Et je fui mon devoir, non cruelle Zaide,
En fuivant Adibar, c'est l'amour qui vous guide :
Mais quoi ? peut-être aussi que je me plains à tort ;
Possible en me quittant elle se fait effort ;
Et donne à mon Rival ici la preference,
Pour ôter tout soupçon de notre intelligence ;
Elle m'aime, elle m'aime, ha ! que dis-je, insensé !
Sans doute par mépris l'ingrate m'a laissé.
L'Amour est inconstant ainsi que la fortune,
Son Empire ressemble à celui de Neptune,
Pour quiconque s'y trouve il n'est rien d'assuré,
Le plus heureux doit être au malheur préparé.
Un grand calme est souvent suivi d'un grand orage,
Et tout proche du port on peut faire naufrage,
Ce sont des veritez dont je ne doute pas :
Mais mon Esclave ici s'achemine à grand pas.

SCENE VI.
ALMANSOR, GASUL.

ALMANSOR.

As-tu trouvé Gomelle ?
GASUL.
Oüi, Seigneur, & je pense

Que pour vous embrasser à la hâte il s'avance.
ALMANSOR.
C'est un soin, que mes pas lui doivent épargner.
GASUL.
Durant votre entretien, dois-je pas m'éloigner?
ALMANSOR.
Oui, va me preparer un concert de Musique?
GASUL.
Un concert? quoi si tard?
ALMANSOR.
      Va vîte, & sans replique.

SCENE VII.
ALMANSOR, GOMELLE.

GOMELLE.

Que je suis consolé de vous revoir ici!
ALMANSOR.
Ma joie en vous voiant n'est pas moins grande aussi?
Mais parlons de ma mere.
GOMELLE.
     Attendez sa venuë;
Demain ici sans faute elle arrive inconnuë.
ALMANSOR.
Inconnuë, & pourquoi n'oser se faire voir?
GOMELLE.
Le secret seulement d'elle se doit savoir.
ALMANSOR.
Ma sœur vient-elle pas?
GOMELLE.
     Il ne faut point l'attendre.

ALMANSOR.
Où fait-elle séjour ?
GOMELLE.
Je ne puis vous l'apprendre.
ALMANSOR.
Que dites-vous, Gomelle, & que puis-je penser
Dedans l'incertitude, où vous m'allez laisser ?
Ce procedé m'étonne & cet obscur langage
Est d'un malheur caché le visible presage.
Helas, ma sœur est morte, il n'en faut point douter !
GOMELLE.
Sa mort n'est pas le mal, qui vous doit attrister.
ALMANSOR.
Qu'est-il donc arrivé ?
GOMELLE.
Quelque chose de pire.
ALMANSOR.
Ce mot pour m'éclaircir ne peut encor suffire :
Saurai-je point pourquoi l'ordre m'est arrivé
De sortir de Tremissen où je suis élevé ?
De me rendre en ces lieux en toute diligence,
De m'adresser à vous avecque confiance,
De taire ma famille & de changer encor
Le nom d'Abencerage en celui d'Almansor ?
GOMELLE.
Je dois dessus ce point avoir la bouche close,
Il ne m'est pas permis de vous dire autre chose.
C'est votre Mere, enfin, qui le souhaite ainsi,
Par sa bouche demain vous serez éclairci :
Mais déja le Soleil pâlit devant Diane,
Attendant le repas entrons dans ma Cabane.
ALMANSOR.
Vous m'en dispenserez, s'il vous plaît, aujourd'hui.
GOMELLE.
Où voulez-vous aller ?
ALMANSOR.
Zegri m'attend chez lui.

GOMELLE.
Zegry, que dites-vous, quel charme vous engage
A répondre si mal au nom d'Abencerage,
A cette inimitié, qui pour mille raisons,
Est comme hereditaire entre vos deux Maisons.

ALMANSOR.
Un devoir bien plus juste à l'aimer me convie,
Dans le Caire sans lui j'aurois perdu la vie,
De lâches ennemis m'avoient environné ;
Et sans son prompt secours j'étois assassiné,
Son nom, que je connus, sans me faire connoître,
Troubla mon amitié, qui commençoit à naître :
Mais ses bontez pour moi, ses soins, ses agrémens
Dissipérent bien-tôt ces vieux ressentimens ;
Et suivant l'amitié, dont le nœud nous assemble,
Dans ce païs enfin nous revînmes ensemble,
Où je fus obligé par le même lien,
De ne pas souhaiter de logis que le sien.

GOMELLE.
Ô Ciel ! mais poursuivez.

ALMANSOR.
Sa Sœur vous est connuë,
Je devins son Amant dés sa premiere vûë,
Par un charme puissant, dont seule elle sçait l'art,
Mon cœur à ses beaux yeux ne coûta qu'un regard,
Et si l'Hymen.....

GOMELLE.
Tout beau, n'achevez pas le reste,
Gardez de vous flâter d'un espoir si funeste ;
Ne souhaitez jamais cet indigne bonheur ;
Perdez vos passions, où vous perdez l'honneur.

ALMANSOR.
L'honneur ?

GOMELLE.
Oüi, ce discours vous surprend, & vous fâche.

ALMANSOR.
Je crains le nom d'ingrat.

GOMELLE.
Craignez celui de lâche,
Ces honteux mouvemens blessent votre devoir.
ALMANSOR.
Quelle en est la raison, ne puis-je la sçavoir?
GOMELLE.
Demain vous l'apprendrez en voiant votre mere;
Haïssez cependant, & la Sœur, & le Frere.
ALMANSOR.
Les haïr, moi qui d'eux ai reçû tant de bien?
Non, non, je jure.....
GOMELLE.
Entrons, & ne jurez de rien.

Fin du second Acte.

ACTE II.

SCENE PREMIERE.
ZEGRY, ORMIN.

ZEGRI.

DE'ja la nuit s'approche, il est tems de te mettre,
Mon espoir dans les mains, avecque cette lettre,
Pratique son Esclave, & fais discrettement,
Qu'elle veüille de toi prendre ce Diamant :
En suite sers-toi bien de toute ton adresse
Pour sçavoir les secrets de sa fiere Maîtresse ;
Et songe qu'au retour j'attens de ton rapport,
Ou l'arrest de ma vie, ou celui de ma mort.

ORMIN.

Cruel commandement ! où me vois-je reduite ?
Encore un mot, Seigneur, avant que je vous quite ;
Songez-y bien encor, quel espoir avez-vous ?
Vos importunitez accroîtront son courroux ;
Et vous ferez bien mieux, si j'ose vous le dire,
De sortir pour jamais de cet indigne Empire,
Ainsi que de l'amour, l'amour même est le prix,
La haine doit toujours attirer le mépris.
Vos ames pour s'unir sont trop mal assorties,

L'Amour perd son pouvoir dans les antipathies,
Et c'est un crime égal dans un contraire effet,
De hair qui nous aime, ou d'aimer qui nous hait.

ZEGRI.

Ha, ne m'en parle plus, mon mal est invincible,
Au charme qui me perd mon ame est trop sensible,
Pour vaincre mes ennuis, qui n'ont point de pareils,
Je cherche du secours, & non pas des conseils,
Et pour ne ceder pas au torrent qui m'emporte,
Je sens mon cœur trop foible & ma chaîne trop forte.

ORMIN.

O rigoureux aveu ! mais si vos soins sont vains,
Si Fatime s'obstine en ses premiers dédains.

ZEGRI.

Ah, quel plaisir prends-tu d'accroître mes allarmes !
Céle-moi ses rigueurs, & parle de ses charmes,
Par d'assez grands tourmens mon cœur est éprouvé,
Sans l'affliger d'un mal, qui n'est pas arrivé.
Sois un peu moins fidele, & flâte ma foiblesse,
Si dans mes déplaisirs ton ame s'interesse.

ORMIN.

Si vos yeux de mon cœur pénétroient les secrets,
Vous sçauriez que j'y prends d'extrêmes interêts :
Et que si votre sort étoit en ma puissance,
Vos plaisirs passeroient bien-tôt votre esperance,
J'atteste le Prophete honoré parmi nous
Que de tous vos ennuis je sens les contre-coups,
Que j'en perds le repos, que comme vous je tremble :
Qu'enfin vous m'êtes cher bien plus qu'il ne vous semble,
Que mon bon-heur dépend du succés de vos feux,
Et que c'est pour vous seul que mon cœur fait des vœux.

ZEGRI.

Plaise au Ciel que ton zele heureusement éclate,
Touchant en ma faveur l'ame de cette Ingrate,
Ma Sœur l'a déja vuë, & sans doute je crois,
Qu'elle n'a pas manqué de lui parler pour moi :

Leur amitié me flâte, & permet que j'espere,
Que qui chérit la Sœur, pourra chérir le Frere.
Adieu, fais ton devoir, & sans perdre de tems,
Reviens rendre le calme à mes esprits flottans.

ORMIN.

J'y mettrai tous mes soins, veüille le saint Prophete
En rendre le succez, tel que je le souhaite.

SCENE II.

ORMIN seul.

STANCES.

A Quoi me résoudrai-je en ce mortel ennui,
Dois-je solliciter ma Rivale aujourd'hui,
   Pour un Maître ingrat, qui m'outrage ?
Et s'il paroit aveugle à mon desavantage,
   Là serai-je encore plus que lui ?

Quoi, de ce que je crains presserai-je l'effet,
Faut-il à mes dépens le rendre satisfait,
   Par une contrainte cruelle,
Et doi-je devenir la Ministre fidelle
   Des injustices qu'il me fait ?

Non, non, ne servons pas avec tant de chaleur,
Pour nous troubler encor par un nouveau malheur
   Qui me coûteroit tant de larmes :
S'il faut mourir, au moins, ne donnons point les armes,
   Qui doivent me percer le cœur.

Faisons que de Fatime il n'espere plus rien,
Trahissons ce perfide, & le privons d'un bien,
    Qui nous deviendroit si funeste,
Nous ne devons fonder tout l'espoir qui nous reste,
    Que dessus la perte du sien.

Mais d'où vient à ces mots que je fremis d'effroi ?
Je sens déja mon cœur soûlevé contre moi,
    En faveur de ce cruel Maître ?
Helas, tout infidele encore qu'il puisse être,
    Je ne puis lui manquer de foi.

Oüi, cedez mon dépit à l'amour qui m'anime,
Un exemple jamais ne justifie un crime,
Ne déliberons plus ; mais j'entends quelque bruit,
C'est Fatime qui passe, & Charife la suit.

SCENE III.

FATIME, CHARIFE, ORMIN.

FATIME.

CE mépris de Zaïde au dernier point m'irrite,
Quoi bien loin d'empêcher qu'Adibar la visite,
Elle accepte sa main pour me desobliger ?
Ah, c'est un traitement dont je me dois venger !

CHARIFE.

L'affront vous est connu, vous l'avez vû vous-même,
Et pour n'en pas mentir, l'injustice est extrême.

FATIME.

Sçache que mon dépit est aussi sans pareil :
Mais entrons, cette nuit nous donnera conseil.

TRAGI-COMEDIE.
ORMIN.
Avançons promtement, il ne faut plus attendre,
Je n'ose ouvrir la bouche, & ne puis m'en défendre.
Amour dans mes malheurs mêle au moins quelque bien,
Fais qu'en demandant tout, on ne m'accorde rien !
Aurez-vous la bonté, Madame, de permettre
Que dans vos belles mains je laisse cette lettre ?
Elle vient de l'Amant le plus passionné,
Que l'éclat de vos yeux ait jamais enchaîné ;
Et qui malgré l'amour, dont son ame est atteinte,
Vous a pourtant donné quelque sujet de plainte.
FATIME.
De plainte ? N'est-ce point Adibar qui m'écrit ?
CHARIFE.
C'est lui-même sans doute, & le cœur me le dit.
FATIME.
Que souhaite de moi cet Amant infidelle ?
ORMIN.
O que cette douceur pour moi devient cruelle !
Il borne ses souhaits à venir à vos yeux
Détester hautement un crime injurieux,
Il veut marquer l'ennui, dont son ame est pressée,
A sa Divinité justement courroucée,
Et rendant ses forfaits dignes d'être oubliez,
Recevoir un pardon, ou la mort à vos pieds.
FATIME.
Je ne veux point sa mort, qu'il espere, & qu'il vive,
J'aime son repentir, quelque tard qu'il arrive ;
Déja par tes discours mon cœur est adouci.
ORMIN.
Je n'ai pour mon malheur que trop bien réüssi.
FATIME.
Voions dans ce Billet de quel air il s'énonce ;
Et rentrons pour le lire, & pour faire réponce :
Puisque dans ces froideurs il n'est plus obstiné,
Je lui veux envoier son pardon tout signé.

ORMIN.
Qu'à mon retour Zegry sera comblé de joie !
FATIME.
Zegry, que dites-vous ?
ORMIN.
Que c'est lui qui m'envoie,
Qu'il baisera les mots, dont vous l'allez flâter.
FATIME *déchirant la lettre*.
C'est ici ma réponse, allez la lui porter.

SCENE IV.
ORMIN, CHARIFE.

ORMIN.

Cette inégalité m'étonne & m'embarasse,
Charife ?
CHARIFE.
Bonne nuit.
ORMIN.
Ecoute-moi de grace.
CHARIFE.
Aux entretiens des sots je ne prends pas plaisir.
ORMIN.
Arrête encore un peu.
CHARIFE.
Je n'ai pas le loisir,
Adieu beau cajoleur.
ORMIN.
Sois un peu moins farouche,
Ma main parlera d'or au défaut de ma bouche.
CARIFE.
Ma foi, je n'en croi rien.

TRAGI-COMEDIE.

ORMIN.
Crois-en l'évenement,
De la part de Zegry reçoi ce Diamant ?

CHARIFE.
Moi, vendre ma Maîtresse ! helas, qu'à Dieu ne plaise.
Je ne le prendrai point.

ORMIN.
Ne sois pas si niaise.

CHARIFE.
Je le prens pour te plaire avec confusion,
Et ne l'accepte enfin qu'à bonne intention.
La pierre n'est point fausse, au moins je l'imagine.

ORMIN.
Tu dois t'en assurer, elle est & belle & fine.

CHARIFE.
Il semble que je veüille ici te soupçonner :
Mais à mon innocence il faut tout pardonner.

ORMIN.
Ne m'apprendras-tu point par quelle erreur fatale
L'humeur de ta Maîtresse est si fort inégale ?
Et d'où vient qu'au seul nom de mon Maître Zegry
Son cœur déja touché tout-à-coup s'est aigri.

CHARIFE.
Je t'aime, mais bien fort, & si tu te veux taire,
Je te revelerai cet important mystere.

ORMIN.
Tu m'oblige beaucoup, parle, je suis discret;
Et de même que toi je tairai ce secret.

CHARIFE.
Fatime, si j'en croi ce que j'ai pû connoître,
Aime autant Adibar, comme elle hait ton Maître,
Mais pour elle Adibar, par un plaisant retour,
N'a pas moins de froideur, que ton Maître a d'a-
    mour.
Tu sçais que tu n'es pas encore connu d'elle,
Et que l'amour souvent trouble un peu la cervelle;
Et c'est pourquoi d'abord pour ne te rien celer,

Elle a crû qu'Adibar t'envoioit lui parler ;
Et depuis connoissant s'être fort mécomptée....
J'ois du bruit, parlons bas, je crains d'être écou-
   tée.

SCENE V.

ALABEZ, ORMIN, CHARIFE.

ALABE'S,

Où mon Maître veut-il que je rencontre Or-
   min ?
Il est nuit, & je trouve à peine mon chemin ?
ORMIN *baisant Charife.*
Que ne te dois-je point ?
CHARIFE.
              Tout beau.
ORMIN.
              Laisse-moi faire,
Ton honneur avec moi ne se hazarde guere.
CHARIFE.
Foin, foin, mon Diamant de mon doigt vient de
   choir.
ORMIN.
Quelques herbes sans doute empêchent de le voir.
CHARIFE.
Nous chercherons long-tems.
ORMIN.
              Oüi, de cette maniere,
Je ferai mieux d'aller querir de la lumiere.

SCENE VI.
ALABEZ, CHARIFE.

CHARIFE *le prenant pour Ormin.*

Je l'ai trouvé, reviens.
####### ALABE'S.
Je connois cette voix,
Que peut faire si tard Charife dans ce bois ?
Approchons-nous plus prés.
####### CHARIFE.
Tu ne songes qu'à rire,
Mais ne me baise plus, ou bien je me retire.
####### ALABE'S.
Ah, Dieu la bonne piece ! il faut tout écouter.
####### CHARIFE.
Oüi, promets d'être sage, ou je vai te quitter,
C'est prendre dés l'abord un peu trop de licence,
Je suis fille de bien qui craint la médisance :
Je tiens au dernier point mon honneur précieux.
####### ALABE'S.
Tu cherches à le perdre, & ne voudrois pas mieux.
####### CHARIFE.
Quoi, tu ne me dis mot ?
####### ALABE'S.
La bizarre avanture !
####### CHARIFE.
Comment ton cœur s'afflige, & ta bouche murmure ?
Ces libertez pourtant se pourroient excuser,
Si tu me promettois de vouloir m'épouser,
Tu sçais que pour s'aimer il faut qu'on se marie ;
Et si je te plaisois....

ALABE'S.
Ah quelle effronterie!
CHARIFE.
Que dis-tu?
ALABE'S.
Par ma foi, me voilà bien surpris.
CHARIFE.
Quoi tu ne réponds rien ; seroit-ce par mépris ?
Je ne croi point encore être assez déchirée,
Pour ne mériter pas d'être considerée :
Tu connois Alabez, si je l'avois voulu,
Mon hymen avec lui seroit déja conclu :
Mais ce n'est qu'un lourdaut, & quoi qu'il ait pû faire,
Il n'a pas comme toi trouvé l'art de me plaire.
Tes défauts peuvent plus que ses soins obstinez.
ALABE'S.
L'impudente me va chanter poüille à mon nez.
CHARIFE.
Cet importun jamais n'a rien fait qui me plaise,
Il a l'esprit fort sot, & la mine niaise ;
Et je ne réponds pas si le fol m'épousoit,
Qu'il ne fut de ces gens que chacun montre au doigt ;
Qui souffrent qu'un voisin trouve leur femme belle,
Et que communément des cocus on appelle.

SCENE VII.

ORMIN, CHARIFE, ALABEZ.

ORMIN.

Voici de la clarté.
CHARIFE.
Que voi-je, & qu'ai-je fait?
ALABE'S.

TRAGI-COMEDIE.

ALABE'S.

Que t'en semble, ai-je lieu d'être fort satisfait ?
Comment, je n'ai donc fait jamais rien qui te plaise,
J'ai donc l'esprit fort sot, & la mine niaise ?
Meurs de honte.

CHARIFE.

Et pourquoi, si c'est la verité ?

ALABE'S.

La verité, traitresse ! ah l'esprit effronté ?
Quoi, si je t'épousois dangereuse femelle,
Je serois de ces gens, que Cocus on appelle.
Ta langue impertinente aura cent fois menti,
J'élirois un licol plûtôt qu'un tel parti.

ORMIN.

D'où vient votre querelle ?

ALABE'S.

Ah, tais-toi je te prie,
Je pourrois bien sur toi décharger ma furie.
Confident de malheur.

ORMIN *éteignant la chandelle.*

Il se faut éloigner,
Je ne voi prés d'un fou que des coups à gagner.

SCENE VII.

ALMANSOR, GASUL, ALABE'S, ADIBAR.

ALMANSOR.

VA voir d'où vient ce bruit.

ALABE'S *donnant un soufflet à Gasul.*

Je te tiens bon apôtre !

GASUL.

Comment traître !

Tom. I.   F

ALABES.

Excusez je vous prends pour un autre :
Je cherche un affronteur qui me vient d'échaper :
Mais bien-tôt sans courir je saurai l'attraper.

ALMANSOR

Ha tu sais le sujet de ses rumeurs confuses !

GASUL.

Non, l'on m'est venu battre, & puis me faire excuses,

ALMANSOR.

Le logis n'est pas loin, fais avancer les voix ;
Et leur dis de chanter près de ce petit bois.

ADIBAR *paroissant de l'autre côté.*

Ami voici l'endroit où Zaide demeure,
Si vous êtes d'accord commencez toute à l'heure.

PREMIERE CHANSON.

Deserts, retraite du silence,
Vous à qui je fais confidence
De mon amour & de mes soins.

GASUL.

La voix qui chante ici n'est pas de notre bande.

ALMANSOR.

Cette Chanson n'est pas celle que je demande :
Ce couplet finissant, que l'on soit préparé,
Pour chanter aussi-tôt l'air que j'ai desiré.

Deserts, retraite du silence,
Vous à qui je fais confidence
De mon amour & de mes soins,
Rochers & Forests solitaires,
Qui toûjours de mes maux fûtes dépositaires,
Jamais de mes plaisirs ne serez-vous témoins ?

SECONDE CHANSON.

Ruisseaux & vous legers Zephirs,
Qui dans la saison des plaisirs
Arrosez doucement, & parfumés ces plaines

TRAGI-COMEDIE.

ADIBAR.

Quelle insolente voix trouble notre concert ?
L'affront impunément ne sera pas souffert.
    Ruisseaux, & vous legers zephirs,
    Qui dans la saison des plaisirs
Arrosez doucement & parfumés ces plaines,
    Et permettez à mes soûpirs
    D'éventer mes peines.

ADIBAR.

Parle qui que tu sois qui m'oses ici troubler.

ALMANSOR.

Mon nom est trop fameux pour le vouloir celer,
On m'appelle Almansor.

ADIBAR.

    Crain, crain donc ma colere,
Moi, je suis Adibar, ton plus grand adversaire,
Qui pour te joindre a fait sans fruit beaucoup de pas,
Et qui te trouve alors qu'il ne te cherche pas,
Explique-moi d'où vient que tu prends la licence
D'obseder ma Maîtresse avec tant d'insolence ;
Et me dis si tu vois Zaide seulement
Comme ami de son frere, ou comme son amant.

ALMANSOR.

Sois content de savoir que comme ami du frere
La sœur souffre mes soins, & que je la revere.
Si j'étois son amant, tu te dois assurer
Que je suis trop discret pour te le déclarer.

ADIBAR.

Tous ces raffinemens dont tu fais ta défence,
Ne te sauroient souftraire à ma juste vengeance ;
Tu mourras.

ALMANSOR.

    Crains plûtôt qu'en te perçant le flanc,
Ce fer n'éteigne ici ton amour dans ton sang.

GASUL. *Ils se battent.*

Au secours !

P 2

SCENE IX.

ZEGRI, ADIBAR, ALMANSOR.

ZEGRY.

Moderez cette fureur barbare ?
Qu'est-ce ami ?

ADIBAR.
Ce n'est rien puis que l'on nous sépare,

ZEGRI.
Ah, c'est vous Adibar.

ALMANSOR.
Zegri, tu me fais tort.

ZEGRI.
Quel sujet cher ami, peut t'animer si fort ?
Vous ayant séparés, souffrés je vous supplie,
Qu'au même-tems encor je vous réconcilie.
Je prends dans vos debats un interêt fort grand,
Eclaircissez-moi donc de votre differend.

ADIBAR.
Zegri, vous nous rendez en vain ce bon office,
Mon desir de vengeance est tout plein de justice ;
Et vos soins opposés à mes ressentimens
Ne differe sa mort que de quelques momens.

SCENE X.
ZEGRI, ALMANSOR.

ZEGRI.

D'Où vient, cher Almansor, une si forte haine !
Conte-m'en le sujet.

ALMANSOR.

Il n'en vaut pas la peine,
Ce different leger, qui te rend étonné,
Avant que d'être sçu doit être terminé.

ZEGRI.

Tu t'obstines en vain à cacher ce mystere,
Je me doute, Almansor, de ce que tu veux taire,
Une même Beauté vous met sans doute aux fers,
Je viens d'oüir ici deux differens concerts.
Je devine le reste......

ALMANSOR.

Ami je le confesse,
Nous donnions Serenade à la même Maîtresse.

ZEGRI.

Que je sache son nom.

ALMANSOR *à part*.

Ciel quel est mon malheur !
Dois-je lui déclarer que j'adore sa sœur ?

ZEGRI.

Cette réserve, ami, n'est guere legitime,
Je ne t'ai point celé mes amours pour Fatime.

ALMANSOR *à part*.

Il a promis sa sœur, que puis-je dire, helas !
Si j'ose la nommer que ne dira-t-il pas ?

ZEGRI *à part*.

Cette confusion me doit assez instruire

Qu'il adore Fatime, & n'ose me le dire.
Quoi je ne saurai point quel objet t'a soûmis?
ALMANSOR.
Son beau nom prononcé nous rendroit ennemis,
Au lieu de t'obliger, je te ferois outrage,
Adieu, dispense-moi d'en dire davantage.
ZEGRI.
Comment dans mon logis ne veux-tu pas entrer?
ALMANSOR.
Chez Gomelle ce soir je vai me retirer.
ZEGRI.
Chez Gommelle, dis-tu?
ALMANSOR.
     Je crains qu'il ne m'attende:
Adieu, je l'ai promis, il faut que je m'y rende.
ZEGRI seul.
Le traître aime Fatime & prétend l'épouser.
En juger autrement s'est vouloir s'abuser :
Oüi, me devant la vie il s'en sert pour me nuire,
Mais qui l'a pû sauver, peut aussi le détruire,
Et sa mort fera foi que de ce même bras,
Je sers les innocens & punis les ingrats.

Fin du troisiéme Acte.

ACTE IV.

SCENE PREMIERE.

ALMANSOR, GOMELLE.

ALMANSOR.

Non, vous n'irez pas seul au-devant de ma Mere ;
Je vous suivrai, Gomelle !
GOMELLE.
Il n'est pas necessaire,
Son ordre vous oblige à l'attendre chez moi.
ALMANSOR.
La nature m'impose une plus forte loi.
GOMELLE.
Elle n'a pas encor appris votre venuë,
Sa surprise sera trop grande à votre vûë.
ALMANSOR.
Je n'attens nul reproche en cet évenement ;
Et si je la surprends, c'est agreablement.
GOMELLE.
Puisque vous le voulez, allons y donc ensemble.
ALMANSOR.
Je fais ce que je doi.
GOMELLE.
Je dis ce qu'il me semble.

ALMANSOR.

Zegri sort de chez lui, souffrez qu'avant partir
Je l'embrasse......

GOMELLE.

Arrêtez je n'y puis consentir.

ALMANSOR.

La contrainte est injuste autant qu'elle est cruelle;
Dois-je fuir un ami si cher & si fidelle?
Souffrés que je lui parle & je vous suis après.

GOMELLE.

Non, je vous le défends, & j'en ai l'ordre exprés.

SCENE II.

ZEGRI, ORMIN.

ZEGRY.

Ormin, as-tu pris garde avec quel soin ce traître
S'est éloigné de moi dés qu'il m'a vû paroître?
As-tu vû que d'abord le lâche s'est troublé,
A fait deux ou trois pas aprés s'est reculé,
Et m'a cedé la place avec inquietude,
Pressé par le remords de son ingratitude?

ORMIN.

Quoi que j'aie observé, je ne puis concevoir
Qu'Almansor fasse un crime, & si lâche & si noir;
Et bien qu'apparemment je le trouve coupable,
D'aucune lâcheté je le tiens incapable.
Il m'a toûjours parû de l'honneur trop jaloux
Pour se servir si mal du jour, qu'il tient de vous;
Et quelque instinct secret, que je ne puis comprendre,

TRAGI-COMEDIE.

Quand je doi l'accuser me force à le défendre.
ZEGRI.
En me voiant cherir cet ingrat trop aimé,
A le cherir aussi tu t'est accoûtumé.
Je ne puis comme toi croire qu'il me trahisse ;
Mais je n'en puis douter, & c'est-là mon supplice,
Et ces doux mouvemens que j'ai peine à chasser.
Aggravent son offense au lieu de l'éfacer.
Juge dans cet état combien je suis à plaindre,
Le seul bien qui me reste est de ne plus rien craindre,
Le sort n'a pas voulu m'affliger à demi.
Je perds une Maîtresse, & je n'ai plus d'ami,
L'un & l'autre m'outrage, & j'ai tant de foiblesse
Que je ne puis hair l'ami ni la maîtresse :
Mais de Charife hier n'as-tu point sçu pourquoi
Fatime a maintenant tant de mépris pour moi ?
Tu m'as dit qu'Adibar charme cette inhumaine :
Mais tu ne m'as point dit d'où procede sa haine.
ORMIN.
Fatime, si j'en croi ce que l'on m'a conté,
Eût toûjours grand horreur pour l'infidelité.
Elle a quelque raison de vous croire infidelle,
Et c'est ce qui l'oblige à vous être cruelle.
ZEGRI.
Infidelle, dis-tu, je ne le fus jamais.
ORMIN.
Vous pourriez vous tromper.
ZEGRI.
Non, je te le promets.
ORMIN.
Elle a sçu toutesfois que Zelinde, une fille
Assez belle, fort jeune & d'illustre famille,
Et qui reçût jadis beaucoup de soin de vous,
Fut presque sur le point de vous voir son époux,
Et que dés qu'à l'hymen elle fut disposée,
Elle se vit enfin lâchement méprisée :
Cet exemple la touche & l'oblige à juger
Que qui change une fois peut mille fois changer.

F 5

ZEGRI.
Ormin, ce changement n'est point une inconstance.
ORMIN.
Il seroit mal-aisé d'en prouver l'innocence.
ZEGRI.
Cet hymen prétendu sans doute fait éclat :
Mais pour te dire tout.
ORMIN à part.
Que dira-t-il l'Ingrat.
ZEGRI.
Avant qu'on eût encore conclu ce mariage,
Qui devoit nous unir au sang d'Abencerage ;
Et d'une vieille haine éteindre enfin l'ardeur,
Fatime étoit déja maîtresse de mon cœur ;
Et pour me faire prendre une chaîne nouvelle
Zelinde, qu'on m'offroit n'étoit pas assez belle,
Je la vis sans l'aimer & sa foible Beauté
N'ebranla point les fers où j'étois arrêté,
Pour elle j'essaiai d'avoir quelque tendresse ;
Mais ces yeux où mon cœur eurent trop de foiblesse,
Et si je lui rendis quelques soins apparens,
Ce ne fut qu'à dessein de plaire à mes parens ;
Ainsi Fatime a tort de me croire infidelle,
Puisque je n'eus jamais de l'amour que pour elle.
ORMIN à part.
Helas, je ne dois plus douter de son mépris !
J'en voulois trop savoir, & j'en ai trop appris.
ZEGRI.
C'est une verité qui peut être prouvée ;
Mais d'où vient que ma sœur si matin s'est levée ?

SCENE III.
ZAIDE, MEDINE, ZEGRI, ORMIN.

ZAIDE.

Mon frere, avez-vous sçû l'avis qu'on m'a donné,
Du trépas de l'époux qui m'étoit destiné ?

ZEGRI.

Je viens d'en recevoir la nouvelle assurée:
Il est mort dans Alger d'une fiévre pourprée.

ZAIDE.

C'est un mal-heur pour moi, mais pour vous en ce jour,
Vous ne devez parler que d'hymen & d'amour.

ZEGRI.

Ah, ma sœur ! dis plûtôt que dans cette journée
Je dois ne parler plus d'amour ni d'Hymenée :
Dis qu'il faut pour punir un esprit lâche & bas,
Parler d'un autre perte & d'un autre trépas,
La fureur toute seule en mon ame préside,
Et je ne dois parler que de perdre un perfide.

ZAIDE.

Quel est donc ce perfide, & ne saurai-je point
Quel crime signalé vous irrite à tel point ?

ZEGRI.

Tu connois trop l'auteur du couroux qui m'anime,
Almansor est son nom, son amour est son crime.

ZAIDE.

Son amour, qu'entens-je ?

ZEGRI.

Il est trop vrai, ma sœur,
Son insolent amour a causé ma fureur.

ZAIDE à part.
Il sait qu'Almansor m'aime, & c'est ce qui le fâche.
ZEGRY.
Oüi, son trépas est juste, il perira le lâche.
ZAIDE.
Mon frere sans aigreur il faut examiner
Tout ce que d'un ami l'on a pû soupçonner ;
Et l'on ne doit jamais juger de son offence,
Qu'avec beaucoup de soin, & beaucoup d'indulgence,
Almansor a toûjours paru trop genereux,
Pour mêler rien d'injuste ou d'impur dans ses feux ;
Et vous doit trop aussi pour concevoir l'envie
D'offencer un ami qui lui sauva la vie.
ZEGRY.
Tu m'obliges ma sœur, & tes raisonnemens
Desarment sans effort tous mes ressentimens.
Almansor m'est si cher que quoi qu'il puisse faire,
Tu me feras plaisir d'arrêter ma colere.
ZAIDE.
Peut-être injustement l'avez-vous accusé.
ZEGRY.
Plût au Ciel qu'il fut vrai que je fusse abusé !
Mais helas ! mon soupçon n'est que trop legitime.
Te le dirai-je enfin ; il aime.
ZAIDE.
Qui ?
ZEGRI.
Fatime.
ZAIDE.
Il aimeroit Fatime ! ah que ce crime est noir !
ZEGRI.
Pour mieux t'en assurer, tu n'as qu'à l'aller voir,
Et je ne doute point que tu ne saches d'elle,
Que l'ingrat l'adore & qu'il m'est infidelle.
ZAIDE.
Et traître, l'inconstant, l'esprit pernicieux !
ZEGRI.
Mais quel trouble, ma sœur, se fait voir dans vos yeux ?

ZAIDE.

Le trouble de mes yeux clairement vous expose
Que mon cœur sent les maux, que votre ami vous
    cause.
Votre ami, qu'ai-je dit ? ce nom lui convient mal ;
Il n'est point votre ami s'il est votre Rival.
Allez, allez éteindre, & sa vie, & sa flâme,
Et laver dans son sang les crimes de son ame.

ZEGRI.

Non, ma Sœur, sans colere il faut examiner
Tout ce que d'un ami l'on a pû soupçonner,
Et l'on ne doit jamais juger de son offence,
Qu'avec beaucoup de soin, & beaucoup d'indulgence,
Almansor a toûjours paru trop genereux,
Pour mêler rien d'injuste, ou d'impur dans ses feux ;
Et me doit trop aussi pour concevoir l'envie
D'offenser un ami qui lui sauva la vie.

ZAIDE.

Quelle erreur !

ZEGRI.

    C'est de toi, ma Sœur, que je la tiens,
Ce sont tes sentimens, & ce seront les miens.

ZAIDE.

Je n'avois pas du crime alors la connoissance,
Je ne vous retiens plus, courez à la vengeance.

ZEGRI.

Arrête-moi plûtôt, & du moins par pitié,
Condamne ma colere, & non mon amitié,
En faveur d'Almansor j'aime que l'on m'abuse,
Je le veux accuser, mais je veux qu'on l'excuse,
Je parle de vengeance, & ne la cherche pas ;
Et je menace afin qu'on m'arrête le bras.
Sa passion à tort peut être condamnée,
Avant notre amitié possible qu'elle est née,
Que Fatime y répond, & que pour les unir
Les ordres de Gomelle ici l'ont fait venir.
S'il est ainsi, ma Sœur, pour m'exempter de crime,
Il est juste qu'aussi je lui céde Fatime,

Je briserai mes fers, & d'un cœur affermi,
Je ferai mes plaisirs de ceux de mon ami.
ZAIDE.
Dieux ! quelle est votre erreur, quel charme que j'ignore,
En faveur d'un ingrat vous attendrit encore ?
Il vous dois son salut, doit-il pas aujourd'hui
Faire un plus grand effort pour vous, que vous pour lui ?
S'il est votre Rival, pouvez-vous sans foiblesse,
Lui vouloir lâchement ceder votre Maîtresse ;
Et si c'est votre ami comme vous l'estimez,
Doit-il pas vous ceder l'objet que vous aimez ?
ZEGRI.
Va voir sans répliquer Fatime en diligence,
Et t'instrui pleinement de leur intelligence.
Adieu.

SCENE IV.
MEDINE, ZAIDE.

MEDINE.

Vous m'étonnez, & je ne conçoi pas,
Qu'on puisse aimer un homme, & presser son trépas.
ZAIDE.
Ah ! ne dis point que j'aime un ingrat, un volage ?
Croi que si j'ai des feux, ce sont des feux de rage ;
Et que jamais mon cœur ne sera consolé,
Que ce perfide Amant ne me soit immolé.
MEDINE.
Mais vous pleurez, Madame.

ZAIDE

Oüi, Medine, je pleure.
Si cet ingrat périt, il faudra que je meure,
Je sens dans mon esprit triompher tour à tour
La rage & la tendresse, & la haine & l'amour;
Je suis son ennemie, & je suis son Amante,
Quand mon dépit accroît, ma passion augmente;
Et quoi qu'il soit aimable, & qu'il m'ait pû trahir,
Je ne le puis aimer, & ne le puis haïr.

MEDINE.

Madame, parlez bas, on pourroit vous entendre,
Adibar vient à nous.

ZAIDE.

Il ne faut pas l'attendre.

SCENE V.

ADIBAR, ZAIDE, MEDINE.

ADIBAR.

Où portez-vous, Zaide, & mon cœur & vos pas!

ZAIDE.

Laissez-moi seule, adieu ; ne m'importunez pas.

ADIBAR.

Recevez mieux mes soins.

ZAIDE.

Ils sont peu necessaires.

ADIBAR.

De grace, écoutez-moi.

ZAIDE.

J'ai bien d'autres affaires.

ADIBAR.
D'un regard seulement consolez mes ennuis ;
C'est vous que je cherchois.

ZAIDE.
Et c'est vous que je fuis.

ADIBAR.
Quoi vous traitez si mal un Amant si fidelle ?

ZAIDE.
Fatime qui paroît, vous sera moins cruelle.

ADIBAR.
Ne vous en mocquez pas, mon sort seroit plus doux,
Fatime est aussi belle & moins fiere que vous.

SCENE VI.

FATIME, ZAIDE, ADIBAR, CHARIFE, MEDINE.

FATIME.

Quoi toûjours Adibar avecque cette Ingrate ?
Ma vengeance est trop juste, il est tems qu'elle éclate :
Je vous trouve, Zaïde, en un chagrin si noir,
Que je perds le dessein qui m'oblige à vous voir,
Oserai-je parler de dances, & de Fêtes,
D'une nôce, en un mot, en l'état où vous êtes ?

ZAIDE.
D'une nôce ! achevez, & vous expliquez mieux.

FATIME.
De pareils entretiens vous seroient ennuyeux.

ZAIDE.
Non, à notre amitié c'est vouloir faire outrage,
Ne me déguisez rien touchant ce mariage.
FATIME.
Puisque vous l'ordonnez, vous allez tout sçavoir,
Sçachez donc que mon pere à voulu me pourvoir.
ZAIDE.
Vous pourvoir ?
FATIME.
Oüi, l'affaire est assez avancée.
ZAIDE.
Je suis dans vos plaisirs beaucoup interessée,
Ne m'aprendrez-vous point le nom de votre amant ?
FATIME.
C'est un homme accompli, noble, brave, charmant,
Son mérite est fort rare, & sans doute j'espere,
Que vous approuverez le choix qu'en fait mon Pere.
ZAIDE à part.
Qu'elle me fait languir pour me donner la mort ;
Mais enfin quel est-il ?
FATIME.
Vous le connoissez fort,
Il fit long-tems chez vous sa demeure ordinaire,
C'est l'ami le plus cher de Zegry votre frere.
En ai-je dit assez ?
ZAIDE.
Dites son nom encor.
FATIME.
Ne devinez-vous pas qu'on l'appelle Almansor ?
ZAIDE.
Je n'en puis plus, je meurs.
FATIME.
Voi comme elle est changée :
Elle ressent ma peine, & je me suis vengée.
ADIBAR.
J'ai beaucoup d'interêt dans cet évenement.
ZAIDE.
Ce parti proposé vous plaît assurément.

FATIME.

Oüi, je n'imite point celles, qui par maxime,
Rougissent d'un hymen ainsi que d'un grand crime,
Feignent d'en soûpirer, & pourtant en secret,
S'il ne s'achevoit pas auroient bien du regret.
Sur ce point avec vous je ne fais point la fine,
Je ne haï point du tout l'amant qu'on me destine :
J'estime son amour, son merite, & ses soins :
Et s'il m'aime beaucoup, je ne l'aime pas moins.

ZAIDE.

Il vous aime donc fort ?

FATIME.

Plus que je ne puis dire,
Il ne vit que pour moi, pour moi seule il soûpire,
Je fais ses déplaisirs & ses ravissemens,
Dés qu'il me perd de vûë, il est dans les tourmens ;
Et lors que le hazard permet qu'il me revoie,
J'ai lieu d'apprehender qu'il ne meure de joie ;
Enfin, si ses sermens ont quelque verité,
Il n'a que du mépris pour toute autre beauté.

ZAIDE.

Ciel, où suis-je, & qu'entens-je ! ah l'ingrat, ha le
traître !
Mais pouvez-vous l'aimer si-tôt sans le connoître ?

FATIME.

De cette promte amour l'on ne me peut blâmer,
J'ai vû d'abord en lui tout ce qui fait aimer,
J'execute de plus ce que mon pere ordonne,
J'obéïs volontiers aux ordres qu'il me donne ;
Et puis qu'il l'a choisi pour gendre & pour appui,
Je croi qu'il en est digne, & m'en rapporte à lui.

ZAIDE.

Mais touchant Adibar, quelles sont vos pensées ?

ADIBAR.

Il n'ose plus prétendre à ses bontez passées.

FATIME.

Il ne meritoit pas l'honneur de mon amour,
Il changea le premier, & je change à mon tour.

TRAGI-COMEDIE.

ZAIDE.
Il ne fut pas toûjours indigne de vous plaire.
Pouvez-vous l'oublier?

FATIME.
Je n'y sçaurois que faire.
J'oublie avec raison le plus grand des ingrats,
Son mépris fut injuste, & le mien ne l'est pas;
Mais cessons de parler de cet amant volage,
Rendons haine pour haine, outrage pour outrage,
Parlons de nôtre nôce, & me faites sçavoir
Si je puis esperer l'honneur de vous y voir.

ZAIDE.
Une grande douleur dont je suis accablée,
Qui durant vos discours, s'est encor redoublée,
Me va mettre hors d'état d'y pouvoir assister,
Et dés ce même instant m'oblige à vous quiter.

ADIBAR.
Je vous conduis : souffrez le soin que j'en dois prendre.

ZAIDE.
Ma foiblesse me force à ne m'en pas deffendre.

SCENE VII.

FATIME, CHARIFE.

FATIME.

Zaide sent mon mal, mais Adibar me fuit,
Ma vengeance est parfaite & mon espoir détruit.

CHARIFE.
Almansor le vaut bien.

FATIME.
Juge mieux de ma plainte,
Ce que je viens de dire est une pure feinte.

Medine est ton amie, & ne t'a pû cacher
Qu'à l'Ingrate Zaide A'mansor est bien cher:
Tu me l'as dit.
CHARIFE.
Eh bien!
FATIME.
C'est pour me venger d'elle,
D'avoir toûjours souffert mon amant infidelle;
Et la punir des maux qu'elle m'a sçû causer,
Que j'ai feint qu'Almansor me devoit épouser.
CHARIFE.
Ah, que vous en sçavez! cette fourbe est insigne:
Mais Adibar revient, ce n'est pas mauvais signe.

SCENE VIII.
ADIBAR, FATIME, CHARIFE.

FATIME.
Quoi vous quitez si-tôt l'objet de vos desirs?
ADIBAR.
J'ai soin de son repos plus que de mes plaisirs.
FATIME.
Vous paroissez atteint d'une tristesse extrême.
ADIBAR.
Je ne puis sans douleur voir souffrir ce que j'aime.
FATIME.
Zaide pourroit bien vous avoir rebuté?
ADIBAR.
Mon seul respect me chasse, & non sa cruauté.
FATIME.
Elle doit mépriser un amant infidelle,

ADIBAR.
J'aurois tort aujourd'hui si je me plaignois d'elle.
FATIME.
D'Almanfor prés de moi le deſtin eſt plus doux.
ADIBAR.
Je ſuis trop ſatisfait pour en être jaloux.
FATIME.
Vous pourriez vous flâter d'une eſperance vaine,
Zaide n'a pour vous que dédain & que haine.
ADIBAR.
Sa haine & ſon dédain maintenant ſont finis;
Et nos cœurs par l'Hymen bien-toſt ſeront unis.
FATIME.
Vôtre ame en cet eſpoir pourroit s'être mépriſe,
Poſſible ignorez-vous que Zaide eſt promiſe.
ADIBAR.
Vous même ſur ce point pourriez vous tromper fort;
Poſſible ignorez-vous que ſon amant eſt mort?
FATIME.
Il eſt mort!
ADIBAR.
   Oüi, Madame, & Zaide propice
A mon ardente amour veut rendre enfin juſtice,
Et vient de m'aſſurer chez elle en la laiſſant,
Qu'elle m'épouſera, ſi ſon frere y conſent.
Adieu, pour obtenir cette Beauté ſi chere,
Je vai ſolliciter mes parens & ſon frere.

SCENE IX.

FATIME, CHARIFE.

FATIME.
QU ai-je fait? quoi ma feinte a ſervi ſeulement,
A diſpoſer Zaide à m'ôter mon amant?
CHARIFE.
Madame,...

FATIME.
Laisse-moi, dans un sort si contraire,
Tout me nuit, tout me pert, & tout me desespere.
CHARIFE.
Quoi, vous n'écoutez point ?
FATIME.
Non, je n'écoute plus,
Que la fureur qui regne en mes esprits confus :
La douleur me saisit, le dépit me transporte.
CHARIFE.
Consolez-vous, Madame.
FATIME.
Ah, que ne suis-je morte,!
Ne me console point dans un si juste deuil ;
Et me viens mettre au lit ou plûtôt au cercueil.

Fin du quatriéme Acte.

ACTE V.

SCENE PREMIERE.

GOMELLE, LINDARACHE, ALMANSOR.

GOMELLE.

Vous voiez la Cabane où je fais ma demeure.
LINDARACHE.
Ami, laissez-nous seuls, je vous suis tout à l'heure.
ALMANSOR.
Ah, Madame ! ah ma Mere, en ces heureux momens,
Obtiendrai-je l'honneur de vos embrassemens ?
LINDARACHE.
Arrête Abencerage, apprens notre disgrace,
Et me fais voir mon fils avant que je l'embrasse,
Je comptois deux enfans, alors qu'un ravisseur
Enleva lâchement & ma fille & ta sœur.
ALMANSOR.
Dieux ! que me dites-vous ?
LINDARACHE.
    Que ta sœur est ravie.
ALMANSOR.
Nommez le ravisseur, il en perdra la vie.

LINDARACHE.

Approche, embrasse-moi, je commence à juger,
Qu'en toi le Ciel me laisse un fils pour me venger.

ALMANSOR.

Que je sçache son nom, je jure le Prophete,
Que son sang lavera l'injure qu'il a faite,
Que mon bras à l'instant ira vous l'immoler.

LINDARACHE.

Tu sçauras tout, écoute, & me laisse parler.
Tu sçais l'inimitié qui depuis plusieurs âges,
Regne entre les Zegris & les Abencerages;
Et tu dois être instruit que sur l'opinion
Qu'un hymen mettroit fin à leur aversion,
Pour assortir les nœuds de ce doux hymenée,
Ma fille fut pour femme à Zegry destinée,
Déja tout étoit prêt & le jour étoit pris,
Quand par aversion, ou plûtost par mépris
L'infidelle Zegry fuiant notre alliance
S'embarqua pour Alger avecque diligence;
Et pour surcroît d'ennui, dés que ce bruit courut,
Ma fille dans ces lieux pour jamais disparut.

ALMANSOR.

O Ciel! de ce malheur qui peut être la cause?

LINDARACHE.

Lis ce billet reçû, tu sçauras toute chose.

ALMANSOR *lit*.

   Vous sans qui je ne vivrois pas,
Apprenez un malheur pire que mon trépas,
Qui nous doit obliger à des plaintes communes :
   Le plus cruel des scelerats,
L'infidelle Zegry cause mes infortunes,
   Et m'arrache d'entre vos bras,
Zelinde.

 Qu'ai-je apris?

LINDARACHE.

     Des veritez cruelles.

ALMANSOR.

Zegry son ravisseur! ha funestes nouvelles!

TRAGI-COMEDIE.
LINDARACHE.

J'eus dans cette infortune assez de jugement
Pour cacher notre honte & son enlevement;
Par l'avis & le soin de l'illustre Gomelle,
De son trépas par tout je semai la nouvelle;
Et je t'envoïai l'ordre au même-tems aussi
De sortir de Tremisse, & de te rendre ici;
Enfin dedans Thunis attendant ta venuë
J'ai passé dans les pleurs une vie inconnuë;
Et sentant approcher le tems de ton retour,
Je me suis fait conduire en ce fatal séjour,
Je te trouve, & déja ma douleur est charmée,
De voir ma juste rage en ton ame imprimée;
Et ton bras disposé pour perdre un suborneur,
Et pour priver du jour qui nous prive d'honneur

ALMANSOR.
Ah de combien d'ennuis mon cœur se sent atteindre.

LINDARACHE
Il est tems de punir, & non pas de se plaindre,
Dans un sort si funeste exprime ta douleur
Par des effets sanglans de rage & de valeur,
Pour moi sont les regrets, & pour toi la vangeance,
Tu connois l'offenseur, va reparer l'offence.
Je ne t'aurois jamais réservé cet emploi,
Si mon sexe impuissant m'eût pû vanger sans toi;
Et j'aurois de Zegri déja vû le supplice,
Si j'avois de Gomelle accepté le service.
Ton bras seul doit laver la tache de ton front
Prens toute la vengeance ainsi que tout l'affront,
Va causer le trépas de qui cause ta honte,
Va perdre qui nous perd; punir qui nous affronte,
Ne me voi plus qu'après avoir vangé ta sœur,
Cherche, trouve & puni son lâche ravisseur:
Adieu fais ton devoir, & te fais reconnoître,
Digne fils des Heros dont le Ciel t'a fait naître.
Pour avancer la fin de nos communs malheurs,
Va répandre du sang; je vais verser des pleurs.

Tom. I.   G

SCENE II.

ALMANSOR seul.

Dures extremités ! cruelle violence !
Quoi l'ami, qui m'oblige, est l'ingrat qui m'offence,
Je dois donc mon salut à qui m'ôte l'honneur,
Et qui sauva le frere a donc perdu la sœur !
Helas de quel conseil est capable mon ame !
Dois-je me rendre ingrat ou demeurer infame,
D'une sainte amitié romprai-je le lien,
Verserai-je du sang qui conserva le mien ?
Du sang pour qui l'amour veut que je m'interesse,
Et pour tout dire enfin du sang de ma maîtresse ?
Elle sort, & sans doute en ces lieux elle vient,
L'honneur veut que je fuie & l'amour me retient.

SCENE III.

ALMANSOR, ZAIDE, MEDINI.

ZAIDE.

Il n'ose s'avancer, son crime l'intimide,
Passons sans dire mot auprés de ce perfide.

ALMANSOR.
Cher objet de mes feux, charme de mes esprits !

ZAIDE.
Vous me connoissez mal, vous vous êtes mépris.

ALMANSOR

Souffrez qu'à vos beaux yeux ma passion s'exprime,
L'amour....

ZAIDE.

Vous me prenez sans doute pour Fatime.

ALMANSOR.

Pour Fatime, ce mot m'instruit confusément
De l'injuste soupçon d'où naît ce changement,
Possible avez-vous crû que je cherche à lui plaire,
Voiant l'attachement que j'ai prés de son pére;
Mais je jure le ciel & l'amour mon vainqueur,
Que votre belle image occupe tout mon cœur,
Que de vous en chasser Fatime est incapable,
Que je voi sans amour tout ce qu'elle a d'aimable;
Et que sensible aux traits de vos seules beautez,
Je me borne pour elle à des civilitez.

ZAIDE.

Quoi, vous voiez Fatime avec indifférence?
Voions jusqu'à quel point ira son impudence.

ALMANSOR.

En pourriez-vous douter? vous par qui tous mes sens
Ont reçû des liens si doux & si pressans,
Pourriez-vous soupçonner avec quelque justice
Mon cœur de lâcheté, mes sermens d'artifice;
Et croire que mon ame ait assez de noirceur
Pour trahir ma maîtresse & mon liberateur?
Auriez-vous pû penser sans vous être déçûë,
Qu'on puisse aimer ailleurs aprés vous avoir vûë?
Non, pour d'un feu nouveau me trouver enflâmé,
Vous êtes trop charmante, & je suis trop charmé.

ZAIDE.

Trop charmé! lâche, ingrat, monstre de perfidie,
Tu veux donc m'abuser aprés m'avoir trahie;
Et d'un indigne amour lâchement emporté
Tu joins donc l'impudence à l'infidelité.

ALMANSOR.

A l'infidelité! que dites-vous Zaide?
Ce discours me confond.

ZAIDE.
Je le voi bien, perfide,
Tu serois moins confus étant moins scelerat,
Les reproches toûjours font rougir un ingrat.

ALMANSOR.
Un ingrat ?

ZAIDE.
Quoi méchant ! ce mot te semble rude ?
Tu crains le nom d'ingrat, & non l'ingratitude.

ALMANSOR.
J'ignore le sujet de ce couroux naissant ;
J'ai beau m'examiner je me trouve innocent.

ZAIDE.
C'est donc être innocent de tromper une fille,
Dont tu ne peux sans crime offencer la famille,
De trahir ton ami, de me manquer de foi,
D'aimer Fatime, enfin ?

ALMANSOR.
Moi, dites-vous ?

ZAIDE.
Oüi, toi !

ALMANSOR.
Ah, je ne l'aime point !

ZAIDE.
L'ose-tu dire encore ?
Non tu ne l'aimes point, perfide, tu l'adores.
Tes mensonges ici ne peuvent m'abuser,
Je sai que dés demain tu la dois épouser.

ALMANSOR.
Moi l'épouser, ô Ciel, n'en croiez rien, je jure....

ZAIDE.
Non, non, je ne crois point les sermens d'un parjure,
Déja de cet hymen chacun est averti.

ALMANSOR.
Qui vous l'a dit ?

ZAIDE.
Quelqu'un.

ALMANSOR.
Ce quelqu'un a menti,
Apprenez-moi son nom, & ma juste colere
Ira de ses avis lui porter le salaire.

ZAIDE.
Va donc punir Fatime, elle-même l'a dit.

ALMANSOR
A des discours si faux donnez moins de credit :
Fatime vous abuse, adorable merveille.

ZAIDE.
Ah Dieu ! vit-on jamais impudence pareille ?

ALMANSOR.
L'hymen, qu'elle suppose, est une fausseté,
J'en atteste du Ciel le Maître redouté,
Qu'il m'abîme à l'instant au centre de la terre,
Qu'il lance sur ma tête un éclat de tonnerre ;
Et qu'il rende mon nom à jamais odieux,
Si le feu, que je sens, ne vient de vos beaux yeux ;
Et si jamais mon cœur a conçû pour Fatime
Quelque chose de plus qu'une assez foible estime.

ZAIDE.
Il faut pousser à bout cet esprit effronté :
Hé bien de tes sermens prouve la verité.

ALMANSOR.
Cent preuves vous rendent bien tôt desabusée.

ZAIDE.
Je n'en veux qu'une seule, & de plus fort aisée.
Pour finir les soupçons que j'ai conçûs de toi,
Donne-moi toute à l'heure, & ta main, & ta foi.

ALMANSOR.
Je la donne avec joie, ô Ciel que vai-je faire ?
Quoi, lui tendre une main qui doit perdre son frere,
Qui doit causer ses pleurs, & qui pour me vanger
Dans son sang le plus noble est prête à se plonger ?

ZAIDE
Quoi tu réponds si mal à des bontés si rares ?
Tu murmures tout bas, tu pâlis, tu t'égares ?

ALMANSOR.

J'attendois peu l'honneur dont je me voi complé,
Et l'excés de ma joie en effet m'a troublé.
J'ai craint de vous trahir par mon obéïssance,
De faire contre vous parler la médisance ;
Et de traiter Zegri trop incivilement,
De vous donner la main sans son consentement ;
Mais cette foible crainte enfin cede à ma flame,
Le devoir maintenant perd ses droits sur mon ame,
Et ne me peut ôter le glorieux dessein
De vous donner ensemble, & mon cœur, & ma main.

ZAIDE.

Tu t'avises trop tard, j'en ai perdu l'envie ;
Et ne la prétends pas reprendre de ma vie,
J'ai fait pour t'éprouver cet excés de bonté ;
Et tes feux pour Fatime ont d'abord éclaté.

ALMANSOR.

Ah, je n'en eus jamais.

ZAIDE.

     Ta fourbe est avereé,
De cet hymen fatal je suis fort assurée,
Lors que je t'ai pressé de me donner ta foi,
Tes remords pour Fatime ont parlé contre toi,
Et ta confusion m'a trop persuadée
Qu'elle a reçû la foi que je t'ai demandée.

ALMANSOR.

Je vous l'offre.

ZAIDE.

    Non, non, tu n'en peux disposer,
Tu l'as déja donné, & tu veux m'abuser.

ALMANSOR.

C'est vous tromper vous-même avecque trop d'a-
 dresse.

ZAIDE.

De repliquer encor as-tu la hardiesse ?
Fatime à tes, puisque j'ai tes refus :
Tu l'épouses demain, oüi, je n'en doute plus.

TRAGI-COMEDIE.

ALMANSOR,

Ecoutez....

ZAIDE.

Non méchant j'aurois trop de foiblesse,
Pour ne te voir jamais apprens que je te laisse,
L'entretien d'un ingrat cache un secret poison;
Et chaque mot d'un traître est une trahison.

SCENE IV.

ALMANSOR.

CE succés est bizarre & mon ame étonnée
A cent nouveaux ennuis se trouve abandonnée;
Quoi, faut-il que je souffre & d'un esprit soûmis
La peine d'un forfait que je n'ai point commis ?
Quand de perdre un ami la vengeance me presse,
Faut-il qu'au même-tems je perde une maîtresse ?
Faut-il perdre Zaide ? oüi mon cœur il le faut :
Ce n'est que d'un moment que je la perds trop tôt,
Puisque dans un moment en la privant d'un frere
Mon bras doit attirer sa haine & sa colere,
Oüi, mon cœur desormais ne sois plus attendri,
Il est tems que je songe au trépas de Zegri ;
Et qu'il donne son sang pour l'honneur qu'il me vole,
Cet ennemi que j'aime & qu'il faut que j'immole,
Il vient : à son abord de tendres mouvemens
Mêlent quelque foiblesse à mes ressentimens,
Mon amitié s'oppose au couroux qui m'emporte,
Ma tendresse est moins foible, & ma fureur moins forte,
Il m'a sauvé la vie, il a ravi ma sœur,
Irai-je l'embrasser ou lui percer le cœur ?

SCENE V.

ZEGRY, ORMIN, ALMANSOR.

ZEGRY.

Je le rencontre enfin cet ingrat, qui m'outrage,
Ormin, laissez-nous seuls.
ORMIN.
Passons dans ce boccage:
J'ai lieu d'apprehender qu'ils n'en viennent aux mains:
D'ici sans nous montrer observons leurs desseins.
ALMANSOR.
Vous paroissiez troublé?
ZEGRI.
J'ai bien sujet de l'être.
ALMANSOR.
Qui vous émeut si fort?
ZEGRY.
Un infidelle, un traitre,
Dont le crime me cause un regret infini,
Et qui d'un seul trépas sera trop peu puni.
ALMANSOR.
Vous pourrois-je servir pour punir cet offence?
ZEGRY.
Oüi, sans toi je ne puis achever ma vengeance.
ALMANSOR.
Zegri de tout mon sang vous pouvez disposer.
ZEGRI.
C'est un offre qu'ici je ne puis refuser.
ALMANSOR.
Quel est donc cet ingrat?

ZEGRI.
Ton audace est extrême
Ne sais-tu pas assez, traître, que c'est toi-même ?
ALMANSOR.
Moi ?
ZEGRI.
Tu fais l'étonné, défends-toi seulement.
ALMANSOR *en l'embrassant.*
Que ne te dois-je point pour cet emportement ?
C'est de ton amitié le dernier avantage,
Ta colere m'oblige encor qu'elle m'outrage,
Dans mon cœur justement à ta perte animé
Le dessein de ta mort s'étoit déja formé,
Mon bras s'y préparoit quand malgré la furie
Mon ame à ton abord soudain fut attendrie;
Et se verroit encor réduite à balancer
Les traits, que ma fureur contre toi doit lancer.
Si ton emportement n'eût malgré ma foiblesse
Rappellé ma colere & chassé ma tendresse.
ZEGRI.
Je ne t'écoute plus garde-toi de mes coups.
ALMANSOR.
Un combat si cruel ne peut m'être que doux,
Plus justement que toi l'honneur m'y solicite;
Mais que je sache au moins le sujet qui t'irrite,
Je te veux faire voir que tu te plains à tort;
Et me justifier en te donnant la mort.
ZEGRI.
Quoi tu fais l'ignorant & te sers de menace ?
Ton lâche crime encor s'accroit par ton audace ?
ALMANSOR.
Enfin quel est ce crime, & si lâche, & si noir.
ZEGRI.
Consulte tes remords, tu le pourras savoir,
Perfide, ils t'apprendront que d'une ame traîtresse
Pour le prix de mes soins tu m'ôtes ma Maîtresse,
Et par des lâchetez, qu'on ne peut excuser,
Que demain au plus tard tu la dois épouser.

G 5

ALMANSOR.

Si je suis criminel ce n'est pas là mon crime,
Je n'ai jamais conçû de desirs pour Fatime ;
Et tu peux seulement reprocher à mon cœur,
D'avoir sans ton aveu soûpiré pour ta sœur.

ZEGRI.

Quoi tu l'aimes ?

ALMANSOR.

Non, non, l'erreur seroit extréme
Je dis que je l'adore, & non pas que je l'aime :
Ce que pour ses beautés je ressens en ce jour
Surpasse de beaucoup ce qu'on appelle amour.

ZEGRI.

Ami par cet aveu tu m'as rendu la vie,
D'un excés de plaisirs ma tristesse est suivie,
Zaide est trop heureuse & ses vœux les plus doux
Ne pouvoient esperer un plus illustre époux,
L'amant à qui j'avois ma parole donnée,
A vû par le trépas finir sa destinée ;
Et mon repos sera pleinement affermi,
De rencontrer un frere en mon plus cher ami.

ALMANSOR.

L'offre que tu me fais me doit être bien chere ;
Mais connois-tu celui que tu choisis pour frere ?
Sais-tu bien qui je suis !

ZEGRI.

Qu'ai-je à sçavoir encor,
Ton pays est Tremisse, & ton nom Almansor,
Ta famille est illustre, & si je te dois croire,
Le nom de mon ami fait ta plus grande gloire.

ALMANSOR.

Tu ne me connois point encore qu'à demi ;
Je fus né dans ses lieux, & né ton ennemi.
Plus d'un juste motif à ta perte m'engage ;
Et pour te dire tout, je suis Abencerage.

ZEGRI.

Abencerage ?

TRAGI-COMEDIE.

ORMIN *à part.*
O Ciel !

ALMANSOR.
Ce mot te fait sçavoir
Quels sont nos differends, & quel est mon devoir.

ZEGRI.
Je connois comme toi la haine mutuelle
Qui dans nos deux maisons semble presque immortelle.
Mais ton sang, qu'aujourd'hui tu dois à mon secours,
Doit pour moi dans ton ame en arrêter le cours ;
Et quoique sur ce point mon amitié s'étonne,
Je veux haïr ton nom & cherir ta personne.
Oüi, garde pour ma sœur tes desseins amoureux,
Un Hymen peut nous joindre avec de nouveaux nœuds ;
Et par des feux secrets étouffer ce qui reste,
De cette inimitié si vieille & si funeste.

ALMANSOR.
Cet Hymen seroit doux, mais je n'y puis songer,
Qu'aprés que par ta mort j'aurai sçû me vanger.

ZEGRI.
Comment ?

ALMANSOR.
Ce que tu crois n'est pas ce qui m'étonne
Je ne hai point ton nom, mais je hai ta personne ;
Et ce n'est qu'en ton sang par un tragique effet,
Que je puis réparer le tort que tu m'as fait.

ZEGRI.
Moi ?

ALMANSOR.
Tu fais l'étonné de fort mauvaise grace,
Ton lâche crime encor s'accroît par ton audace.

ZEGRI.
Enfin quel est ce crime & si lâche & si noir ?

ALMANSOR.
Consulte ce billet tu le pourras savoir.

G 6

ZEGRI *lit.*

Vous sans qui je ne vivrois pas,
Apprenez un malheur pire que mon trépas,
Qui nous doit obliger à plaintes communes,
  Le plus cruel des scelerats,
L'infidelle Zegri cause mes infortunes ;
  Et m'arrache d'entre vos bras.

Zelinde.

ORMIN.

Ils vont tous deux sans doute se méprendre.

ZEGRI.

Cet enigme est obscur, je n'y puis rien comprendre.

ALMANSOR.

Je n'y comprends que trop que Zelinde ma sœur
Nous fait connoître en toi son lâche ravisseur.

ZEGRI.

Peux-tu me soupçonner d'une action si noire ?

ALMANSOR.

Peux-tu la dénier, traître, & te puis-je croire ?

ZEGRI.

Ecoute quatre mots.

ALMANSOR.

    Ils seroient superflus ;
Garde-toi de mes coups, je ne t'écoutes plus.

ZEGRI.

Quoi ! qui me doit la vie ose attaquer la mienne ?

ALMANSOR.

Cette obligation n'a rien qui me retienne,
Tu causas mon salut & le rapt de ma sœur.
Et d'autant que le jour est moins cher que l'honneur.
L'affront sur le bien fait l'emporte dans mon ame,
Et je crains d'être ingrat bien moins que d'être infame.
Mais passons aux effets, & quittons le discours.

ZEGRI.

Demeure ingrat, demeure.

ORMIN.

    O secours ! ô secours !

SCENE DERNIERE.

ADIBAR, ZAIDE, MEDINE, ALABEZ, LINDARACHE, GOMELLE, FATIME, CHARIFE, ALMANSOR, ZEGRY, ORMIN, GASUL.

ZAIDE.

Quel bruit ai-je entendu?
LINDARACHE.
Quelle rumeur s'éleve?
ADIBAR.
Arrêtez, arrêtez?
LINDARACHE.
Non, non, mon fils, achevez.
GOMELLE.
Leur querelle Adibar ne se peut accorder,
Sans faire aucun effort laissons-la décider.
ADIBAR.
Non, un tiers tel que moi ne les peut laisser battre.
GOMELLE.
Et bien deffendez-vous, nous nous battrons tous quatre.
ORMIN à *Almansor*.
Ha mon frere, sur moi levez plûtôt les bras,
Je suis seule coupable, & Zegry ne l'est pas.
LINDARACHE.
Que vois-je?

ORMIN.
Vous voiez Zelinde votre fille,
Qui pour suivre Zegry quitta votre famille ;
Et qui changeant de sort & d'habit seulement,
N'a pû forcer son ame au moindre changement,
Mon cœur qui prés de lui s'est plû dans l'esclavage,
Un peu trop constamment a suivi ce volage ;
Mais l'aiant reconnu d'un autre Objet épris,
J'ai craint me découvrant d'attirer son mépris,
Et souffrirois encor la même violence,
Si son propre interêt ne rompoit mon silence.
LINDARACHE.
Ah, ma fille !
ALMANSOR.
Ah, ma sœur !
ZEGRY.
Zelinde vengez-vous,
Je vous plains, je m'accuse, & je m'offre à vos coups
ORMIN
De mes ressentimens vous n'avez rien à craindre ;
Et si vous me plaignez je ne suis pas à plaindre.
ZEGRY.
Aprés tant de bontez qui doivent m'étonner,
Je rougis de n'avoir qu'une ame à vous donner ;
Et si de vos parens l'aveu nous est propice,
Rien ne peut empêcher que l'hymen nous unisse.
LINDARACHE.
Cet hymen comblera les plus doux de mes vœux !
ALMANSOR.
Ami dans ton bonheur, tu peux me rendre heureux !
Ta sœur dépend de toi, tu sçais que je l'adore.
ZEGRY.
Je te l'offrois n'a guére, & je te l'offre encore.
ZAIDE
Mes soupçons sont éteints, & vous devez sçavoir
Que je sui mes desirs en suivant mon devoir,
Adibar s'en plaindra.

ADIBAR.
Vous vous trompez, Madame ?
Quand je perds tout espoir, je perds toute ma flame,
Et pour vous témoigner que j'en suis consolé,
Je vai brûler des feux, dont jadis j'ai brûlé,
Oferai-je, Gomelle, esperer votre fille.
GOMELLE.
Votre choix, Adibar, honore ma famille,
Fatime de ma main recevez votre époux.
FATIME.
J'obéïrai sans peine à des ordres si doux.
ZEGRY.
Allons dans la Mosquée ensemble rendre graces
A la bonté du Ciel, qui finit nos disgraces,
Et qui nous a fait voir par ce succez heureux,
Qu'on peut être à la fois Ingrat & Genereux.

Fin du cinquième & dernier Acte.

L'AMANT INDISCRET
ou le
MAISTRE ESTOURDI.
Comedie.

L'AMANT INDISCRET,

OU

LE MAISTRE ETOURDI.

COMEDIE.

DE Mr. QUINAULT,

Representée en 1654.

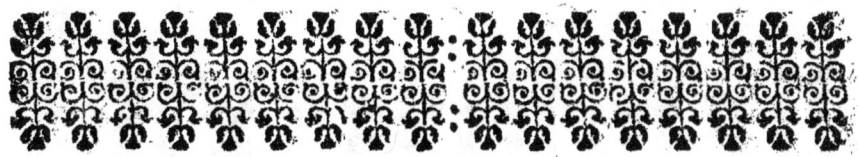

ACTEURS.

CLEANDRE, *Amant de Lucresse.*

PHILIPIN, *Valet de Chambre.*

CARPALIN, *Hôte de la Tête-noire.*

COURCAILLET, *Hôte de l'Epée Roiale.*

LISIPE, *autre Amant de Lucresse.*

LUCRESSE, *Maîtresse de Cleandre & de Lisipe.*

ROSETTE, *Servante de Lucresse.*

LIDAME, *Mere de Lucresse.*

La Scene est à Paris.

L'AMANT INDISCRET,
OU
LE MAISTRE ETOURDI.
COMEDIE.

ACTE I.
SCENE PREMIERE.
CLEANDRE, PHILIPIN.

CLEANDRE.

Dis-moi, mon esperance est-elle bien fondée ?
As-tu vû leur Bâteau ?

PHILIPIN.
La Coche est abordée :
On avoit mis la planche, au bord on l'arrêtoit,
Et quand je suis venu, tout le monde en sortoit.

CLEANDRE.
Mais as-tu remarqué cette Beauté si chere ?

PHILIPIN.
J'ai vû distinctement Lucresse avec sa Mere.
CLEANDRE.
Ne me flates-tu point ? de grace, dis-le moi ?
As-tu vû cet Objet ?
PHILIPIN
      Tout comme je vous vois,
CLEANDRE.
Possible as-tu crû voir ?
PHILIPIN.
      Ha, je ne suis pas dupe,
J'ai fort bien remarqué la couleur de sa jupe,
J'ai fort bien discerné sa façon de marcher,
Et j'ai connu sa Mere à l'entendre cracher.
De plus j'ai dés l'abord observé dans la presse,
Qu'un certain Fanfaron conduit votre Maîtresse.
CLEANDRE.
C'est peut-être un parent.
PHILIPIN.
      Ou quelque amant transi;
Mais bien-tôt sur ce point vous serez éclairci.
CLEANDRE.
Je vai donc les attendre en cette Hôtellerie,
Ainsi que tu m'as dit.
PHILIPIN.
      Dépêchez, je vous prie,
Sur ce qu'on vous écrit vous pouvez bien juger
Qu'en cette Hôtellerie elles viendront loger :
Je vais entretenir Rozette leur servante
Qui, comme vous sçavez, n'est pas desobligeante ;
Tandis préparez l'hôte, & donnez ordre à tout.
Nous les amenerons, nous en viendrons à bout.
Sur tout, gardez, Monsieur, de faire aucune faute.
CLEANDRE.
Je n'y manquerai pas ; va, va; mais voici l'Hôte.

SCENE II.

CARPALIN, COURCAILLET, CLEANDRE.

CARPALIN.

Pour boire du meilleur, Monsieur, entrez ceans,
Nous ne debitons point de gros vin d'Orleans.
Nous avons du Chably, de l'Arbois & du Beaune,
Et du bon Coindrieux qui croît au bord du Rhône.

COURCAILLET.

Monsieur, l'on boit ici, mais du plus délicat,
Du vin de Malaguet, Contrepordrix, Muscat,
Du vin de Lasciorat & de la Malvoisie
Plus douce que nectar, plus douce qu'ambroisie.

CARPALIN

Il a de ces boissons comme j'en ai dans l'œil :
C'est du vin de Nanterre, ou du vin d'Argenteüil.
Qu'on seroit bien traité chez ce vilain chat maigre !
Pour les évanoüis il a de bon vinaigre.

COURCAILLET.

De meilleur que le tien.

CARPALIN.

Tu n'es qu'un gargotier ;
Qu'un frelateur de vin, qui gâte le métier.

COURCAILLET.

O le gros fricasseur !

CARPALIN.

O l'impertinent drille,
C'est un palefrenier, qui fait danser l'étrille.

COURCAILLET.

Monsieur, venez chez moi, c'est un écorche-veau.

CARPALIN.
Si tu ne fors d'ici, je frotte ton museau.
CLEANDRE.
Messieurs, accordez-vous.
CARPALIN.
Rentre, ou je te bouchonne.
COURCAILLET.
Toi, si tu l'avois fait, il t'en coûteroit bonne.
CLEANDRE.
En me tirant ainsi vous ne m'obligez point ;
Vous avez en trois lieux déchiré mon pourpoint.
CARPALIN.
Si je prens un bâton !
COURCAILLET.
C'est ce que je demande.
CLEANDRE.
Ne faites point ici de querelle plus grande,
Ce tumulte & ce bruit détourne les passans.
Allez, j'entre en ce lieu.

SCENE III.
CARPALIN, CLEANDRE.

CARPALIN.

C'Est parler de bon sens,
Monsieur, assurément c'est à la Teste-noire
Que les honnêtes gens s'arrêteront pour boire.
CLEANDRE.
Ce n'est pas pour le vin que je m'arrête ici.
Avez-vous à manger ?

COMEDIE. 167
CARPALIN.
Nous en avons aussi,
Nous fournirons des mets & des plus delectables,
Qui se peuvent servir sur les meilleures tables,
Des potages bien faits & bien assaisonnez.
CLEANDRE.
Il en faudra quelqu'un.
CARPALIN.
Et des mieux mitonnez
De pigeonneaux farcis, de volailles bien faites,
Avec des champignons, beatils, andoüillettes,
Cardes, marons, pignons, & fins palais de bœuf,
Couronnez de citron, grenade & jaune-d'œuf.
CLEANDRE.
C'est assez.
CARPALIN.
S'il vous plaît, nous aurons bien l'adresse
D'en faire au riz de veau, d'en faire à la Princesse,
Bisque & potage ensemble avec des pigeonneaux,
Avec poulets de grain, cailles & cailletteaux.
CLEANDRE.
Il n'en faut qu'un fort bon.
CARPALIN.
Si vous en voulez quatre,
Ce n'est rien que du prix dont il se faut debattre.
Vous serez bien servi, jamais l'Ecu d'argent
N'a vû de potager qui soit plus diligent,
Qui sçache assaisonner d'une meilleure sorte.
J'ai des bras, Dieu merci ! qui n'ont pas la main
morte.
CLEANDRE.
Vous aurez quelque entrée?
CARPALIN.
On l'entend bien ainsi,
Hâchis, langues de bœuf, & boudins blancs aussi;
Des poulets fricassez, avec la saulce blanche,
Quelques pieds de mouton, du jambon mis en tran-
che,

Une capilotade avec croute de pain.
CLEANDRE.
C'est trop.
CARPALIN.
Ce n'est pas trop pour éveiller la faim,
Pour rôti nous aurons chapons gras & poulardes,
Gelinotes, faisans, tourtres, perdrix, outardes,
Grives, canards, vanneaux, cercelles & ramiers,
Becassines, courlis, halebrans & pleuviers.
CLEANDRE.
Finissez ce recit, mon Maître, je vous prie?
CARPALIN.
L'on ne manque de rien dans cette hôtellerie,
S'il faut des entremets, un hâchis de chapon
En raisin de Corinthe avec jus de mouton,
Un bassin d'ortholans, quelqu'autre de gelée,
La pistache en ragoût, l'amande rissolée?
CLEANDRE.
Il n'en faudra pas tant,
CARPALIN.
Si vous voulez du fruit,
J'ai tout ce que de bon la Tourraine produit.
CLEANDRE.
C'est assez, c'est assez, ce long babil me tuë :
Je ne demande point de chere superfluë.
CARPALIN.
Si vous vouliez traiter en un jour de poisson,
Nous en accommodons de plus d'une façon.
Nous pourrions vous donner pour le premier service,
Potage de santé, potage d'écrevisse,
Potage de poids-vers, d'éperlans, de navets,
D'oignons, de tailladins, de ris, & de panets;
Saumon, brochet, turbot, alose, truite, & sole,
Soit frits, au courboüillon, en ragoût, en castrolle,
Saumonnez, ou rôtis.
CLEANDRE.
C'est pour un autre jour.
CARPA-

COMEDIE.

CARPALIN.
Nous y pourrions mêler quelques pièces de four.
Oeufs filez, œufs mignons, champignons, à la crême,
Laictance en ragoûts.

CLEANDRE.
Sa longueur est extrême.

CARPALIN.
Ramequins & buguets, artichauts fricassez,
Gelée & blanc-manger

CLEANDRE.
C'est assez, c'est assez,
Parlons pour le present.

CARPALIN.
Monsieur c'est pour vous dire
Qu'entre les Cabarets le mien n'est pas le pire.

CLEANDRE.
Une troupe modeste en ce lieu doit venir,
Et de fort peu de mets sa table on peut fournir.
Sur tout vous paiant bien pourrez-vous bien vous taire,
De....

CARPALIN.
De quoi ? dites-donc.

CLEANDRE.
D'un amoureux mistere.

CARPALIN.
D'un mystere amoureux, me faire cet affront ?
Ha, Monsieur, la rougeur déja m'en vient au front
J'ai tres-sué dahan oiant cette parole.

CLEANDRE.
Sechez cette sueur avec cette pistole ;
Et croiez que chez vous si j'ai quelque bonheur,
J'y saurai conserver tout bien & tout honneur.

CARPALIN.
C'est ce que je demande, & j'abhorre le blame ;
Vous pourriez bien ici conduire quelque Dame.

CLEANDRE.
Oüi.

Tome I. H

CARPALIN
C'est tout un j'apprends avecque les savans,
Que l'on peut aujourd'hui vivre avec les vivans,
Des affaires d'autrui je ne m'enquête guere.
CLEANDRE
Ecoutez, nous aurons une fille & sa mere,
Quelques valets encor
CARPALIN
Ha je vous entends bien :
Ce sont en bon François gens, qui ne valent rien.
CLEANDRE
Nullement, nullement ; vôtre discours m'irrite.
Je vous parle de gens d'honneur & de mérite.
CARPALIN
Qui méritent l'honneur d'avoir la Fleur-de-lis.
CLEANDRE
Insolent parlez mieux.
CARPALIN
Si ce n'est rien de pis.
CLEANDRE
Ne vous imprimez point une peur ridicule.
CARPALIN
Ma Maison jusqu'ici se trouve sans macules
Lors que j'y suis entré, je l'ai fait reblanchir ;
Je veux m'y conserver plûtôt que m'enrichir :
Mais quand on est instruit, on peche sans scandale.
CLEANDRE
Tout beau dans mes desseins il n'est rien qui soit sale;
C'est un honnête amour qui regle mon desir.
CARPALIN
Vivant en tout honneur vous me ferez plaisir.
CLEANDRE
La marmite est au feu.
CARPALIN
Non, mais il y faut mettre.
CLEANDRE
Mais le tems est pressé, qui ne le peut permettre,

Avez-vous un chapon bien gras & bien refait?
CARPALIN.
Il m'en viendra du Mans qui seront à souhait.
S'ils ne sont d'une chair & délicate & tendre,
Fussent-ils en morceaux, je les veux bien reprendre.
CLEANDRE.
Mais vous n'en avez point?
CARPALIN.
Non pas pour le present.
CLEANDRE.
O qu'ici je rencontre un hôte mal plaisant?
Avez-vous des poulets pour mettre en fricassée?
CARPALIN.
La porte de Paris n'est pas bien loin placée.
On ira promptement.
CLEANDRE.
N'avez-vous rien ici?
Quoi ni bœuf, ni mouton?
CARPALIN.
Il m'en vient de Poissy.
CLEANDRE.
N'avez-vous rien de cuit? n'avez-vous rien pour cuire?
CARPALIN.
J'aurois un pigeonneau qui pourroit bien vous duire.
CLEANDRE.
C'est trop peu qu'un pigeon.
CARPALIN.
Aussi-bien cet oiseau
Se noia hier au soir beuvant dans notre seau.
Helas la pauvre bête elle est morte enragée!
Et nonobstant cela, ma femme l'a mangée.
CLEANDRE.
Avez-vous des pâtez? ou me suis-je embourbé?
CARPALIN.
Monsieur, pour des pâtez notre four est tombé:
Mais j'attens le Maçon qui s'en va le refaire.

CLEANDRE.
Est-ce ainsi que chez vous on fait si bonne chere?
CARPALIN.
Pour cette heure, Monsieur, vous m'avez pris sans
vert :
S'il vous plaît toutesfois une saulce Robert.
Nous avons de porc-frais, de fines côtelettes,
Graces, de bonne chair, tendres & bien douïllettes.
CLEANDRE.
Cela ne suffit pas; où m'a-t-on adressé?
CARPALIN.
Donnez-moi de l'argent, si le cas est pressé,
J'irai prendre un chapon à la rotisserie.
CLEANDRE.
Il est fort à propos, faites-donc, je vous prie,
Et que l'on ait encor la couple de poulets;
Tenez, envoiez donc, avez vous des valets?
CARPALIN.
Trouve-t-on des valets sans vice & sans reproche?
Non, mais j'ai mon barbet qui tourne bien la broche,
Il sera dans sa roüe avant qu'il soit long-tems
Je reviendrai bien-tôt.
CLEANDRE.
Allez, je vous attends
Courez je vous supplie, & ne demeurez guere,
Ma Maîtresse en ce lieu fera mauvaise chere;
Mais je la ferai bonne en voiant ses beaux yeux,
Dont l'azur est plus chair que n'est celui des Cieux,
Quel homme vient ici? sa presence importune
S'en va servir d'obstacle à ma bonne fortune.

SCENE IV.
CLEANDRE, LISIPE.

CLEANDRE.

Est-ce vous cher Lisipe ? est-ce vous que je voi ?
Ne m'abusé-je point ?

LISIPE.

Non, Cleandre, c'est moi.

CLEANDRE.

Quelle heureuse rencontre ! & quoi dans cette ville ?

LISIPE.

J'ai fait assez longtems un métier invisible,
Où je n'ai rien gagné si ce n'est quelques coups :
Il est tems que chez moi je cherche un sort plus doux.
Je me sens tout usé d'avoir porté les armes,
Et pour moi desormais le repos a des charmes,
Je suis prest d'épouser une rare beauté,
Où je borne mes vœux & ma felicité :
Et j'ai fait de Paris le voiage avec elle,
Pour vuider un procez qui dans ce lieu l'appelle.

CLEANDRE.

Depuis trois ans passez vous êtes hors d'ici
Sans nous avoir écrit ?

LISIPE.

Cleandre il est ainsi :
Mais les mains qu'on emploie à servir aux armées,
D'écrire bien souvent sont desacoûtumées :
Puis on a de la peine à les faire tenir.

CLEANDRE.

Et puis de ses amis on perd le souvenir.

LISIPE.
Point du tout, j'eus toûjours Cleandre en ma mémoire.
CLEANDRE.
C'est m'obliger beaucoup que de me le faire croire.
LISIPE.
H? bien l'on m'a compté que vous joüez toûjours,
Comment va la fortune ?
CLEANDRE.
Elle est dans le décours
Ma Maison de Paris, depuis un mois venduë
En beaux deniers comptans, dans mes mains s'est fonduë.
LISIPE.
Lors que le malheur dure, il est bien affligeant.
CLEANDRE.
Quand je jette les dez, je jette mon argent ;
Et si je m'émancipe à dire tope ou masse,
Le malheur, qui me suit, ne me fait point de grace,
Si je joüe au piquet avec quelque Ostrogot
Il me fera vingt fois pic, repic & capot.
En dernier il aura deux quintes assorties,
Et vingt fois pour un point je perdrai des parties.
LISIPE
Le jeu n'est pas plaisant lors que l'on perd ainsi.
CLEANDRE.
J'ai perdû le desir de plus joüer aussi,
Et j'en ai fait serment au moins pour six semaines.
LISIPE.
Les sermens d'un joüeur sont des promesses vaines,
Je suis fort assuré que vous n'en ferez rien.
CLEANDRE.
Je prétends ménager le reste de mon bien,
Et n'irai plus tenter un hazard si nuisible.
LISIPE.
Ha cette retenuë est du tout impossible !
Vôtre ame pour le jeu sent trop d'émotion.
CLEANDRE.
Elle est pleine aujourd'hui d'une autre passion.

COMEDIE.

LISIPE.
D'ambition, d'amour ?

CLEANDRE.
C'eſt d'amour, cher Liſipe.

LISIPE.
Dans ce jeu bien ſouvent comme aux autres on pipe,
Et par fois tel amant s'embarque avec chaleur,
Qui perd ſouvent ſon fait & joüe avec malheur,
Eſt-ce pour une veuve, ou bien pour une fille ?

CLEANDRE.
C'eſt pour l'unique enfant d'une bonne famille,
Pour une fille riche & belle au dernier point.

LISIPE.
Et qui ſouffre vos ſoins ?

CLEANDRE.
Et qui ne me hait point.

SCENE V.
LISIPE, PHILIPIN, CLEANDRE.

LISIPE.
Eſt-elle de Paris ?

PHILIPIN à part.
Ha !

CLEANDRE.
Non, elle eſt d'Auxerre.

PHILIPIN à part.
C'eſt ſon rival.

LISIPE.
C'eſt-là que j'ai certaine terre :
M'apprendrez-vous comment ſe forma cet amour ?

CLEANDRE
J'étois dedans Auxerre, & dans un Temple un jour.

PHILIPIN à Cleandre.
Monſieur que penſez-vous d'en uſer de la ſorte ?

CLEANDRE.
C'est un de mes amis.
PHILIPIN.
Il n'importe.
CLEANDRE.
Il n'importe ?
Quand je vis cet objet si charmant & si beau,
Que je dois l'adorer jusques dans le tombeau.
LISIPE.
Son nom ?
PHILIPIN.
Gardez-vous bien.
CLEANDRE.
On la nomme Lucresse.
PHILIPIN.
Hé, Monsieur !
LISIPE.
C'est aussi le nom de ma Maîtresse.
CLEANDRE.
Un de ses gens tomba, j'allai lui presenter,
Et lui fis compliment.
PHILIPIN.
Il va tout lui conter.
CLEANDRE.
A ce premier abord nos deux cœurs tressaillirent,
Nos ames doucement dans nos yeux se perdirent,
Et mutuellement apprirent en ce jour
Quelle est l'émotion d'une premiere amour.
Je la suivis vingt pas, mais redoutant sa mere....
PHILIPIN.
Arrêtez.
CLEANDRE.
Oste-toi qui parois fort severe :
Elle me conjura de n'aller pas plus loin :
Mais j'appris sa demeure avec beaucoup de soin,
Et depuis dans Auxerre en differens voiages
J'obtins de ses bontez d'assez grands témoignages.

COMEIE.
PHILIPIN.
Que dira-il encor?
CLEANDRE.
　　　　Mon valet par hazard
Connoissoit sa servante.
PHILIPIN.
　　　　Ha! le Diable y ait part.
CLEANDRE.
Et cette fille adroite & bien sollicitée
Avec beaucoup d'ardeur à m'aimer l'a portée,
Jusqu'à me protester & me donner sa foi
De n'accepter jamais d'autre mari que moi.
PHILIPIN.
Bon c'est bien débuté! belle découverte!
LISIPE.
Ami, voila sans doute une belle avanture;
Mais quelle occasion vous fait venir ici?
CLEANDRE.
Ma Maîtresse bien-tôt s'y doit trouver aussi:
Car sa mere d'Auxerre avec elle l'ameine.
PHILIPIN.
Que dites-vous?
CLEANDRE.
　　　　Tais toi.
PHILIPIN.
　　　　　Votre fievre quartaine?
CLEANDRE.
Dans cette Hôtellerie elles viendront loger.
L'Hôte est un homme adroit, que j'ai sçu ménager,
Chez lui...
PHILIPIN.
Vous parlez mal.
CLEANDRE.
　　　　Maraut te veux-tu taire?
Je verrai librement cette beauté si chere.
PHILIPIN.
J'enrage.

H 5

LISIPE.
Avec sa mere il vous faudra traiter?
CLEANDRE.
En parlant à Lidame on pourroit tout gâter.
PHILIPIN.
Ha voila tout perdu!
LISIPE.
Sa mere est donc Lidame?
CLEANDRE.
Vous la connoissez donc?
LISIPE.
Oüi, oüi, pour une femme
Qui prend de bons conseils, qui sait en bien user,
Et que mal-aisément vous pourrez abuser.
Je sai qu'homme vivant n'épousera sa fille
Qu'il ne soit de fort noble & fort riche famille,
Et malgré tous vos soins, je vous donne ma foi
Qu'elle n'aura jamais autre gendre que moi,
PHILIPIN.
Monsieur en tenez-vous?
LISIPE.
Sur tout je vous proteste
Qu'elle hait un joüeur comme elle fait la peste,
Avant qu'il soit long-tems, vous le pourrez savoir.
CLEANDRE.
Lisipe encore un mot!
LISIPE.
Adieu jusqu'au revoir.

SCENE VI.
CLEANDRE, PHILIPIN.

PHILIPIN.
Ma foi le trait est drole : ô Dieu quelle imprudence
Faire à votre rivale entiere confidence!

COMEDIE.
CLEANDRE.
Que dis-tu, Philipin ? Lisipe est mon rival ?
PHILIPIN.
Rosette me l'a dit.
CLEANDRE.
         O malheur sans égal !
PHILIPIN.
Moi, j'appelle cela sottise sans exemple.
Il a laissé Lucresse & sa mere en un Temple :
Cependant qu'en ces lieux il a voulu venir
Pour voir l'Hôtellerie & pour la retenir,
Et sans votre rencontre & votre peu d'adresse,
Vous eussiez pû loger avec votre Maîtresse.
Vous étiez bien pressé de conter vos amours :
Lors que je vous tirois, vous poursuiviez toûjours :
En découvrant ainsi tout ce qui vous regarde
Vous avez contenté votre humeur babillarde.
Vous pourrez desormais vous adresser ailleurs :
Mes desseins sont rompus, faites-en de meilleurs;
Votre indiscretion n'eut jamais de semblable.
CLEANDRE.
N'insulte point au sort d'un amant miserable.
Le desespoir, qui suit mon indiscretion,
Ne suffira que trop pour ma punition.
Croi que bien-tôt ma mort finira ma misere.
PHILIPIN.
Ha gardez-vous-en bien ! vous ne sauriez pis faire :
Entrons pour vous servir je veux faire un effort,
On remedie à tout ; mais non pas à la mort.

Fin du premier Acte.

ACTE II.

SCENE PREMIERE.

LISIPE, LUCRESSE, ROSETTE.

LISIPE.

Voici l'appartement, belle & chere Lucresse,
Que suivant mes desirs votre mere vous laisse.
LUCRESSE.
Il y faut demeurer, mais par quelle raison
Nous faites-vous loger dedans cette maison ?
Cette chambre est petite & des plus mal garnie,
Je serois beaucoup mieux dans l'autre Hôtellerie.
LISIPE.
Oüi vous y seriez mieux ; mais j'y serois plus mal,
Vous verriez votre amant, je verrois mon rival.
LUCRESSE.
Quel rival ? ha Lisipe expliquez-vous de grace !
LISIPE.
Je m'explique assez bien, je sai ce qui se passe.
Un galant dans ce lieu n'avoit pas rendez-vous ?
LUCRESSE.
Etes-vous insensé ?
LISIPE.
      Non, mais je suis jaloux :
Vous ne m'aimez pas fort.

COMEDIE.

LUCRESSE.
     Cela pourroit bien être.
LISIPE.
Vous connoissez Cleandre ?
LUCRESSE.
     Hé bien pour le connoître ?
Un motif si leger vous peut-il alarmer ?
Est-ce un crime si grand ?
LISIPE.
     C'en est un de l'aimer.
LUCRESSE *à part.*
Il sçait tout, quel malheur !
LISIPE.
     Vous rougissez Lucresse ?
LUCRESSE.
Si l'on me voit rougir c'est de votre foiblesse,
De vos soupçons fâcheux injustement conçûs.
LISIPE.
Ne vous emportez pas, répondez là-dessus,
Pouvez-vous denier que vous aimez Cleandre,
Qu'en l'autre hôtellerie il vous devoit attendre ?
Cleandre librement m'a tout dit aujourd'hui.
LUCRESSE.
Cleandre !
LISIPE.
    Oüi, Cleandre, oüi, j'ai tout sçu de lui,
De votre affection il fait si peu de conte,
Qu'il s'en vante déja par tout à votre honte.
LUCRESSE.
Dieu, que me dites-vous ?
LISIPE.
     Je dis la vérité.
LUCRESSE.
Hé quelle perfidie ! ha quelle lâcheté !
LISIPE.
C'est avecque raison que ce dépit éclate :
Pour punir cet ingrat, cessez de m'être ingrate,
Faites justice à tous, & paiez en ce jour

Le mépris par la haine, & l'amour par l'amour,
Changés en un feu pur une ardeur criminelle.
Lisipe tout au moins, vaut bien un infidelle ;
Vôtre mere m'attend, adieu pensez-y bien ;
Je suis assés discret pour ne lui dire rien.
Ce n'est pas sans regret qu'ainsi je me retire :
Mais chez son Procureur je dois l'aller conduire.

SCENE II.

LUCRESSE, ROSETTE.

LUCRESSE.

J'Ai fait sur l'apparence un jugement bien faux.
Ha qu'un homme b en fait a souvent de défauts !
Que ce cruel mépris sensiblement me fâche !
Que je suis malheureuse, & que Cleandre est lâche !

ROSETTE.

Mais....

LUCRESSE.

  Ha, ne me dis rien pour cet ingrat amant,
Et ne t'oppose point à mon ressentiment ;
Je ne suis que trop foible encor contre ce traître ;
Mais que veut le valet de ce perfide Maître ?

SCENE III.

PHILIPIN, LUCRESSE, ROSETTE.

PHILIPIN.

Rosette, Dieu te gard !
ROSETTE.
Où viens-tu malheureux ?

Si Lidame ou Lisipe.....
PHILIPIN.
Ils sont sortis tous deux.
ROSETTE.
Chez notre Procureur, ils vont pour quelque affaire,
Il loge ici tout proche, ils ne tarderont guere.
PHILIPIN.
Je ne tarderai guere à m'en aller aussi.
LUCRESSE.
Que vous dit Philipin ? que cherche-t-il ici ?
PHILIPIN.
Je viens vous y chercher de la part de Cleandre.
Ecoutez.
LUCRESSE.
De sa part je ne veux rien entendre.
PHILIPIN.
Là fierté vous sied bien ; mais puis je me flater,
Que de ma part au moins vous vouliez m'écouter ?
LUCRESSE.
Non, sortez.
PHILIPIN.
D'où lui vient cette humeur dédaigneuse ?
Je ne la vis jamais si triste & si grondeuse.

ROSETTE.
Elle en a bien raison ; toi Maître...
PHILIPIN.
Qu'a-t-il fait?
ROSETTE.
Ton maître n'est ma foi qu'un insolent parfait.
Il sçait fort mal couvrir l'honneur d'une maîtresse ;
Lisipe a sçû de lui les secrets de Lucresse.
LUCRESSE.
Mes bontez l'ont rendu trop vain & trop hardi.
PHILIPIN.
A dire vrai, mon Maître est assez étourdi ;
Mais sa franchise seule, & non pas sa malice
Lui rend souvent ainsi quelque mauvais office.
Lisipe est son ami ; mais je puis protester
Qu'il n'a rien sçû de lui qui vous doive irriter.
LUCRESSE.
Ce qu'il a dit pourtant n'est pas fort à ma gloire.
PHILIPIN.
Lisipe est son rival, on ne le doit pas croire.
LUCRESSE.
Son rapport par le tien n'est que trop confirmé
Commençant d'être ingrat il cesse d'être aimé.
PHILIPIN.
Ma foi si vous sçaviez comment de cette offense
Déja mon pauvre Maître a fait la penitence,
Comme il se desespere, & jure en son transport
Que pour perdre Lisipe il differe sa mort,
D'une fiere tigresse eussiez-vous la furie,
Je gage qu'à l'instant vous seriez attendrie ;
Vous en auriez pitié.
LUCRESSE.
Je n'en dois point avoir.
Va, dis-lui que jamais il n'espere me voir.
Mon amour fut moins grand que ma colere est forte.
PHILIPIN.
C'est donc fait de sa vie.

LUCRESSE.
Il n'importe, il n'importe.
PHILIPIN.
Peste qu'elle est cruelle !
LUCRESSE.
Oüi : sors sans raisonner;
Dis-lui que je ne puis jamais lui pardonner.
PHILIPIN.
Vous voulez donc qu'il meure ?
LUCRESSE.
Aprés un tel outrage
Qu'il meure, il ne sçauroit m'obliger davantage.
Va, va l'en avertir ; va donc : mais quoi ? revien.
PHILIPIN.
Que lui dirai-je enfin ?
LUCRESSE.
Dis-lui ; ne lui dis rien.
PHILIPIN.
Voilà bien des façons pour n'avoir rien à dire.
LUCRESSE.
A ce juste courroux mon cœur ne peut souscrire.
Tout criminel qu'il est, je ne le puis haïr.
Je ne puis me venger, quoi qu'il m'ait pû trahir.
Et s'il avoit pour moi quelque tendresse encore,
Je lui pardonnerois.
PHILIPIN.
Madame, il vous adore,
Et s'il n'a pas l'honneur de vous voir aujourd'hui ;
Je le tiens assez sot pour en mourir d'ennui.
LUCRESSE.
Helas ! comment le voir ?
PHILIPIN.
La chose est fort aisée.
Pour peu qu'à le souffrir vous soiez disposée,
Vous pouvez quelque part lui donner rendez-vous.
ROSETTE.
Quelqu'un heurte à la porte : ha Dieu que ferons nous ?

C'est votre amant bourru ; je tremble en chaque membre.
LUCRESSE.
J'ouvrirai, fais-le entrer dedans cette antichambre.

SCENE VI.

LISIPE, LUCRESSE, PHILIPIN, ROSETTE.

LUCRESSE.
Vous revenez bien-tôt ?
LISIPE.
Ce n'est pas sans raison.
LUCRESSE.
Comment ?....
LISIPE.
Le Procureur n'est pas à la maison.
LUCRESSE.
Ma mere pour l'attendre est elle demeurée ?
LISIPE.
Nullement, dans sa chambre elle s'est retirée.
Et je vai cependant chercher quelques papiers,
Qu'il faut dans le procez produire les premiers.
LUCRESSE.
Où voulez-vous aller ?
LISIPE.
Prendre notre valize,
Dedans cette anti-chambre où notre hôte l'a mise.
LUCRESSE.
De grace, demeurez.
PHILIPIN.
S'il me voit, je suis mort.

COMEDIE.

LISIPE.
D'où vient qu'en m'arrêtant vous vous troublez si fort ?

PHILIPIN.
Ma foi c'est à ce coup.

LUCRESSE.
Je vai vous en instruire ;
Ecoutez seulement, j'ai beaucoup à vous dire :
Je veux vous découvrir un important complot ;
Philipin est ici.

PHILIPIN.
Me voilà pris pour sot.

LISIPE.
Quel est ce Philipin ?

LUCRESSE.
Le valet de Cleandre.

PHILIPIN.
Je suis gâté sans doute, on lui va tout aprendre.

LUCRESSE.
Philipin est ici venu me conjurer
De donner rendez-vous.

PHILIPIN.
Où dois-je me fourer ?

LUCRESSE.
De ce discours encor je suis toute interdite.

PHILIPIN.
Pour un bras disloqué j'en voudrois être quite.

LISIPE.
Ha que ne tien-je ici ce maudit Philipin !

PHILIPIN.
Je ne me vis jamais si proche de ma fin.

LISIPE.
Qu'avez-vous répondu belle & chere Lucresse ?

LUCRESSE.
J'ai trompé ce valet.

PHILIPIN.
Ha la bonne traîtresse !

LUCRESSE.

A tout ce qu'il a dit, j'ai feint de consentir,
A dessein seulement de vous en avertir,
Et de me plaindre après de votre défiance.

PHILIPIN.

Ha pauvre Philipin, songe à ta conscience !

LISIPE.

Le dessein de Cleandre est de vous enlever ;
Mais Madame, en quel lieu le devez-vous trouver ?

LUCRESSE.

Dans la Place Roiale.

PHILIPIN.

Elle donne le change.

LISIPE.

De ce lâche rival il faut que je me venge.

LUCRESSE.

Où courez-vous Lisipe ?

LISIPE.

Ha ne m'arrêtez pas !
Je vais au rendez-vous le trouver de ce pas.

SCENE V.

LUCRESSE, ROSETTE, PHILIPIN.

LUCRESSE.

Fais venir Philipin.

ROSETTE.

Sors, sors en diligence.

PHILIPIN.

Vous venez d'exercer assez ma patience.
D'une fièvre quartaine un importun frisson

COMEDIE.

Ne m'eut pas fait trembler de meilleure façon.
Mais pour revoir mon Maître il est temps que je sorte;
Ne vous verra-t-il point quelquefois à la porte?

LUCRESSE.

Oüi, dis-lui qu'il pourra me parler un moment,
Quand il verra sortir ma mere & mon amant.

PHILIPIN.

Pour votre amant jaloux dans peu de tems j'espere,
Qu'il n'obsedera plus ni vous ni votre mere.

LUCRESSE.

Parles-tu tout de bon?

PHILIPIN.

C'est un coup assuré.
Pour cet effet notre hôte est déja préparé,
Il doit se déguiser, & c'est pour un mystere,
Qu'à mon Maître indiscret j'ai même voulu taire,
De crainte qu'il ne vienne encor nous tourmenter,
Et qu'en pensant bien faire il n'aille tout gâter :
Mais comme je connois que vous êtes discrette,
Cette affaire pour vous ne sera pas secrette.

ROSETTE.

Dieu! la porte est ouverte & voici le jaloux.

SCENE VI.

LISIPE, LUCRESSE, PHILIPIN, ROSETTE.

LISIPE.

Vous ne m'avez pas dit l'heure du rendez-vous;
Mais que veut ce maraut?

PHILIPIN.

C'est vous que je demande

L'Amant indiscret,
Pour vous dire deux mots d'importance fort grande,
LISIPE.
Parle......
PHILIPIN.
C'est en secret que je vous dois parler.
ROSETTE.
Je le tiens fort subtil, s'il peut s'en démêler.
PHILIPIN à *Lisipe*.
Par l'ordre de Cleandre avec beaucoup d'adresse
Je suis venu sonder la vertu de Lucresse ;
Et j'ai par mes discours si bien sçû l'émouvoir,
Que mon Maître a reçû rendez-vous pour la voir :
Mais sçachant votre amour, loin de vous faire outrage,
Il renonce pour vous à ce grand avantage :
Et veut vous faire voir par ce prompt changement
Qu'il est meilleur ami qu'il n'est discret amant.
Il ne prétend plus rien au cœur de cette belle,
Et vous fait avertir d'avoir l'œil dessus elle.
LISIPE.
Pour un si bon avis reçois ce diamant :
Que ton Maître m'oblige !
PHILIPIN.
O Dieu, quel changement !
LISIPE.
Madame, Philipin de la part de Cleandre
Touchant le rendez-vous vient de me tout apprendre,
Le croiant mon ami, je n'étois pas trompé.
LUCRESSE à *part*.
La défaite est fort bonne, & Lisipe est dupé.

SCENE VII.
LISIPE, CARPALIN.
déguisé en Païsan.
PHILIPIN, LUCRESSE,
ROSETTE.

LISIPE.

Mais que veut cet homme ?
PHILIPIN.
Il paroît sans malice.
C'est notre hôte, Madame ! aidez à l'artifice.
CARPALIN.
Monsieur, ne vous déplaise ! on m'avoit dit qu'ici
Je trouverois Lisipe.
LISIPE.
Oüi, l'on m'appelle ainsi ;
Voulez-vous me parler ?
CARPALIN.
Je veux plûtôt me taire,
Je suis un des Fermiers de Monsieur votre pere
Le pauvre homme ; ha, Monsieur ! songeant à ses
    malheurs,
Je n'ai pas le pouvoir de retenir mes pleurs.
LISIPE.
Quel malheur, quoi mon pere a-t-il fait quelque
    perte ?
CARPALIN.
La plus grande en effet qu'il ait jamais soufferte.
LISIPE.
Quelle ?

CARPALIN.
Vous l'apprendrez trop tôt à vos dépens.
LISIPE.
Dites-moi tout ; c'est trop me tenir en suspens.
CARPALIN.
J'ai le cœur trop serré pour le pouvoir permettre :
Mais votre oncle Albiran m'a chargé d'une lettre,
Qui vous fera sçavoir pourquoi je pleure tant.
LISIPE.
Donnez donc ; dépêchez.
CARPALIN.
Vous l'aurez à l'instant ;
Elle n'est point ici.
LISIPE.
Je meurs d'impatience,
Cherchez dans l'autre poche avecque diligence.
CARPALIN.
Oüi, nous la trouverons Monsieur assurément.
Je croi que je la tiens.
LISIPE.
Voiez donc promptement.
CARPALIN.
Je ne lis pas fort bien des lettres si mal faites :
Il faut que pour cela je prenne mes lunettes.
LISIPE.
C'est trop perdre de temps, donnez-moi ce papier :

Il lit :

A Monsieur Paul Grimaud apprenti Savetier.
CARPALIN.
Ce n'est donc pas pour vous : c'est pour le fils du frere,
Du neveu du cousin de défunt mon compere.
LISIPE.
Dépêchez de trouver celle qui m'appartient.
CARPALIN.
Ça cherchons.

LISI-

COMEDIE.

LISIPE.
Savez-vous tout ce qu'elle contient ?

CARPALIN.
Oüi, Monsieur ; mais il faut pourtant qu'elle se trouve.

LISIPE.
C'est pour ma patience une trop longue épreuve.

CARPALIN.
Monsieur assurément je l'aurai laissé choir,
Tirant dans le batteau ma bourse & mon mouchoir,
Alors qu'il a falu paier mon battelage.

LISIPE.
Ne me retenez plus en suspens davantage :
Dites-moi promptement ce qu'on m'a pû mander.

CARPALIN.
Le dirai-je, Monsieur ?

LISIPE.
Dites sans plus tarder.

CAPALIN.
Feu votre pere est mort, c'est tout ce qu'on vous mande.

LISIPE.
Que ma douleur est vive & que ma perte est grande !
Mais il me vid partir en fort bonne santé.

CARPALIN.
Il fut surpris de mal dés qu'il vous eut quitté.
Quelques heures aprés il se trouva sans vie.
Ce mal à ce qu'on dit s'appelle punaisie.

PHILIPIN.
Ou plûtôt pleuresie.

CARPALIN.
Oüi, Monsieur, justement !
Nous autres bonnes gens parlons grossierement.

LISIPE.
Madame pour mettre ordre au bien de feu mon pere,
Ma presence au païs sera fort necessaire :

Tom. I.   I

LUCRESSE.
Ma mere auroit grand tort d'empêcher ce départ,
Quand donc partirez-vous?
LISIPE.
Dans une heure au plus tard,
De cet éloignement je ne puis me défendre;
Mais prés de vous bien-tôt j'espere de me rendre.
CARPALIN.
Je vai vous dire adieu, Monsieur.
LISIPE.
Non demeurez,
Vous dînerez ceans & puis vous partirez.

SCENE VIII.

CLEANDRE, LISIPE, CARPALIN, PHILIPIN, ROSETTE, LUCRESSE.

LISIPE.

Mais j'apperçois Cleandre, ami que je t'embrasse.
LUCRESSE *à part*.
Il reçoit cet accüeil de fort mauvaise grace.
PHILIPIN *à part*.
Sans doute il n'est venu que pour le quereller.
CLEANDRE.
Je voudrois bien, Lisipe, en secret vous parler.
LISIPE.
Il n'en est pas besoin, je sai ce qui t'ameine,
Et déja de ta part l'on m'a tiré de peine :
Que ne te dois-je point pour un si grand effort?

COMEDIE.
CLEANDRE.
Qu'avez-vous donc appris ? vous me surprenez fort.
ROSETTE.
Il va tout découvrir.
PHILIPIN.
Cela pourroit bien être.
LISIPE.
Philipin m'a tout dit.
CLEANDRE.
Et qu'a-t-il dit le traître ?
LISIPE.
Votre dessein secret touchant le rendez-vous.
PHILIPIN.
Monsieur.
CLEANDRE.
Tu sentiras ce que pesent mes coups.
LISIPE.
A quoi bon vous servir d'une vaine finesse :
Puis que vous renoncez à l'amour de Lucresse ?
CLEANDRE.
Moi j'y renoncerois !
PHILIPIN.
Oüi, vous me l'avez dit.
CLEANDRE.
Ha fripon !
PHILIPIN.
Ha, Monsieur ! soiez moins interdit.
CLEANDRE *bas*.
Je respecte ce lieu, maraut ! mais je te jure
Que cent coups puniront tantôt ton imposture.
PHILIPIN *à Lisipe*.
Mon Maître maintenant m'a dit tout le secret :
S'il est fort genereux, il n'est pas moins discret,
Et vous cedant Lucresse, il croit qu'en sa presence
Il ne peut l'avoüer avecque bien-seance.
Il est plus circonspect que l'on ne peut penser.
LISIPE.
Il a raison, & moi j'ai tort de le presser.

LUCRESSE.
Je ne vous ferai plus de contrainte plus grande,
Je fors ; prés de ma mere il faut que je me rende.

Elle parle à Cleandre.

Dissimule, aime, espere, & tu seras aimé.
LISIPE.
Ami qu'a-t-elle dit ? que j'en sois informé.
PHILIPIN.
J'ai bien tout entendu, j'étois d'elle assez proche ;
Elle vient de lui faire un signalé reproche,
Dites oüi.
CLEANDRE.
Oüi, Lisipe
LISIPE.
Ha je m'en doutois bien
Je n'ai point vû d'esprit aussi fier que le tien.
CLEANDRE *regardant Carpalin.*
Mais voila Carpalin vétu pour faire rire ;
D'où vient ce changement ?
CARPALIN *à part.*
Monsieur qu'allez-vous dire ?
LISIPE.
Connoissez-vous cet homme ?
CLEANDRE.
Oüi, je le connoi fort.
LISIPE.
Il est venu me faire un funeste rapport ;
Du trépas de mon pere il m'a dit la nouvelle,
PHILIPIN *à Carpalin.*
Je vous l'avois bien dit qu'il a peu de cervelle.
CLEANDRE.
Comment plûtôt que vous a-t-il sçû ce trépas ?
PHILIPIN.
C'est......
CLEANDRE.
Laisse-moi parler ; ne m'importune pas
Cet homme est de Paris.

COMEDIE.

LISIPE.
Ton erreur est extrême:
C'est un de mes fermiers.

CLEANDRE.
Vous vous trompez vous-même.
Je le dois bien savoir, je loge en son logis.

CARPALIN.
Je vas être bien-tôt païé de mes avis.

LISIPE.
Quoi fourbe! quoi méchant! tu dis donc que mon pere,

CARPALIN.
Il se porte fort bien; n'entrez point en colere.

CLEANDRE.
Pour avoir ton pardon dis-nous la verité.

LISIPE.
Apprens-nous qui t'envoie.

PHILIPIN.
Ha voilà tout gâté!

CLEANDRE.
Parle donc.

CARPALIN *à Cleandre.*
C'est pour vous qu'on m'a mis en besogne.

PHILIPIN.
Vous en avez menti, sot, imposteur, yvrogne!

LISIPE.
Assomme ce maraut.

PHILIPIN.
Je n'y vai pas manquer.

CARPALIN.
Quoi traître Philipin.

PHILIPIN.
Sors, sors, sans repliquer.

SCENE IX.

CLEANDRE, LISIPE.

CLEANDRE.

De cette lâcheté me croiez-vous capable ?
LISIPE.
Je fai trop à quel point je te fuis redevable ;
Tu m'as cedé Lucrefle, & tu m'as déchargé
Du foin d'un long voiage, où j'étois engagé.
Je fai que ta franchife eſt trop noble & trop pure,
Pour pouvoir confentir à la moindre impoſture,
Je ferois infenfé fi j'avois ce foupçon.

SCENE X.

CLEANDRE, PHILIPIN, LISIPE, COURCAILLET.

PHILIPIN.

Je viens de l'ajuſter de la bonne façon.
Il eſt eſtropié pour plus d'une femaine.
COURCAILLET.
Monfieur on vous attend dans la chambre prochaine.
Le dîner eſt fervi.
LISIPE.
Je vai fuivre vos pas.

Amis viens avec nous prendre un mauvais repas !
CLEANDRE.
Je sors de table, allez, vous vous faites attendre.
C'est pour une autre fois.
LISIPE.
Adieu donc cher Cleandre :
Je ne suis point ingrat, croit que de tout mon bien
Tu me feras plaisir d'user comme du tien.
CLEANDRE à *Philipin.*
Hé bien est-ce l'entendre ? après ce tour d'adresse
Ne puis-je pas souvent visiter ma Maîtresse ?
Lisipe est pris pour dupe, & je suis le plus fin.
Il me croit son ami, qu'en dis-tu, Philipin ?
PHILIPIN.
Moi, je dis que j'enrage, & comme à l'ordinaire
Que vous détruisez tout, quand vous pensez bien faire.
Vous étiez bien tenté par l'indiscretion
De découvrir notre hôte en cette occasion.
CLEANDRE.
C'est par-là que Lisipe a connu ma franchise.
PHILIPIN.
C'est par-là que mon maître a fait voir sa sotise;
Notre hôte n'a parlé que pour vos interêts,
Il s'est pour vous servir déguisé tout exprés,
Et déja par sa feinte à votre amour utile
Lisipe alloit quitter Lucresse & cette ville,
Et devant son retour vous eussiez aisément
Fait consentir la belle à son enlevement.
CLEANDRE.
Qu'ai-je dit ! qu'ai-je fait ! que je suis miserable !
PHILIPIN.
Ma foi, votre imprudence est un mal incurable.
CLEANDRE.
Hé ne m'accuse point, accuse mon malheur.
Et ne condamne point ma plainte & ma douleur

L'Amant indiscret,
PHILIPIN.
Apprenez que des sots la plainte est le partage
Parlons de mettre encor quelque ruse en usage.
CLEANDRE.
Quoi! sais-tu quelque ruse?
PHILIPIN.
Il faut en inventer,
Mais sortons de ce lieu, l'on nous peut écouter,
CLEANDRE.
Que crains-tu?
PHILIPIN.
Je crains tout en affaires pareilles,
Les Murailles, Monsieur ont souvent des oreilles.

Fin du second Acte.

ACTE III.

SCENE PREMIERE.

ROSETTE, PHILIPIN.

ROSETTE.

Maudits soient mille fois les hommes sans cer-
vellè !
Avec ses sots discours il nous l'a donné belle,
Ce Cleandre indiscret de qui l'esprit leger
Semble prendre plaisir à nous faire enrager.
PHILIPIN.
Vois-tu ! que ta colere à ton interêt cede :
Ne parlons plus du mal, & songeons au remede.
En generosité mon maître est sans égal.
Qu'importe qu'il soit sot puis qu'il est liberal ?
Tu te dois assurer que de tes assistances
Tu recevras de lui de bonnes récompenses :
Pour t'en donner déja quelque signe évident
Tien prens ces deux Louis toûjours en attendant.
ROSETTE.
J'en aurai donc encor.
PHILIPIN.
N'en doute point Rosette !
Si mon Maître est heureux, notre fortune est faite.

ROSETTE.

Cet or n'a point d'éclat, qui me puisse toucher,
Je le prens toutesfois de peur de te fâcher.
Je suis fort genereuse & si je sers Cleandre,
L'amitié seulement me le fait entreprendre.
Quel dommage de voir qu'un amant si loial
Avec le cœur d'un Prince ait l'esprit d'un cheval ?
Ma foi j'en ai pitié.

PHILIPIN.

Treve de raillerie !
Et sur notre dessein raisonnons, je te prie :
Il nous faut éloigner Lisipe de ces lieux.

ROSETTE.

Jamais homme pour moi ne fut plus odieux ;
Que je hai son humeur défiante & severe !
Pour le chasser d'ici je suis prête à tout faire.

PHILIPIN.

Tâchons pour cet effet d'agir avec succez.
Ne sais-tu point où sont les papiers du procez ?

ROSETTE.

Ils sont dans notre chambre, & dans notre valise
Enfermez dans trois sacs de grosse toile grise,
Et dans un autre sac de velours noir & vieux
Sont les plus importans & les plus précieux.
J'en ai fait le paquet.

PHILIPIN.

Bon ! cache en diligence
Le sac où sont serrez les papiers d'importance,
Quand on t'en parlera d'un air humilié
Pleure, & dis que tu crains de l'avoir oublié.

ROSETTE.

Mais quel est ton dessein ?

PHILIPIN.

Ne le peux-tu comprendre ?
Lisipe partira d'abord pour l'aller prendre ;
Et nous serons défaits de cet amant jaloux.

ROSETTE.

S'il ne tient qu'à cela, va, la vache est à nous :

Mais ne connois-tu point quelque valet fidelle?
Lidame en a besoin.
PHILIPIN.
Ha l'heureuse nouvelle!
Peux-tu pas m'introduire à titre de valet?
ROSETTE.
La chose est fort aisée : oui tu seras son fait.
Cleandre vient; de peur qu'il ne nous puisse nuire,
De nos desseins secrets garde de lui rien dire.
Ton maître, tu le sais, n'est rien qu'un maître sot.
PHILIPIN.
Va, rentre & ne crains rien.

SCENE II.

CLEANDRE, ROSETTE, PHILIPIN.

CLEANDRE.

Rosette écoute un mot.
ROSETTE.
C'est pour une autre fois.
PHILIPIN.
Monsieur, le tems la presse,
Il faut qu'elle se rende auprés de sa Maîtresse.
CLEANDRE.
Demeure, je ne veux t'arrêter qu'un instant.
ROSETTE.
Je n'ai pas le loisir, ma Maîtresse m'attend.
CLEANDRE.
Mais je souhaiterois te dire quelque chose.
ROSETTE.
Mais je serois grondée, & vous en seriez cause;
Adieu.

CLEANDRE.
De cet accuëil, je suis peu satisfait
Et mes quatre Louis ne font pas grand effet :
Mais les as-tu donnez ?

PHILIPIN.
Voila belle demande !
J'ai toûjours eu, Monsieur, la conscience grande.

CLEANDRE.
Quoi tous quatre !

PHILIPIN.
Oüi tous quatre, & qu'avez-vous pensé ?
De vos soupçons, Monsieur, je me tiens offencé.
Pour un homme d'honneur vous me devez connoître,
Sinon, cherchez valet, j'irai chercher un maître.

CLEANDRE.
Ha mon cher Philipin de grace excuse-moi :
En effet j'ai grand tort de soupçonner ta foi,
Ne m'abandonne point, je sai ton innocence ;
Je perdrois avec toi toute mon esperance.

PHILIPIN.
Oüi, sachez qu'en effet je vaut mon pesant d'or,
Et qu'un valet habile est un rare tresor.

CLEANDRE.
Ta fortune doit être à la mienne enchaînée ;
Mais ne me quitte point de toute la journée,
Je me sens de jouer une demangeaison,
Dont je crains le succez avec grande raison,
Si ton soin ne s'oppose au démon, qui me tente,
Ma bourse pourroit bien devenir moins pesante.

PHILIPIN.
Ha c'est dequoi sur tout il vous faut bien garder.

CLEANDRE.
Lucresse est à la porte, il la faut aborder.

SCENE III.
CLEANDRE, PHILIPIN, LUCRESSE.

CLEANDRE.

Par quel excez de grace, ô merveille adorable !
Vous daignez-vous montrer aux yeux d'un miserable ?
Le bien que je reçoi de vous entretenir,
De mes ennuis passez m'ôte le souvenir :
Mais quoi, votre beauté, dont l'éclat me console,
En excitant ma joie, interdit ma parole,
Et vous n'ignorez pas qu'entre les vrais amans,
Le silence en dit plus que les raisonnemens.

LUCRESSE.
Helas !.....

CLEANDRE.
Vous soûpirez, ô ma chere Maîtresse !

LUCRESSE.
Ce soûpir, malgré moi, vous fait voir ma foiblesse ;
Et mon cœur, où l'amour triomphe du courroux,
Soûpire du regret de soûpirer pour vous.
Il se plaint en secret du charme inconcevable
Qui malgré vos défauts, vous rend encor aimable,
Et par un ascendant, qu'on ne peut exprimer,
Quand je veux vous haïr, me force à vous aimer.

CLEANDRE.
Je souffre tout de vous : une injure cruelle
S'adoucit en sortant d'une bouche si belle ;
Et de qui même encor je ne me plaindrois pas,
Quand elle auroit dicté l'arrest de mon trépas.

Oüi, vous me pouvez dire, adorable merveille !
Qu'il n'est point d'imprudence à la mienne pareille;
Mais avec vérité je puis dire à mon tour
Qu'on ne void point d'ardeur pareille à mon amour.
Je brûle.....

LUCRESSE.

Je le croi; mais cependant je tremble
De crainte que quelqu'un ne nous surprenne ensemble.

CLEANDRE.

Si Lisipe en effet me rencontre avec vous,
Nous devons craindre tout de son esprit jaloux:
J'ai bien manqué de sens de mettre en évidence
L'intrigue de mon hôte avec tant d'imprudence.
Je meurs de déplaisir d'avoir été l'auteur
Du séjour important de ce persécuteur.

LUCRESSE.

Dans cet évenement je suis la plus à plaindre,
Il croit se faire aimer, alors qu'il se fait craindre;
Un reproche éternel, fait tout son compliment:
Il s'érige plûtôt en maître qu'en amant;
Et sçachant que pour lui ma mere s'interesse,
Il me traite en esclave, & non pas en maîtresse.

CLEANDRE.

Je vous sçaurai venger de cette indignité;
Qu'il craigne la valeur d'un rival irrité,
Son audace sera de sa perte suivie,
Il recevra la mort, ou je perdrai la vie.

LUCRESSE.

Si j'ai dessus votre ame encor quelque pouvoir,
En perdant ces desirs vous me le ferez voir.
Il n'est rien d'assuré dans le succez des armes;
Votre sang en danger feroit couler mes larmes;
Mon esprit incertain seroit trop alarmé,
Lisipe est moins haï que vous n'êtes aimé.

PHILIPIN.

Lisipe sort, Madame.

LUCRESSE.
O Ciel, je suis perduë!
CLEANDRE.
J'ai peine à retenir ma colere à sa vuë.

SCENE IV.

LISIPE, CLEANDRE, LUCRESSE, PHILIPIN.

LISIPE.

Cleandre tient fort mal ce qu'il m'avoit promis:
Ce n'est pas le moien d'être long-tems amis,
Quoi cajoler Lucresse & seule & dans la ruë?
Sa passion bannie est bien-tôt revenuë.
S'il devient mon rival, il se doit assurer
Qu'entre nous l'amitié ne sçauroit plus durer.
CLEANDRE.
Perdant votre amitié, je perdrai peu de chose.
LISIPE.
D'un mépris si nouveau je devine la cause:
Ne vous contraignez point, faites un libre aveu.
CLEANDRE.
Pour un ami pareil je me contrains fort peu.
LISIPE.
Lucresse vous plaît fort?
CLEANDRE.
Cela pourroit bien être.
LISIPE.
Vous lui parliez d'amour, n'est-il pas vrai?
CLEANDRE.
Peut-être.

PHILIPIN.
Hé bien peut-on jamais parler plus sottement?
Il a beaucoup de cœur, mais peu de jugement.

LISIPE.
Je voi qu'il faut qu'enfin nous soions mal ensemble.

CLEANDRE.
Oüi, vous me devez craindre, & plus qu'il ne vous semble.

LISIPE.
Ha, vous m'en dites trop!

CLEANDRE.
Je n'en dis pas assez:
Vous n'êtes pas Lisipe encor où vous pensez.

LISIPE.
C'est trop vous emporter.

LUCRESSE.
C'est avecque justice.
Qui pourroit supporter un semblable caprice?
Quoi, quand Cleandre vient me dire ingenûment,
Qu'il est plus votre ami, qu'il n'étoit mon amant;
Quand en votre faveur avec soin il s'emploie,
Jure que vos plaisirs feront toute sa joie,
Que son repos dépend du bonheur de vos feux,
Et qu'il sera content quand vous serez heureux,
Vous usez avec lui d'orgueïl & de menace,
Et l'osez quereller loin de lui rendre grace?
Ce procedé l'étonne, & c'est fort justement.
Qu'il ne l'a pû souffrir, sans quelque emportement.

LISIPE à Cleandre.
Quoi tu parlois de moi prés de l'objet que j'aime?

PHILIPIN à part.
Monsieur, il faut mentir.

COMEDIE.
CLEANDRE.
C'est la verité même.
PHILIPIN.
Bon, c'est fort bien parler.
LISIPE.
Ami pardonne-moi,
J'ai grand tort en effet de douter de ta foi.
Excuse d'un amant l'humeur trop défiante,
Qui de rien ne s'assûre & de tout s'épouvente,
Je sors de mon erreur, je jure & te promets,
En de pareils soupçons de ne tomber jamais.
Pour t'en donner enfin une preuve évidente,
Je laisse entre tes mains cette beauté charmante,
Pressé de m'éloigner & d'elle & de ces lieux,
Je te veux confier ce dépôt précieux.
LUCRESSE.
Quoi, vous est-il chez vous arrivé quelque affaire?
LISIPE.
Non, je pars seulement pour servir votre mere,
Je retourne chez elle, & vai prendre avec soin
Des papiers oubliez, dont elle a grand besoin.
Adieu fidelle ami ! vois souvent ma maîtresse,
Parle-lui quelquefois du cœur que je lui laisse.
Et vous chere Beauté dans mon éloignement,
Souffrez en ma faveur l'ami de votre amant.
PHILIPIN.
Cela ne va pas mal ; cette intrigue est bien faite:
Mais pour commencer l'autre, allons trouver Rosette.

SCENE V.
LUCRESSE, CLEANDRE.

LUCRESSE.

HE' bien que dites-vous de cet évenement ?
Lisipe a pris le change assez grossierement.
CLEANDRE.
Vous l'avez sçû donner avecque tant d'adresse,
Que tout autre en sa place eut eu même foiblesse !
C'est encor un succez, qui me doit informer,
Que votre belle bouche a l'art de tout charmer.
LUCRESSE.
Je vai, graces au Ciel, cesser d'être réduite,
A voir un importun à toute heure à ma suite,
Et jusqu'à son retour, sans me faire trembler,
Vous pourrez quelquefois me voir & me parler :
Nous n'avons plus à craindre à present que ma mere,
Qui n'est pas défiante autant qu'elle est severe.
CLEANDRE.
Ce bien n'est pas si grand encor que vous pensez,
Ces momens bien-heureux seront bien-tôt passez :
D'un rival diligent la presence importune
Reviendra promptement traverser ma fortune,
Et dans trois jours au plus son funeste retour
Détruira mon bonheur, & non pas mon amour.
LUCRESSE.
Philipin peut ici vous rendre un bon office
En retardant Lisipe avec quelque artifice ;
Il ne manquera pas au besoin d'inventer
Quelque adresse nouvelle afin de l'arrêter.

COMEDIE.
CLEANDRE.
Retarder son retour, c'est prolonger ma joie:
Mais il faudra toûjours qu'enfin il vous revoie.
Il faudra tôt ou tard que mon espoir soit vain,
Il viendra vous forcer de lui donner la main,
Et de hâter enfin la fatale journée
Du trépas de Cleandre & de votre hymenée.
LUCRESSE.
Ne souffrons point un mal, qui n'est pas avenu:
Le secret de mon cœur vous est assez connu.
Notre procés jugé, cet hymen se doit faire:
Mais si devant ce tems je ne fléchis ma mere,
Je sçaurai me jetter, malgré tout son effort,
Dans les bras de Cleandre, ou dans ceux de la mort.

SCENE VI.
LIDAME, LUCRESSE, CLEANDRE.

LIDAME *sortant de l'Hôtellerie*.

Ma fille avec un homme! ha quelle est son audace!
CLEANDRE *lui voulant baiser les mains*.
Comment de ces bontez vous puis-je rendre grace?
Mon cœur qui sur vos mains s'efforce de passer...
LIDAME *le surprenant*.
En vous baissant si bas gardez de vous blesser.
LUCRESSE.
C'est ma mere, ô malheur!

L'Amant indiscret.
CLEANDRE.
Ma peine est infinie !
Si j'ai...
LIDAME.
Retirez-vous & sans ceremonie.
CLEANDRE.
Souffrez que je vous parle.
LIDAME.
Il n'en est pas besoin :
Vous êtes trop civil, vous prenez trop de soin.
CLEANDRE.
Mais, Madame, je suis....
LIDAME.
Mais vous serez peu sage,
Si vous osez revoir ma fille davantage :
Ne venez plus ici faire tant l'empêché,
On vous n'en serez pas quitte à si bon marché.
CLEANDRE.
Retirons-nous ; mais quoi, Philipin se promeine ?
Allons nous mettre au jeu pour divertir ma peine.

SCENE VII.

LIDAME, LUCRESSE.

LIDAME.

Ho, ho, petite sotte, on prend des libertez,
Jusqu'à baiser vos mains, & vous le permettez ?
LUCRESSE.
Jusqu'à baiser mes mains ? votre soupçon m'outrage.
Vous me faites grand tort.

COMEDIE.

LIDAME.

Vraiement c'est grand dommage,
Vous faites l'hypocrite, & démentez mes yeux ;
Dites la vérité, vous ferez beaucoup mieux :
Quel est ce beau Galant ? il faut qu'on vous confonde.

LUCRESSE.

C'est le meilleur ami, que Lisipe ait au monde,
Et qu'il a conjuré devant que de partir,
De me rendre des soins, & moi d'y consentir.
Vous le traitez fort mal, & j'ai de justes craintes,
Que Lisipe au retour vous en fera des plaintes.

LIDAME.

Mais Lisipe en partant avoit-il le dessein,
Qu'il prit la liberté de vous baiser la main ?

LUCRESSE.

Il n'en a jamais eu seulement la pensée.

LIDAME

J'ai pourtant sur vos mains vû sa teste baissée.

LUCRESSE.

Ce n'étoit qu'à dessein de voir de prés l'anneau,
Que m'a donné Lisipe, & qu'il trouve fort beau.

LIDAME.

Si vous me dites vrai, la faute n'est pas grande ;
On croit facilement tout ce qu'on aprehende.

LUCRESSE.

Cet ami cependant a lieu d'être irrité.

LIDAME.

Ma fille, une autre fois il sera mieux traité.

SCENE VIII.

ROSETTE, LIDAME, LUCRESSE.

ROSETTE.

HA, Madame, apprenez une bonne nouvelle !
On nous offre un valet sage, jeune, fidelle,
Qui cajole à ravir, qui sçait lire par cœur,
Et qui fut autrefois Clerc chez un Procureur.
C'est un Diable en procez, de plus l'habit qu'il porte ;
Est fait à mon avis d'étoffe neuve & forte,
Et prés d'un an entier vous le ferez driller,
Sans débourser un sol pour le faire habiller.

LIDAME.
Voilà ce qu'il nous faut, qu'il vienne en diligence.

LUCRESSE.
Comment ! c'est Philipin.

ROSETTE.
Le voici qui s'avance.
Vous voiez ma Maîtresse, allez la saluer ;
Madame, en ce complot daignez contribuer.

LUCRESSE.
Si cet homme est niais, il n'en a pas la mine.
Il pourra réüssir à quoi qu'on le destine.

ROSETTE.
C'est notre fait, Madame, un jonc n'est pas plus droit.

LIDAME.
Je pense comme vous qu'il n'est pas mal adroit.

PHILIPIN.
Je n'ai pas mérité d'avoir l'heur de vous plaire :

COMEDIE.

Vous ignorez encor tout ce que je sçai faire,
L'apparence souvent trompe l'œil le plus fin,
Par fois un corps bien fait cache un esprit malin :
Mais si j'ai le bonheur d'être de votre suite,
De mon adresse un jour vous serez mieux instruite.

LIDAME.
Ce garçon n'est pas sot, à ce que je connoi.

LUCRESSE.
On ne peut mieux parler.

ROSETTE.
    Il dit d'or, par ma foi.

LIDAME.
Je veux que vous trouviez chez moi vos avantages ;
Il faut premierement convenir de vos gages.

PHILIPIN.
Vous êtes raisonnable, & je ne doute point
Que nous n'aurons jamais differend sur ce point.
J'espere en vous servant ainsi que je le pense,
Que mes soins recevront honnête récompense.
Vous sçaurez, s'il vous plaît, chez vous de m'em-
   ploier,
Que je suis un valet, que l'on ne peut paier.

ROSETTE.
Mais il faut répondant.

PHILIPIN.
    N'en soiez point en peine;
J'en pourrai si l'on veut fournir une douzaine.
Irai-je en querir un ?

LIDAME.
    Cela n'est pas pressé ;
Entrons...

PHILIPIN.
Ma foi je rêve, ou c'est bien commencé!

SCENE IX.

CLEANDRE, PHILIPIN, LIDAME.

CLEANDRE arrêtant Philipin.

TE voilà, te voilà fripon! sot! volontaire!
Tu te promenes donc? quand tu m'es necessaire:
Que ne m'as-tu suivi?
LIDAME.
Quel bruit ai-je entendu?
CLEANDRE.
Je n'aurois pas joüé l'argent que j'ai perdu;
J'ai perdu vingt Loüis.
PHILIPIN.
Je n'en suis pas la cause.
CLEANDRE.
Si je t'avois trouvé, j'aurois fait autre chose.
PHILIPIN.
Pouvoit-il mieux venir pour gâter le complot?
CLEANDRE.
Traître il faut t'assommer!
PHILIPIN.
Ne soiez pas si sot.
CLEANDRE le frappant.
Tu fais le railleur.
PHILIPIN.
Peste! il n'a pas la main morte.
LIDAME.
Pourquoi donc battez-vous mon valet de la sorte?
CLEAN

COMEDIE.
CLEANDRE.
Il est à moi, Madame!
PHILIPIN.
Au Diable l'indiscret!
Voici de sa sotise encore un nouveau trait.
CLEANDRE.
Vous prenez ce maraut sans doute pour quelqu'autre.
LIDAME.
Non, non, c'est mon valet, allez frapper le vôtre.
CLEANDRE.
Vous vous trompez vous-même, il n'est que trop certain.
Que depuis plus d'un an il mange de mon pain:
Si toutesfois, Madame! il vous est necessaire
Pour vous faire plaisir je veux bien m'en défaire.
Encore que tantôt vous m'ayez mal traité
Je n'aurai pas pour vous moins de civilité.
LIDAME.
Je sçai votre innocence & vous demande excuse:
D'un procedé si franc je suis toute confuse,
De ce valet, Monsieur, vous pouvez disposer;
De qui me l'offre ainsi je le dois refuser.
Je ne suis pas toûjours d'humeur désobligeante
Je vous rends grace, adieu! je suis votre servante.

SCENE X.

CLEANDRE, PHILIPIN.

CLEANDRE.

Voici qui va fort bien, n'ai-je pas reüssi?
De Lidame pour moi l'esprit est adouci,
Que t'en semble?......

Tom. I.   K

PHILIPIN.
Ha l'épaule!
CLEANDRE.
Excuse ma colere.
PHILIPIN.
Laissez-là ce fripon, ce sot, ce volontaire.
Si vous m'estimez tel, vous êtes bien trompé,
Vous m'avez chanté poüille & vous m'avez frappé:
Mais vous le payerez & je vous le proteste.
CLEANDRE.
Tiens, prens pour paiement ce Loüis qui me reste
Tes yeux à cet objet sont déja réjoüis.
PHILIPIN.
Les coups que j'ai reçûs valent plus d'un Loüis.
CLEANDRE.
Je t'en promets un autre en notre hôtellerie.
Ne suis-je pas adroit ? parle sans flatterie.
PHILIPIN.
Non, c'est fort sottement quand vous m'avez battu,
Vous avez par vos coups votre espoir abbattu:
Je m'allois introduire au logis de Lidame,
Où j'eusse eu cent moiens de servir votre flame,
De menager pour vous son esprit rigoureux,
De supplanter Lisipe & de vous rendre heureux.
CLEANDRE.
Ha que j'ai de malheur!
PHILIPIN.
Bien moins que d'imprudence:
Excusez, s'il vous plaît, je dis ce que je pense.
CLEANDRE.
Quelle disgrace! ha ciel je suis desesperé.
PHILIPIN.
Ce mal, pour grand qu'il soit, peut être reparé,
Et je promets encor d'achever l'entreprise.
Dés que j'aurai touché la pistole promise.
CLEANDRE.
Mais de quelle façon ?

COMEDIE.
PHILIPIN.
Ne vous mêlez de rien :
Donnez-moi la pistole, aprés tout ira bien.
CLEANDRE.
Viens donc la prendre, entrons.
PHILIPIN.
C'est ce que je demande,
Les battus quelquefois ne paient pas l'amende.

Fin du troisiéme Acte.

ACTE IV.

SCENE PREMIERE,

ROSETTE, PHILIPIN, *sortant de deux endroits differens.*

ROSETTE.

IL faut aller chercher Philipin dés ce soir.
PHILIPIN.
J'ai besoin de Rosette, il la faut aller voir.
ROSETTE.
Bon, mon voiage est fait.
PHILIPIN.
Ma course est achevée.
ROSETTE.
Sois le bien rencontré !
PHILIPIN.
Toi sois la bien trouvée !
ROSETTE.
J'allois en ton logis....
PHILIPIN.
Et moi j'allois au tien.
ROSETTE.
Je t'en dirai beaucoup.

PHILIPIN.
Je t'en conterai bien,
ROSETTE.
Tu sauras....
PHILIPIN.
Je t'apprends....
ROSETTE.
Que je croi.
PHILIPIN.
Qu'il me semble.
ROSETTE.
Nous nous entendrons mal si nous parlons ensemble,
Ecoute-moi......
PHILIPIN.
Bien donc, dépêche de parler ;
Les femmes de tout tems aiment à babiller.
ROSETTE.
Tu sauras que je croi qu'avec un peu d'adresse
Tu peux te rétablir prés de notre Maîtresse,
J'ai ménagé si bien son esprit peu rusé
Qu'elle a bien du regret de t'avoir refusé.
Dés que l'on t'a chassé, peste contre Cleandre ;
Tu la feras bien-tôt résoudre à te reprendre.
Par la petite porte elle vient de sortir,
Et j'ai du même tems voulu t'en avertir,
C'est chez son Procureur qu'elle est sans doute allée :
Tiens ton compliment prêt & ta langue affilée :
Lidame est fort credule.
PHILIPIN.
Oui c'est bien raisonner ;
Mais écoute l'avis que je te veux donner.
Je t'apprens qu'il me semble avoir trouvé la voie
De mettre nos amants au comble de la joie.
Cette maison prochaine est un logis garni,
Qui de meubles fort beaux est assez bien muni ;
Personne par bonheur ne l'occupe à cette heure.
Le Maître est un parent de l'hôte où je demeure

Qui par certains biais nous a donné l'espoir
D'y conduire Lidame, & même dés ce soir.
ROSETTE.
Lidame ! tu te ris ; comment pourroit-il faire ?
PHILIPIN.
Tu m'as dit que souvent elle regrette un frere,
Qui dans une querelle aiant l'épée en main
Fit à son ennemi perdre le goût du pain ;
Des parens du défunt redoutant la puissance
Enfila la venelle avecque diligence :
Et que depuis de lui n'aiant rien pû savoir,
Elle n'espere plus de jamais le revoir.
ROSETTE.
Il est vrai que souvent elle pleure ce frere,
Mais cela, Philipin, ne nous importe guere.
PHILIPIN.
Point point : m'as-tu pas dit, qu'il n'avoit que seize ans,
Lors qu'il sortit d'Auxerre & quitta ses parens ?
Trente ans qui sont passez depuis cette disgrace,
Sont pour changer un homme un assez long espace.
Lidame est un peu sotte, & notre sotte aujourd'hui
Dira qu'il est son frere, & passera pour lui.
Couvert d'un bel habit pris à la fripperie
Il prétend l'attirer dans son hôtellerie,
Et la mettre avec lui dedans ce logement,
Dont mon Maître pourra disposer librement.
ROSETTE.
C'est fort bien avisé ; mais ton hôte s'avance :
N'a-t-il pas la façon d'un homme d'importance ?

SCENE II.

PHILIPIN, ROSETTE, CARPALIN *vêtu en Marchand.*

CARPALIN.

Me voila par ma foi brave comme un lapin.
PHILIPIN.
Tu sens ton gros Monsieur.
CARPALIN.
Tu dis vrai, Philipin !
O que j'ai bien maudit la graisse qui me charge !
Je n'ai point vû d'habit qui me fût assez large.
ROSETTE.
On diroit à le voir si bien mis & si fier,
D'un gros monopoleur ou de quelque usurier.
CARPALIN.
Plût à Dieu qu'il fut vrai ! je ferois belle cheré ;
Mais il faut raisonner un peu sur notre affaire :
Dis-moi ce que tu sais de plus particulier
Sur le rolle important, qu'on me veut confier.
Des mœurs du frere absent il me faut bien instruire ;
Dis tout ce que de lui Lidame t'a pu dire.
ROSETTE.
Si je te disois tout, j'en aurois pour huit jours ;
CARPALIN.
Elle parle de lui presque en tous ces discours.
Tant mieux, dessus ce point je n'en puis trop apprendre.
PHILIPIN.
Eloignez-vous, je voi Lidame avec Cleandre.

SCENE III.

LIDAME, CLEANDRE, PHILIPIN.

LIDAME.

JE suis fort obligée aux soins que vous prenez ;
Et ferai mon profit de vos avis donnez :
Lisipe à son retour apprendra de ma bouche
Quelle part vous prenez à tout ce qu'il le touche.
Adieu ! j'entre au logis, le jour s'en va finir ;
Demain si vous voulez vous y pourrez venir.

CLEANDRE.
Dans votre appartement souffrez que je vous meine.

LIDAME.
Non, Monsieur ! il est tard, n'en prenez pas la peine.

CLEANDRE.
Bon voici mon valet ! tout va bien, tout va bien.
Croi que j'ai de l'esprit.

PHILIPIN.
            Ma foi, je n'en croi rien

CLEANDRE.
Je viens de faire un trait qu'il faut que l'on admire.

PHILIPIN.
Quel trait ?

CLEANDRE.
      Ecoute bien, je m'en vai te le dire.
Me promenant tout seul, j'ai trouvé par bonheur
Lidame qui sortoit de chez son Procureur ;
Et lui donnant la main, j'ai pris la hardiesse
De lui parler de toi, mais avec grande adresse.

COMEDIE.
PHILIPIN.
J'en doute fort......
CLEANDRE.
J'ai dit qu'enfin je t'ai chassé ;
Que tu m'as bien servi.
PHILIPIN.
C'est fort bien commencé.
CLEANDRE.
Que l'on void peu d'adresse à la tienne pareille ;
Que tu sers à ravir, fais causer à merveille :
Enfin j'ai dit de toi du bien infiniment.
PHILIPIN.
Bon cela ; c'est parler avec grand jugement.
CLEANDRE.
Mais...
PHILIPIN.
De ce chien de mais j'apprehende la suite.
CLEANDRE.
Point, tu vas t'étonner de ma rare conduite.
Pour n'être pas suspect & lever tout soupçon
Que je sçeusse l'intrigue en aucune façon,
J'ai fait de tes défauts une peinture étrange,
Et joint adroitement le blâme à la loüange ;
J'ai dit que je t'avois toûjours connu menteur,
Subtil, sournois, malin, bigot, fourbe, imposteur ;
Que tu t'étois rendu paresseux volontaire,
Et que pour de l'argent on te faisoit tout faire.
PHILIPIN.
Vous avez dit cela ?
CLEANDRE.
Ce n'est pas encore tout ;
Tu me vas admirer, écoute jusqu'au bout.
J'ai dit qu'elle eût grand soin, entrant dans sa famille
Qu'on ne te laissât pas souvent avec sa fille.
Que possible gagné par quelqu'homme amoureux
Tu lui pourrois donner des conseils dangereux ;
Qu'elle fût défiante, ou que bien-tôt peut-être

K 5

Elle seroit trompée, & ne croiroit pas l'être.
PHILIPIN.
C'est donc-là ce beau trait de votre grand esprit?
CLEANDRE.
La bonne femme en tient, & croit ce que j'ai dit.
Elle me prend déja pour la franchise même,
Croit que mon amitié pour Lisipe est extrême,
Et de mes bons avis m'aiant remercié,
De l'aller voir souvent elle m'a fort prié.
PHILIPIN.
C'est fort bien travaillé.
CLEANDRE.
     Ton aveu me console,
Tu dis que j'ai bien fait ?
PHILIPIN.
     Oui par-dessus l'épaule:
Vous êtes un grand fat, vous venez de prêter
Des verges à Lidame afin de vous foüetter,
Sachez que votre langue est une impertinente :
Elle trouble l'éfet d'une intrigue importante ;
Vôtre caquet maudit est bien pernicieux,
Si vous étiez muët, vous en vaudriez mieux.
CLEANDRE.
Conte-moi cette intrigue.
PHILIPIN.
    Ha vraiement je n'ai garde
Je crains trop votre humeur niaise & babillarde :
Vous en feriez encore quelqu'admirable trait.
Un secret divulgué cesse d'être secret.
CLEANDRE.
Quoi je n'en saurai rien ?
PHILIPIN.
    Non, entrez, je vous prie,
Allez voir si je suis dans nôtre hôtellerie.

SCENE IV.

CARPALIN, ROSETTE, PHILIPIN, LIDAME.

CARPALIN.

Rosette il me suffit de cette instruction ;
Je saurai m'en servir en bonne occasion,
Mais qu'a donc Philipin ?
PHILIPIN.
Dieu nous puisse être en aide,
Mon étourdi de Maître est un fat sans remede.
Il a trouvé Lidame, & faisant l'esprit fort,
De son sot entretien il m'a fait le rapport.
LIDAME à la porte de son hôtellerie.
Rosette !

ROSETTE.
Eloignez-vous ma Maîtresse m'appelle.
Toi, vien sans raisonner te montrer devant elle ?
LIDAME.
Où va-t-elle si tard ? Rosette.
ROSETTE.
La voici.
LIDAME.
Pourquoi tardez-vous tant à revenir ici ?
ROSETTE.
Ce malheureux garçon rencontré dans la ruë
Me contoit ici près sa disgrace avenuë.
Et chassé par son Maître il vient s'offrir à vous.
LIDAME.
Quoi son Maître le chasse ?

PHILIPIN.
Il m'a roüé de coups,
Et m'aiant fait souffrir mille injustes outrages
M'a donné mon congé sans me paier mes gages
C'est un bourreau, Madame, & sa cruelle main
M'a plus donné de coups que de morceaux de pain :
Et c'est pourquoi tantôt avec grande justice
Pour me donner à vous, je quittois son service.
ROSETTE.
Madame vous prendra, n'apprehendez plus rien.
LIDAME.
Non : j'ai changé d'avis, je m'en garderai bien.
PHILIPIN.
Je n'attendois pas mieux qu'une telle disgrace :
Mon Maître en me chassant m'en a fait la menace,
M'a juré qu'il viendroit vous voir & vous conter
Tous les maux contre moi qu'il pourroit inventer ;
Que si vous me vouliez prendre en votre famille,
Il vous avertiroit d'observer votre fille.
De crainte que gagné par quelque homme amoureux
Je n'inspire en son cœur des conseils dangereux
D'être fort défiante, ou que bientôt peut-être
Vous seriez abusée, & ne croiriez pas l'être.
LIDAME.
Ce sont ses propres mots.
PHILIPIN.
Le dangereux esprit;
Voiez le méchant homme, il me l'avoit bien dit.
ROSETTE.
Madame a l'esprit bon, & saura bien connoître
Que l'animosité fait parler votre Maître.
LIDAME.
En effet, en effet, votre ingenuité
Fait voir que ses avis ont peu de verité.
Je ne le croirai point, & malgré sa malice
Je veux dés ce moment vous prendre à mon service,
Par cet évenement Cleandre va savoir
Que Lidame n'est pas aisée à décevoir.

COMÉDIE.

CARPALIN *s'approchant.*

Lidame ! ha qu'ai-je oüi, grand Dieu que je reclame ?
Que ce mot agréable a consolé mon ame !
Excusez, s'il vous plaît, si j'ose m'approcher :
Je viens ici d'entendre un nom, qui m'est bien cher :
L'on a nommé Lidame, est-elle pas d'Auxerre ?

LIDAME.

Vous ne vous trompez pas, c'est sa natale Terre.

CARPALIN.

Se porte-t-elle bien ? ....

LIDAME.

Oüi, Monsieur, Dieu merci.

CARPALIN.

Est-elle en son païs ?

LIDAME.

Non, non, elle est ici.

CARPALIN.

Ici, que dites-vous ? ha Ciel que j'ai de joie !
Ha, Madame, pour Dieu faites que je la voie.

LIDAME.

Vous la voiez, c'est moi.

CARPALIN.

Parlez-vous tout de bon ?
Quoi, vous seriez Lidame ?

LIDAME.

Oüi, Monsieur, c'est mon nom.

CARPALIN.

Ha Lidame ! ha ma sœur ! ma sœur, qui m'es si chere,
Reconnois Celidan.

LIDAME.

Quoi Celidan mon frere !
Aprés trente ans d'absence, enfin je le revoi ?

CARPALIN.

Oüi, oüi, vien m'embrasser, n'en doute point, c'est moi.
Tu m'as toûjours aimé dés ma tendre jeunesse,

LIDAME.
Chacun vous croioit mort, & je pleurois sans cesse.
CARPALIN.
J'ai de ton amitié gardé le souvenir,
Et c'est ce qui m'a fait en ces lieux revenir.
Lors qu'il falut sortir du logis de mon pere,
Aiant dans un duël tué mon adversaire,
Aprés avoir été recevoir tes adieux,
Les sanglots à la bouche, & les larmes aux yeux,
Et prendre dix Loüis, que pour cette disgrace,
Tu retiras pour moi du fond de ta paillasse,
Je marchai vers Dieppe, où je fus m'embarquer,
Pour voir le Nouveau monde, & pour y trafic-
    quer.
Là par de longs travaux, aprés bien des miseres,
Je n'ai pas, graces à Dieu ! fait trop mal mes af-
    faires ;
Et pressé du desir de voir encor les miens,
J'ai fait jusqu'en ces lieux transporter tous mes
    biens.
LIDAME.
Vraiement cette avanture est tout-à-fait étrange.
CARPALIN.
J'attens le païement d'une lettre de change,
Me proposant d'aller aprés avec douceur
Passer mes derniers jours prés de ma chere sœur.
Que je benis le Ciel, qui dans ce lieu t'envoie !
J'en suis transporté d'aise, & j'en pleure de joie :
Je veux mettre mes biens en ta possession.
LIDAME.
Je ne doutai jamais de votre affection.
CARPALIN.
Je prétends chaque jour t'en donner quelque preu-
    ve :
N'as-tu pas un mari ?
LIDAME.
                Helas ! non, je suis veuve.

COMEDIE.
CARPALIN.
Tant-pis ; mais ce mari, qui t'a duré si peu,
Ne m'a-t-il pas laissé quelque petit neveu ?
LIDAME.
Non, je n'ai qu'une fille assez jeune & fort belle.
CARPALIN.
Il lui faudra choisir un parti digne d'elle,
Tout ce que j'ai de bien lui sera destiné.
PHILIPIN.
Si quelqu'un l'entend mieux, je veux être berné.
LIDAME.
Souhaitez-vous la voir ?
CARPALIN.
Oü, ma sœur, je t'en prie.
LIDAME.
Elle loge avec moi dans cette hôtellerie.
CARPALIN.
Qu'on la fasse venir, ce n'est pas la raison,
Que vous logiez tous deux ailleurs qu'en ma maison.
Je vous y veux conduire, elle est fort bien garnie,
Et je ne prétends plus quitter ta compagnie :
Jamais rien que la mort ne nous séparera.
LIDAME.
Mon frere, nous ferons tout ce qu'il vous plaira.
ROSETTE.
Cela ne va pas mal ; Carpalin n'est pas beste.

SCENE V.

COURCAILLET, LIDAME,
CARPALIN, ROSETTE,
PHILIPIN.

COURCAILLET.

MAdame pour souper que faut-il que j'appreste ?
Vous n'avez qu'à parler, je ferai mon devoir.
LIDAME.
Je m'en vai chez mon frere : il ne faut rien ce soir.
COURCAILLET.
Ho, ho, que vois-je ici c'est une étrange chose ;
Carpalin grand Seigneur, quelle métamorphose !
ROSETTE.
Vous vous trompez, Monsieur ne vous est pas connu,
Il est tout fraîchement des Indes revenu.
COURCAILLET.
Point ; c'est un Tavernier ; & j'ai fort bonne vûë.
ROSETTE.
Vous rêvez, vous rêvez, vous avez la berluë.
CARPALIN.
Quel est cet insolent ?
PHILIPIN.
      C'est fort bien répondu.
COURCAILLET.
Avec ton bel habit tu fais bien l'entendu.
ROSETTE.
Parlez avec respect au frere de Lidame.
COURCAILLET.
Ha ! si c'est votre frere, excusez-moi, Madame !

COMEDIE.

Pour un de mes voisins je l'avois pris d'abord,
Et je gagerois bien qu'il lui ressemble fort :
Mais deux hommes par fois ont de la ressemblance.
LIDAME.
Mon frere, de mon hôte excusez l'ignorance.
COURCAILLET.
Ha Monseigneur pardon ! j'avois les yeux troublez,
Je rentre en mon devoir.
CARPALIN.
              Je vous pardonne, allez :
Entrons en mon logis, ma sœur, l'heure nous presse.
LIDAME.
Rosette, Philipin, faites venir Lucresse.
CARPALIN.
Je loge au Lion d'or.
PHILIPIN.
              Bien, Monsieur, s'il vous plaît,
Allez toûjours devant, je sçai fort bien où c'est.

SCENE VI.
LUCRESSE, PHILIPIN, ROSETTE.

LUCRESSE.
Que peut faire si tard ma mere dans la ruë ?
PHILIPIN.
Voici Lucresse : bon soiez la bien venuë.
Je vai querir mon Maître : il brûle de vous voir,
Il pourra maintenant vous donner le bon soir.
ROSETTE.
Hâte-toi, nous allons t'attendre sur la porte.

LUCRESSE.
Mais il est déja nuit.
ROSETTE.
Hé bien que vous importe ?
La nuit est un tems propre aux complots des a-
mans,
Avecque moins de honte on dit ses sentimens.
LUCRESSE.
Mais où me conduis-tu ? j'ai peine à le compren-
dre.
ROSETTE.
Je vous méne au logis de l'hôte de Cleandre ;
Il passe pour votre Oncle, & dessous ce faux nom,
Votre mere avec lui loge en cette maison.
Ha Madame ! elle vient & je l'entens descendre.

SCENE VII.

LIDAME, ROSETTE, LUCRESSE.

LIDAME.

POurquoi n'entrez-vous pas ? que pouvez-vous at-
tendre ?
LUCRESSE.
Moi ! je n'attends personne.
LIDAME.
Ha vous feignez en vain !
Qui vous peut obliger à souffrir le serain ?
Ma fille, à dire vrai, votre humeur m'inquiete ;
Je reconnois trop bien que vous êtes coquette.
Vos gestes, vos discours, & toutes vos façons,
Ont dans ce même jour confirmé mes soupçons.

COMEDIE. 235

Je vous ai vûë aller vingt fois à la fenêtre,
Voir si quelques Galans ne viendront point paroître,
S'ils seront bien vétus, s'ils seront bien poudrez,
S'ils auront leurs rabats bien faits & bien tirez;
Si ce seront des gens à petites moustaches
Qui portent des canons par-dessus des rondaches.
C'est-là tout le plaisir, qu'en ce lieu vous prenez.

LUCRESSE.
Quel plaisir y prendrois-je?

LIDAME.
      A montrer votre nez,
A faire la bien mise, à donner dans la vûë,
De quelque jeune sot, qui passe par la ruë,
Qui fasse les doux yeux, qui vous vienne accoster,
Et quand je n'y suis pas, vous en vienne conter:
Allez, montez là-haut, votre Oncle vous demande.

LUCRESSE.
Quoi sans vous?....

LIDAME.
   Oüi, n'importe, entrez je le commande.

LUCRESSE.
Si.....

L'IDAME.
    Ne repliquez point, allez l'entretenir :
Je veux voir si quelqu'un ici devoit venir.

LUCRESSE.
Mais......

LIDAME.
  Mais entrez, vous dis-je.

LUCRESSE.
     Elle verra Cleandre.

SCENE VIII.

LIDAME, CLEANDRE, PHILIPIN.

PHILIPIN.

C'Est deſſus cette porte, où l'on vous doit at-
tendre.
CLEANDRE.
D'où vient ce changement ? tu ne m'en as rien dit.
PHILIPIN.
Allez : c'eſt un ſuccez, qui paſſe votre eſprit.
CLEANDRE.
Tiens-toi donc à l'é art.
PHILIPIN.
C'eſt ce que je deſire,
Auprés de deux Amans un tiers ne fait que nuire.
CLEANDRE.
Beau ſujet de ma peine, avec quels complimens,
Puis je exprimer mes feux & mes raviſſemens ?
Mon aimable Lucreſſe !
LIDAME à part.
Il ſe trompe ſans doute,
Il en va bien conter, il faut que je l'écoute.
CLEANDRE.
Qu'on m'a donné de joie en me faiſant ſçavoir
Que je pourrois ici vous donner le bon ſoir !
Quand je viens prés de vous l'amour fait que je vole.
LIDAME
Je m'en ſuis bien doutée, elle attendoit ce drôle.

COMEDIE.
CLEANDRE.
Ha que Lucresse est juste & Cleandre amoureux !
Cette derniere grace a comblé tous mes vœux.
C'est peu pour mon amour & trop pour mon merite.
LIDAME.
Comment donc c'est Cleandre ? ha voiez l'hypocrite.
CLEANDRE.
Quoi m'envoier chercher jusques dans ma maison ;
Ces marques de bonté sont sans comparaison ;
Mon bon-heur est visible.
LIDAME.
Et ma honte évidente :
Ma fille l'a mandé : Dieux qu'elle est impudente !
CLEANDRE.
Mes soins sont trop paiez, & mon esprit charmé
Ne sçauroit plus douter que je ne sois aimé.
Je connois clairement que cette vive flame,
Qui brille en vos beaux yeux, passe jusqu'à votre ame
D'un espoir si charmant j'ai lieu de me flâter.
LIDAME.
Ma fille est débauchée, il n'en faut point douter.
CLEANDRE.
Qui vous peut si long-tems obliger à vous taire ?
Vous ne me dites rien, craignez-vous votre mere ?
Je la tiens assez simple, & suis assez adroit
Pour l'appaiser quand même elle nous surprendroit :
Admirez ma conduite, & son peu de prudence :
Je suis dans son estime & dans sa confidence.
Elle est si disposée à se fier à moi,
Qu'elle croit mes discours comme article de foi :
Pour tout dire en un mot elle est Provinciale :
C'est-à-dire, grossiere, étourdie, inégale,
Qui se laisse duper, sans s'en appercevoir,
Qui prend le vrai pour faux, & le blanc pour le noir ;
Et qui croit rafiner quand elle prend le change.
LIDAME.
Fort bien, fort bien ; voilà des vers à ma loüange.

CLEANDRE.

Nous n'avons rien à craindre à present de sa part,
Si tantôt elle a sçû m'empêcher par hazard
D'exprimer mes transports sur cette main d'yvoire ;
Je puis en dépit d'elle obtenir cette gloire:
Oüi le soin qu'elle prend, ne peut être que vain ;
J'aurai l'heur de baiser une si belle main.

LIDAME *lui donnant un soufflet.*

Oüi, vous la baiserez.

CLEANDRE.

Ha ! j'ai les dents cassées.

LIDAME.

Vos douceurs doivent être ainsi récompensées.

CLEANDRE.

C'est la mere, ha Madame !

LIDAME.

Ha Monsieur l'insolent !
Tu viens donc faire ici le transy, le galant !
Ma fille a donc pour toi des passions secrettes !
Tu viens la débaucher & lui conter fleurettes ;
Tu sçauras à quel point l'honneur m'est précieux ;
Je m'en vai t'arracher la prunelle des yeux.

CLEANDRE.

Fuions,...

LIDAME.

Tu fuis trompeur ! ma colere t'étonne,
Va, tu n'y perdras rien, je te la garde bonne.

SCENE IX.

PHILIPIN, CLEANDRE.

CLEANDRE.

Philipin ! Philipin !

PHILIPIN.

Hé bien qu'avez-vous fait ?
Revenez-vous joieux ? êtes-vous satisfait ?
Estes-vous assuré de l'amour de la belle ?
En avez-vous reçû quelque preuve nouvelle,
Cependant qu'ici prés je gardois le mulet ?

CLEANDRE.

Non, je n'ai rien reçû qu'un fort vilain souflet.

PHILIPIN.

Dieu me veüille garder de semblable caresse.

CLEANDRE.

J'ai rencontré Lidame au lieu de ma Maîtresse.

PHILIPIN.

Et vous n'avez eû garde aussi-tôt de manquer
De conter votre chance & de vous expliquer ?

CLEANDRE.

Oüi, j'ai marqué les feux, dont mon ame est
    éprise :
Et j'ai tout découvert.

PHILIPIN.

Bon, bon, autre sottise !

CLEANDRE.
Quiconque a de l'amour, a de l'aveuglement.
PHILIPIN.
Vous étiez indiscret avant que d'être amant.
Ce défaut est en vous un mal hereditaire.
Il vient assûrément de Monsieur votre pere:
Suivez-moi toutesfois.
CLEANDRE,
Où me veux-tu mener?
PHILIPIN.
Suivez-moi sans rien craindre, & sans question-
ner.

Fin du quatriéme Acte.

ACTE V.

SCENE PREMIERE.

CLEANDRE, PHILIPIN *dans une Chambre.*

CLEANDRE.

Oú suis-je ? apprends-le moi.
PHILIPIN.
Dans une chambre obscure,
Sortons, fermons la porte avecque la serrure.
CLEANDRE *seul*.
Par cette instruction je suis mal informé :
Mais comment il me quitte, & je suis enfermé ?
Je ne puis plus sortir, il a fermé la porte :
Dieu que prétend ce traître en usant de la sorte ?
Que veut dire ceci ? je suis seul retenu
Dans un lieu sans lumiere & qui m'est inconnu.
Pour quel dessein ici m'a-t-il voulu conduire ?
Est-ce pour me servir ? seroit-ce pour me nuire ?
A quel évenement me dois-je préparer ?
Enfin que dois-je craindre, ou que dois-je esperer ?
Ce succez, qui m'étonne, est tout-à-fait bizarre :

Tome I. L

C'est un nouveau Dedale, ou ma raison s'égare :
Et les obscurités, qui regnent dans ces lieux,
Envelopent mon ame aussi-bien que mes yeux.
Je ne sai qu'en juger, quoique je me propose ;
J'oi du bruit, quelqu'un vient, j'en saurai quelque
 chose.

SCENE II.

PHILIPIN, CLEANDRE.

PHILIPIN.

HA Monsieur tôt ; tôt, tôt, cachez-vous prompte-
 ment !
CLEANDRE.
Moi ! ....
PHILIPIN.
 Ne raisonnez point, suivez-moi seulement.
LUCRESSE.
Et pourquoi me cacher ? ha vraiment je n'ai garde.
PHILIPIN.
Mais, Monsieur, votre vie en ce lieu se hazarde.
CLEANDRE.
N'importe, ne croi pas qu'on l'aie à bon marché ;
On me croiroit coupable, en me trouvant caché.
PHILIPIN.
La lumiere paroit & l'on va vous surprendre,
Songez à vous cacher.
CLEANDRE *tirant l'épée.*
     Je songe à me défendre.

SCENE III.

ROSETTE, LUCRESSE, CLEANDRE, PHILIPIN.

ROSETTE.

Ha, Madame, fuions, j'apperçois un voleur.
LUCRESSE.
C'est Cleandre....
CLEANDRE.
Ha Lucresse !
LUCRESSE.
Ha quel est mon malheur !
Je suis monté ici par l'ordre de ma mere ;
Elle me veut parler, elle est fort en colere.
CLEANDRE.
Mais comment en ce lieu ?
PHILIPIN.
Ne haranguez pas tant.
Sa mere va venir, cachez-vous à l'instant.
LUCRESSE.
De grace dépêchez, je croi déja l'entendre
Allez,....
CLEANDRE *entrant dans un cabinet.*
Je veux mourir si j'y puis rien comprendre.

SCENE IX.

LIDAME, LUCRESSE, ROSETTE, CLEANDRE, PHILIPIN.

CLEANDRE.

Qui l'oblige à fermer cette porte sur nous ?
Je tremble à son abord, Madame, qu'avez-vous ?

LIDAME.

L'osez-vous demander, ingrate & lâche fille,
Dont l'amour deshonore une illustre famille ?

LUCRESSE.

Moi, Madame ! & comment ? daignez-vous expliquer.

LIDAME.

Ha voiez l'éfrontée, elle ose repliquer ;
Vous demandez comment, Madame l'impudente !
Vous pensez m'abuser, vous faites l'ignorante ;
La feinte est inutile, à present je sai tout.

LUCRESSE.

He quoi ?...

LIDAME.

Votre complot de l'un à l'autre bout,
Vos rendez-vous secrets, votre amour pour Cleandre,
Et tout ce que pour vous ce traître ose entreprendre,
Je l'ai pris sur le fait, ce lâche, ce trompeur.

PHILIPIN *dans le Cabinet.*

Nous sommes découverts, Monsieur, je meurs de peur,

COMEDIE.
LIDAME.
Répondez il est tems.
LUCRESSE.
Je ne fai que répondre.
Ce que vous avez dit fuffit pour me confondre;
Oüi, fachez que Cleandre eſt venu pour me voir.
LIDAME.
Je fai deſſus ce point tout ce qu'on peut favoir.
Je ne laiſſerai pas fon audace impunie;
Attaquer mon honneur, c'eſt expofer ma vie.
PHILIPIN.
Il faut nous confoler, j'ai fort mal réuſſi;
Mais fi je suis battu vous le ferez auſſi.
LIDAME.
Un poignard que je porte en ma trop juſte rage
Montrera de quel air je repouſſe un outrage;
Et lui fera connoître en lui perçant le cœur,
Qu'on doit tout redouter d'une femme en fureur.
Il mourra de ma main.
PHILIPIN.
Qu'elle eſt fanguinolente,
Fi, cela ne vaut rien, mon tremblement augmente.
LUCRESSE.
Ha, Madame! calmez ce deſſein furieux;
Il eſt vrai que Cleandre eſt caché en ces lieux,
Et que de vous dépend fon falut ou fa perte.
LIDAME.
O ciel! quelle difgrace ai-je encor découverte!
LUCRESSE.
Je n'ofe dénier ce que vous favez bien.
LIDAME.
Je le fai maintenant; mais je n'en favois rien.
Il n'échapera pas ce perfide, ce traître!
PHILIPIN.
L'honneur vous appartient, paſſez devant, mon Maître!
LIDAME.
Où s'eſt-il pû cacher? cherchons avecque foin.

L 3

LUCRESSE.
Je puis vous l'enseigner & sans aller plus loin.
LIDAME.
Parlez donc promptement.
LUCRESSE.
Puis qu'il faut vous l'apprendre,
C'est au fond de mon cœur que s'est caché Cleandre,
Oui c'est-là qu'il triomphe & qu'il est enfermé
Cet amant qui me charme autant qu'il est charmé :
Frappez-le donc ici, s'il vous en prend envie
L'Amour a confondu son sort avec ma vie,
Et cet objet si cher, qui vous déplaît si fort,
Ne sauroit à present mourir que par ma mort.
LIDAME.
Helas qu'ai-je entendu ? comment donc mal-heureuse !
Vous avez un galant ? vous êtes amoureuse ?
Cleandre en votre cœur triomphe dites-vous ?
Parlez-vous bien ainsi sans craindre mon courroux ?
Je me doutois ici de quelque autre mystere.
LUCRESSE
Si je suis criminelle au moins je suis sincere.
Oui, Cleandre préside en mon cœur aujourd'hui,
Et je veux bien mourir si je ne vis pour lui.
LIDAME.
Ce que vous m'apprenez n'a rien qui me console;
Votre raison s'égare & vous parlez en fole,
Ce mal vous est venu d'avoir lû les Romans,
Vous apprenez par cœur tous les beaux sentimens;
Les doux propos d'amour, les rencontres gentilles,
Enfin tout le bel Art qui fait perdre les filles
Changez, changez de vie, ou je vous promets bien
Que vous n'aurez jamais un écu de mon bien.
Ne voiez plus Cleandre ou l'affaire est vuidée.
LUCRESSE.
Mais sa famille est noble & fort accommodée :
Il prétend m'épouser.

COMEDIE.
LIDAME.
Croiez qu'auparavant
Je vous ferois plûtôt épouser un Convent :
Je saurai vous ranger, petite impertinente !
Mais comme cette affaire est assez importante,
Je m'en vai consulter mon frere promptement,
Et n'entreprendrai rien sans son consentement.

PHILIPIN.
Elle s'en va sortir : tout va le mieux du monde.

CLEANDRE *éternue*.
Ha ! Ha ! ....

PHILIPIN.
Qu'avez-vous donc, Monsieur, Dieu vous confonde !

LIDAME.
Quel bruit vien-je d'entendre ?

CLEANDRE.
O malheur, qu'ai-je fait !

LIDAME.
Qui vient d'éternuer dedans ce cabinet ?

LUCRESSE.
Je n'ai rien entendu, qui seroit-ce ? personne.

LIDAME.
La défaite est mauvaise & j'ai l'oreille bonne :
Avec de la clarté moi-même j'irai voir.

LUCRESSE.
Cleandre est découvert ! je suis au desespoir.
Ha Madame ! arrêtez, donnez cette chandelle :
Rosette la tiendra.

LIDAME.
Je n'ai pas besoin d'elle.

PHILIPIN *sortant du cabinet.*
Il faut que je la dupe encor malgré ses dents.

LIDAME.
Ho, Ho ; c'est Philipin ! qu'as-tu fait là-dedans ?

PHILIPIN.
Cette grande clarté me blesse la paupiere ;
J'ai les yeux éblouis, ôtez cette lumiere.

LIDAME.
Que peux-tu dans ce lieu faire à l'heure qu'il est ?
PHILIPIN.
Madame, c'est donc vous ! excusez, s'il vous plaît,
Je ne sai ce que c'est que d'user d'artifice ;
Dormir comme un sabot étoit mon exercice.
Pendant votre souper me trouvant un peu las
Je me suis assoupi sur une chaise à bras,
Où sans perdre de tems, comme c'est ma coûtume ;
J'ai ronflé tout ainsi que sur un lit de plume
Et j'avois un quart-d'heure à peine sommeillé.
Si l'on en croit Albert, jadis grand personnage,
S'éveiller de la sorte est un mauvais présage,
Et pour ne pas celer aussi la verité,
Ce sot éternument m'a fort inquieté.
LIDAME.
Oserez-vous encor démentir votre mere ?
On n'éternuoit point, c'étoit une chimere.
Je n'ai pas grace à Dieu, faute de jugement,
Et ne me laisse point duper facilement.
Toutes vos actions doivent fort te déplaire :
Et je vai tout à l'heure en avertir mon frere.
CLEANDRE *tombe & fait tomber des escabelles.*
Elle s'en va, sortons, ha ciel quel contre-tems,
Que je suis malheureux !
LIDAME.
    Qu'est ce encor que j'entens ?
ROSETTE.
Ton Maître, Philipin, manque bien de cervelle.
PHILIPIN.
S'en faut-il étonner ? est ce chose nouvelle ?
LIDAME.
Qui dans ce cabinet peut faire un grand bruit ?
PHILIPIN.
Quelqu'un quand je dormois s'y peut être introduit,
Je veux m'en éclaircir avecque diligence,

Et sur le champ moi-même en prendre la vengeance,
On en veut à vos biens.
LIDAME.
Dis, dis, à mon honneur.
C'est Cleandre, oui c'est lui, ce lâche suborneur
Qui veut deshonorer une famille honnête.
PHILIPIN.
Madame ! si c'est lui, par la mort, par la tête
Il se repentira de ce qu'il entreprend ;
Si j'ai le corps petit, j'ai le courage grand.
Donnez-moi ce poignard avec cette lumiere
Et de peur d'accident, avancez la derniere.
Il paiera l'amende & plus cher qu'au marché,
Et si je ne le trouve, il sera bien caché.
LIDAME.
Va, ta fidelité sera récompensée.
PHILIPIN *tombant & soufflant la chandelle.*
A l'aide.....
LIDAME.
Qu'as-tu donc ?
PHILIPIN
J'ai la tête cassée.
Dés que j'y suis entré j'ai vû non sans effroi
Un horrible géant paroître devant moi,
Qui d'un bras redoutable à l'égal du tonnerre
M'as fait du premier coup donner du nez en terre.
A soufflé ma chandelle, & m'auroit accablé,
Si par un second coup il avoit redoublé.
Ce doit être un esprit, & si vous êtes sage
Vous ne resterez pas en ces lieux davantage !
LUCRESSE.
Je crains fort les esprits, Madame ! éloignons-nous.
LIDAME.
Celui-ci ne doit pas être à craindre pour vous :
Dans votre empressement je connois votre ruse.
Ce doit être Cleandre, & Philipin s'abuse.
PHILIPIN.
Je ne dis pas que non ; je puis bien me tromper ;

Mais si c'est lui Madame ! il ne peut échaper,
LIDAME.
Ne me quitte donc point.
PHILIPIN.
Je serai fort fidele.
LIDAME.
Rosette ! allez là bas querir de la chandelle.
LUCRESSE.
Pendant l'obscurité Cleandre peut sortir ;
N'y va pas....
ROSETTE.
C'est bien dit je vai l'en avertir,
Sauvez-vous, il est tems.
CLEANDRE.
C'est ce que je veux faire.
LIDAME *attrapant Cleandre*.
Il est pris le galant !
CLEANDRE.
Que le sort m'est contraire !
PHILIPIN.
Vous tenez Philipin, ne vous abusez pas,
Peste que rudement vous me serrez le bras !
LIDAME.
Quoi c'est toi Philipin ! ce succez m'embarrasse :
Je croiois avoir pris notre fourbe en ta place.
PHILIPIN.
Plût à Dieu qu'il fût vrai que le Ciel par bonheur
Eût en vos mains livré ce lâche suborneur !
LIDAME *prenant la main de Cleandre une*
seconde fois.
Hi c'est donc à ce coup, je le tiens que je pense.
CLEANDRE.
Vous tenez Philipin.
PHILIPIN.
Dieu, quelle impertinence !
LIDAME.
L'artifice est grossier, je connoi bien sa voix.

COMEDIE.
PHILIPIN.
Oüi vous tenez Cleandre, il est pris cette fois.
LIDAME.
Au voleur, au voleur, vîte de la chandelle.
LUCRESSE.
Tout est perdu, Rosette! ha fortune cruelle!
LIDAME.
Il me veut échapper.
PHILIPIN.
Non, non, ne craignez rien.
Je le tiens par le bras & l'arrêterai bien.
LIDAME.
De peur que de nos mains par force il ne s'arrache,
Il faut le retenir par sa longue moustache!
PHILIPIN.
C'est fort bien avisé, vous êtes trop heureux,
Sortez & laissez-nous votre tour de cheveux.
CLEANDRE *laissant son tour de cheveux entre les mains de Lidame & de Philipin.*
Me voila délivré d'une étrange maniere.
LIDAME
Hola, mon frere, amis, quelqu'un de la lumiere!
Enfin te voila pris infame & lâche amant!
Ne croi pas m'accabler de honte impunément:
Il n'est point de pouvoir qui te puisse soustraire
Au corps impetueux de ma juste colere;
Tu mourras fourbe! traître! & ton sang répandu
Joindra bien-tôt ta perte à mon honneur perdu.
CLEANDRE.
O Dieu que j'ai de peine à rencontrer la porte!
Cachons-nous, j'apperçois la clarté qu'on apporte.

SCENE DERNIERE.

CARPALIN, LIDAME, LUCRESSE, ROSETTE, CLEANDRE, PHILIPIN.

CARPALIN.

Ou s'est-il donc caché ce filou, ce voleur ?

LIDAME.
Ciel que tien-je & que voi-je ! ha, je meurs de douleur !

PHILIPIN.
Je n'ai jamais rien vû de plus drôle en ma vie.

LUCRESSE.
Cleandre s'est sauvé ! Dieu que j'en suis ravie !

CARPALIN.
Quelle terreur panique a vôtre esprit frappé !
Je ne voi rien.

LIDAME.
Helas le traître est échappé !

CARPALIN.
Qui donc ?

LIDAME.
Un suborneur, qui se nomme Cleandre,
Qui séduit vôtre Niece.

CARPALIN.
Ha je le ferai pendre.

PHILIPIN.
Nous le tenions au poil ; mais tous nos soins sont vains ;
Il ne nous a laissé qu'un tour entre nos mains.

COMEDIE.
CARPALIN.
Que n'est-il demeuré! ventre, teste, je jure
Que sa mort à l'instant eût reparé l'injure.
Que ne le tiens-je ici ce perfide imposteur?
J'aurois eu le plaisir de lui manger le cœur.
Je l'aurois dévoré cet insolent, ce traître,
Il faut chercher par-tout, il se cache peut-être.
LIDAME.
Avant votre arrivée il sera descendu.
PHILIPIN.
Si je le puis trouver, croiez qu'il est perdu.
CLEANDRE *dans le Cabinet.*
Il faut tenir l'épée au besoin toute nuë.
Comment, c'est Carpalin? me trompez-vous, ma vûë?
CARPALIN.
Il n'est point en ce lieu, Monsieur ne dites mot,
Je travaille pour vous, ne faites pas le sot.
Devant que la chandelle ici fut apportée,
Il doit s'être sauvé.
LIDAME.
Je m'en suis bien doutée,
Fille lâche, esprit bas, qui chéris ton erreur!
C'est sur toi qu'à present doit tomber ma fureur.
N'espere plus de moi ni bonté, ni tendresse;
Je ne veux point de fille avec tant de foiblesse.
Des plus doux sentimens mon cœur est dépoüillé,
Je ne reconnoi plus mon sang, qui s'est soüillé.
Va je te desavouë, & dés demain j'espere
De te voir enfermée en un Convent austere.
CARPALIN.
J'estime qu'il seroit pourtant plus à propos,
Pour couvrir son honneur & vous mettre en repos;
Puis qu'elle est amoureuse, & qu'elle en est dans l'âge,
De lui faire goûter des fruits du mariage.
C'est prévenir les maux, qui pourroient arriver.
Souvent l'honneur se perd à le trop conserver.

LIDAME.

Ce moien seroit bon, s'il n'étoit impossible.
Qui voudra d'elle après un affront si visible ?
Lisipe l'aime fort, mais étant de retour
Il sçaura sa foiblesse, & perdra son amour.
Qui voudra prendre un corps, dont un autre aura
l'ame ?
Qui voudra l'épouser ?

CLEANDRE *sortant du Cabinet.*

Ce sera moi, Madame !
Daignez me l'accorder.

PHILIPIN

O le plaisant biais !
Hé bien fut-il jamais un amant plus niais ?

LIDAME.

Ha voici l'imposteur, dont l'amour nous offence,
Qu'il meure ; c'est de vous que j'attens ma vengeance.

CLEANDRE.

Mais prenant votre fille....

LIDAME.

Ha vraiement c'est pour vous ;
Notre fille n'est pas un gibier de filoux.

CARPALIN.

Sçachons quelle est sa race & son bien tout à l'heure :
Puis nous verrons s'il faut qu'il l'épouse ou qu'il
meure.

LIDAME.

Ce n'est pas trop mal fait d'essaier la douceur,
Mon frere !....

CLEANDRE.

Votre frere !

LIDAME.

Oüi, oüi, je suis sa sœur.

CLEANDRE.

Vous pouviez vous passer d'une ruse semblable ;
Je ne refuse point cette fille adorable ;

COMEDIE.

Pour me faire accepter ce parti proposé
Il n'étoit pas besoin d'un frere supposé.

LIDAME.
Il est mon propre frere.

CLEANDRE.
Ha c'est une imposture !
Excusez ma franchise, elle fut toûjours pure.

CARPALIN.
Ton Maître perd l'esprit.

PHILIPIN.
L'esprit ? te mocques-tu ?
Comment le perdroit-il, il n'en a jamais eu.

LIDAME.
Mais le connoissez-vous ?

CLEANDRE.
Je le dois bien connoître.

CARPALIN.
Ne vous arrêtez pas aux paroles d'un traître.

CLEANDRE.
Ha le dissimulé, qui ne le connoîtroit ?
Je ne suis pas si sot que tout le monde croit.

LIDAME.
Qu'entens-je ? d'un grand mal je retombe en un pire.

PHILIPIN.
Votre langue nous perd.

CLEANDRE.
Je ne me puis dédire,
Tous ces déguisemens ne serviront de rien.
Je ne me trompe point, je le connois fort bien.

CARPALIN.
Quoi vous me connoissez ; ha quelle extravagance !
Où m'avez-vous pû voir, dans la nouvelle France ?

CLEANDRE.
Nullement, nullement.

CARPALIN.
Je ne sçai donc pas où,
Dans la Californie, au Bresil, au Perou.

Dans Portopotoffy, dans Lima, dans Cumané,
Dans Chica, dans Cusco, dans Tolme en Caribane ?

CLEANDRE.

Faut-il avecque moi faire tant de façons ?
Penses-tu m'étonner par ces barbares noms ?

CARPALIN.

Ce sont tous les endroits, où j'ai passé ma vie.

CLEANDRE.

Tu n'es jamais sorti de ton hôtellerie.

CARPALIN.

Parlez mieux, indiscret !

CLEANDRE.

C'est trop faire le fin :
Ce n'est qu'un hôtellier appellé Carpalin,
C'est chez lui que je loge & vous devez me croire.

LIDAME.

Quoi vous logez chez lui ?

CLEANDRE.

C'est à la Teste Noire.

LIDAME.

Comment fourbe, imposteur ?

CARPALIN.

Ha Madame arrêtez,
Je vai vous dire encor bien d'autres veritez.
Rosette, Philipin & votre fille même
Sont mêlez avec moi dedans ce stratagême.

COMEDIE.
LIDAME.
Ma fille !....

CARPALIN.
Ce n'étoit qu'à bonne intention.

LUCRESSE.
Je vous ai pour Cleandre apris ma passion,
Et je ne permettois qu'il fit ce personnage
Que pour vous disposer à notre mariage.

CARPALIN.
Madame, croiez-moi, vous pourriez faire pis ;
Du Bailly de Nogent, il est unique fils.

LIDAME.
Je te pardonne tout, s'il est fils d'un tel pere.
Feu mon pauvre mari l'aima toujours eu frere.

CLEANDRE.
Il n'a pas de grands biens.

LIDAME.
Il a beaucoup d'honneur,
Dans un malheur pareil c'est encor un bonheur.
Lucresse desormais vous peut aimer sans crime ;
Mon aveu rend pour vous son amour légitime.
Ma fille, aimez Cleandre à present comme époux.

LUCRESSE.
Jamais commandement ne se trouva plus doux.

CLEANDRE.
Pour rendre notre joie encore plus parfaite,
Marions tout d'un tems Philipin & Rosette.

CARPALIN.

Que deviendrai-je moi ?

CLEANDRE.

Nous sommes genereux,
Vous nous rendez contens, nous vous rendrons heureux.

ROSETTE.

Philipin qu'en dis-tu ?

PHILIPIN.

Que veux-tu que je die ?
Je croi voir une fin de quelque Comedie.

ROSETTE.

Je crains encor ton Maître, & je tremble en secret.

PHILIPIN.

La Comedie est faite ; il n'est plus INDISCRET.

Fin du cinquiéme & dernier Acte.

LA COMEDIE SANS COMEDIE.

DE Mr. QUINAULT.

Representée en 1654.

NOMS DES ACTEURS
du premier Acte.

JODELET, *Valet de Hauteroche.*
HAUTEROCHE, *Comedien.*
CHEVALIER, *Fils de la Fleur.*
LA ROQUE, *Comedien.*
POLIXENE, *Sœur de la Roque.*
AMINTE, *Fille de la Fleur.*
SILVANIRE, *Sœur aînée d'Aminte.*
LA FLEUR, *Marchand.*

La Scene est à Paris.

LA COMEDIE
Sans
COMEDIE

LA COMEDIE SANS COMEDIE.

ACTE I.

SCENE PREMIERE.

JODELET, HAUTEROCHE.

JODELET, *jouë du Theorbe & chante aprés avoir posé une lanterne sourde à terre.*

La nuit, qui verse à pleines mains
Ses doux pavots sur les humains,
Fait sommeiller le bruit & ronfler la tristesse;
Et le Soleil ce grand Falot
Est allé plus vîte qu'au trot

Chez Thetis son hôtesse
Dormir comme un sabot ;
La fugue est rafinée & l'accord n'est pas sot.

HAUTEROCHE à part.
C'est mon valet qui chante, ah l'insolente étrange !

JODELET.
Je me sens en humeur de chanter comme un Ange.

Il continuë à chanter.

Tandis parmi des Loups-garoux,
Des Chats-Huants & des Hiboux,
Je fais malgré mes dents ici le pied de gruë,

Une corde du Theorbe se rompt.

Peste, au plus bel endroit une corde est rompuë.
Dieu, c'est la chanterelle, helas, quelle pitié !
Si mon maître survient je suis estropié ;
Ce soir à sa coquette il donne serenade.

HAUTEROCHE.
Le maraut !

JODELET.
Je crains fort sa premiere boutade.
Sa teste est bien legere, & son bras est fort lourd,
Il est prompt comme un diable, & frappe comme un sourd.

HAUTEROCHE.
Assommons ce faquin.

JODELET.
Au voleur, on me tuë !

SCENE II.

CHEVALIER, HAUTEROCHE, JODELET.

CHEVALIER *sortant de son logis*.

J'Entends de Jodelet la voix qui m'est connuë,
Quelqu'un lui fait outrage, il faut le secourir,
Qui que tu sois, demeure, ou t'aprête à mourir.
HAUTEROCHE.
Epargnez vos amis, calmez votre furie.
CHEVALIER.
C'est toi, cher Hauteroche ! excuse je te prie,
Je croiois que quelqu'autre outrageoit ton valet.
JODELET.
Ma foi, je m'ennuiois de garder le mulet.
Une corde à sauté, dont j'enrage, ou je meure.
HAUTEROCHE.
Traître !
JODELET.
Tout beau, je vai en mettre une meilleure.
HAUTEROCHE.
J'ai soupé chez Ariste, & je viens dans l'espoir
D'oser avec un air vous donner le bon soir.
CHEVALIER.
Dis à ma jeune sœur dont ton ame est touchée.
HAUTEROCHE.
Ma passion pour vous ne fut jamais cachée.
Vous sçavez que je brûle, & que sans votre aveu
J'aurois toûjours langui sans découvrir mon feu ;
Mais vos bontez en vain fondent mon esperance,
La Fortune entre nous met trop de difference.

Votre pere est fort riche, & chérissant le bien
Il aura du mépris pour un Comedien.
Je crains qu'il soit atteint de l'horreur ordinaire
Que notre nom imprime en l'ame du vulgaire,
Et comme de notre Art il ignore le prix,
Notre amour n'obtiendra de lui que du mépris.

CHEVALIER.

Vous sçavez qu'il attend deux vaisseaux en Pro-
  vence,
Où sont avec nos biens toute notre esperance,
Et que d'un coup de vent le Destin irrité
Peut encore entre nous mettre l'égalité ;
Je suis même alarmé d'avoir cet Ordinaire
Manqué de recevoir des lettres de mon pere.
Quoi qu'il arrive, enfin j'espere à son retour
Lui faire par mes soins approuver ton amour,
Ma sœur de son côté te sera favorable.

HAUTEROCHE.

Vous me voulez flâter d'un mensonge agréable.

CHEVALIER.

Non, je sçai qu'elle t'aime.

HAUTEROCHE.

      Ah, c'est trop de moitié,
Je suis assez heureux si je lui fais pitié,
Je sçai que fort souvent la Roque la visite,
Je connois mes défauts, & connois son mérite :
Il en reçoit sans doute un traitement bien doux.

CHEVALIER.

C'est-à-dire en un mot que tu deviens jaloux ;
Mais à tort sur ce point ton esprit s'inquiette,
La Roque aime l'aînée, & non pas la cadette :
Elle n'est pas d'humeur à faire un second choix,
Elle aimera toûjours ce qu'elle aime une fois.
Plût au Ciel que le Sort me fut aussi propice !
Helas !

HAUTEROCHE.

   Vous soûpirez !

CHEVA-

SANS COMEDIE.
CHEVALIER.
C'est avecque justice.
HAUTEROCHE.
Tout succede à vos vœux, tout rit à vos desirs,
J'ignore quel sujet peut causer vos soûpirs.
CHEVALIER.
Si tu peux l'ignorer, ton erreur est extréme,
Alors que l'on soûpire, on dit toûjours qu'on aime.
Je l'avouë, oüi, l'amour a sçû me surmonter.
HAUTEROCHE.
C'est un mal qu'on peut fuir, mais non pas éviter,
Et si c'est un défaut dans le siecle où nous sommes,
C'est au moins le défaut, qu'ont tous les galans hom-
  mes.
CHEVALIER.
Une jeune beauté hier au soir dans un bal
Sçût à ma liberté porter le coup fatal.
HAUTEROCHE.
Quelle est sa qualité ?
CHEVALIER.
Je n'en sai rien encore.
HAUTEROCHE.
Au moins tu sais son nom ?
CHEVALIER.
Nullement, je l'ignore,
Et pour rendre mon sort funeste au dernier point,
Ceux à qui j'en parlai ne la connoissoient point :
Et pour toute faveur, ce miracle des belles
M'assûra que bien-tôt j'aurois de ses nouvelles.
HAUTEROCHE.
Cher ami, je vous plains.
CHEVALIER.
Mais c'est trop t'arrêter,
Cessons de discourir, & commence à chanter.
HAUTEROCHE.
Je vai chanter des vers d'une piece nouvelle,
Dont je croi la pensée être assez naturelle.

Tom. I.   M

SCÈNE III.

LA ROQUE, PROLIXENE, CHEVALIER, HAUTEROCHE, JODELET.

LA ROQUE.

Pardonne à mon amour mon incivilité,
Ma sœur, & chante ici l'air que j'ai souhaité.
      POLIXENE *chante en voix de dessus.*
Sœur du Soleil, éclatante courière,
    Vous n'eûtes jamais de lumière
Egale au bel éclat, qu'Olimpe a dans les yeux.
              HAUTEROCHE.
J'allois chanter ces vers.
              CHEVALIER.
                    Que rien ne te retienne.
On chante une partie opposée à la tienne.
      HAUTEROCHE *chante en voix de haute-conte.*
Sœur du Soleil, éclatante courière,
    Vous n'eûtes jamais de lumière
Egale au bel éclat, qu'Olimpe a dans les yeux.
              LA ROQUE.
Si je ne suis trompé cette voix m'est connuë.
Ne t'en étonne point, ma Sœur, & continuë.
        POLIXENE *continuë à chanter.*
Et cet Astre naissant d'où j'ai tiré ma flame
    A plus mis de feux dans mon ame
Que vous n'en metez dans les cieux.
      HAUTEROCHE *continuë aussi à chanter.*
Et cet Astre naissant d'où j'ai tiré ma flame
    A plus mis de feux dans mon ame
Que vous n'en mettez dans les Cieux.

SANS COMEDIE.
LA ROQUE *à Polixene.*
Ma Maîtresse paroît, acheve en diligence.
CHEVALIER *à Huteroche.*
Achevés promptement, Aminte ici s'avance

SCENE IV.

SILVANIRE, AMINTE, HAUTEROCHE, CHEVASIER, LA ROQUE, POLIXENE, JODELET.

AMINTE.

CEt air s'addresse à moi.
SILVANIRE.
Dieu, quelle vanité !
On chante ici pour moi sous un nom emprunté.
Ils chantent ensemble.
Quand vous brillez sur la terre & sur l'onde
Voyez-vous quelque chose au monde
Egale à ses apas, ou pareille à ma foi ?
Vous n'y pouvez rien voir de plus aimable qu'elle,
Ni rien aussi de plus fidelle,
Et de plus amoureux que moi.

POLIXENE *à la Roque.*
Abordez Silvanire, & lui parlez sans crainte.

CHEVALIER *à Hauteroche.*
Tu veux prendre le tems d'entretenir Aminte,
Avec toute clarté j'irai voir cependant

M 2

Qui pour trooubler ta voix est assez imprudent.
HAUTEROCHE.
Agréez ce devoir, Aminte ma Maitresse.
AMINTE à sa sœur.
Jugez si c'est à moi que la chanson s'adresse.
LA ROQUE.
Silvanire, approuvez ces marques de ma foi.
SILVANIRE à sa sœur.
Jugez si la chanson s'offre à d'autre qu'à moi.
CHEVALIER.
Ami, que voi-je ! ah Ciel ! ô merveille étonnante !
HAUTEROCHE.
Quoi donc, qu'avez-vous vû ?
CHEVALIER.
     La beauté qui m'enchante,
La même que je vis dans un bal hier au soir,
Et qui se fit aimer dés qu'elle se fit voir.
LA ROQUE.
Vous aimez donc, ma sœur, comme j'aime la vôtre ?
CHEVALIER.
Ah, si c'est votre sœur quel bonheur est le nôtre !
Je l'aime, & dans l'ardeur, dont je suis enflamé,
Je ferois l'impossible afin d'en être aimé,
Vous obtiendrez ma sœur au retour de mon Pere,
De la vôtre tandis que faut-il que j'espere ?
Veüillez la consulter.
POLIXENE.
     Consultez votre feu
Qui prend beaucoup d'amour peut en donner un peu.

SCENE V.

LA FLEUR, SILVANIRE, AMINTE, CHEVALIER, HAUTEROCHE, LA ROQUE, POLIXENE, JODELET.

LA FLEUR.

Aprés avoir perdu tout mon bien deſſus l'onde
Je fuis avec raiſon la lumiere & le monde ;
Le Bien ſans la Vertu reçoit par tout des prix,
Et la Vertu ſans bien n'obtient que des mépris.
Allons voir nos enfans & pleurer nôtre perte,
Entrons vîte au logis, la porte en eſt ouverte.
Il entre dans le logis.

SILVANIRE.
Pour nous entretenir avec plus de repos
Entrons dans la maiſon.

CHEVALIER.
     Il eſt fort à propos ;
Dans l'excez du plaiſir dont j'ai l'ame accablée
Je l'oubliois,

SILVANIRE *ſortant du logis à la hâte.*
 Fuions

CHEVALIER.
    Qui vous rend ſi troublée ?

SILVANIRE
Mon pere eſt de retour, & d'un air inhumain
Il marche ſur nos pas un poignard à la main :
Arrêtez ſa fureur.

LA COMEDIE

LA FLEUR *levant le bras pour*
frapper Chevalier.
Ah, perfide !
CHEVALIER.
Ah, mon pere !
Epargnez votre fils.
LA FLEUR.
Mon fils ! qu'allois-je faire !
Tous nos biens sont perdus, mais sauvons notre honneur,
Mes filles ont chacune un lâche suborneur :
Deux galans inconnus à mes yeux trop fidelles,
En leur baisant les mains sont entrez avec elles.
CHEVALIER.
Dans une injuste erreur vos transports vous ont mis,
Ce sont gens de mérite, & de plus mes amis.
LA FLEUR.
Mais ils ont de l'amour.
CHEVALIER.
L'amour n'est pas un crime,
L'hymen qu'ils ont pour but rend leur feu legitime ;
Et puis que la fortune a dans le sein des eaux
Avec tout notre espoir abîmé nos vaisseaux,
Vuëillez ne trouver pas leur recherche importune,
Ils aimeront mes sœurs malgré leur infortune.
LA FLEUR.
Vous ne sauriez, mon fils, parler plus sagement,
Je promets de leur faire un plus doux traitement.
HAUTEROCHE.
Nous osons approcher après cette promesse !
J'aimai toûjours Aminte, & je vous le confesse :
Cet amour continuë, & le sort rigoureux
Qui peut tout sur ces biens, ne peut rien sur mes feux.
LA ROQUE.
Je suis trop amoureux pour pouvoir être avare,

J'adore en Silvanire un tresor assez rare :
Elle n'a rien perdu qu'il me soit précieux
Puis qu'il lui reste encor l'éclat de ses beaux yeux.
LA FLEUR.
On ne sauroit former de desirs plus honnêtes ;
Mais pourrois-je, Messieurs, demander qui vous êtes ?
HAUTEROCHE.
Je suis né, grace au ciel, d'assez noble parens,
J'ai reçû dans la Cour mille honneurs differens :
La France à m'admirer souvent s'est occupée ;
Le Favori du Roi m'a donné cette épée :
J'ai reçû des faveurs des gens du plus haut rang,
Ce diamant de prix vient d'un Prince du sang ;
J'ai l'heur d'être connu du plus grand des Monarques,
Et j'ai de son estime eu d'éclatantes marques :
Il m'écoute par fois mieux que ses courtisans,
Et l'habit que je porte est un de ses presens.
LA FLEUR.
J'aurai beaucoup d'honneur de vous avoir pour gendre ;
Mais quel est l'autre amant ?
LA ROQUE.
Je m'en vai vous l'apprendre,
Quant à moi, pour parler avec sincerité ;
La fortune en naissant ne m'a pas bien traité ;
Mais si lors son erreur me fut injurieuse,
Elle a rendu depuis ma vie assez fameuse.
Je me suis vû souvent un Sceptre entre les mains,
Dans un rang au-dessus du reste des humains :
J'ai de mille Heros reglé les destinées ;
J'ai vû dessous mes pieds des têtes couronnées,
Et j'ai par des exploits aussi fameux que grands
Vangé les justes Rois & détruit les Tyrans
J'ai conquis des Tresors, j'ai forcé des Murailles,
J'ai donné des combats, j'ai gagné des batailles,
Et me suis vû vingt fois possesseur glorieux

M 4

De tout ce que la terre a de plus précieux.
LA FLEUR.
O ciel ! que je vai voir de gloire dans ma race !
Mais quel est vostre emploi ? dites-le moi, de
    grâce ?
LA ROQUE.
Nous joüissons tous deux d'un repos assez doux.
LA FLEUR.
Mais après vostre hymen enfin que ferez-vous ?
Je voudrois le savoir.
HAUTEROCHE.
                S'il faut qu'on vous le die,
Nous serons......
LA FLEUR.
    Poursuivez.
HAUTEROCHE.
        La.....
LA FLEUR.
        Quoi.....
LA ROQUE.
           La Comedie.
LA FLEUR.
La Comedie ! hé quoi ce sont-là vos grands
    biens ?
Vous n'êtes donc, Messieurs, que des Comediens ?
Vous pouvez autre part aller chercher des fem-
    mes,
Mes filles ne sont pas des objets pour vos flâmes,
Quoi qu'elles soient sans bien, tournez ailleurs vos
    pas,
Elles ont de l'honneur, & vous n'en avez pas :
Vous, dont l'Art dangereux n'a pour but que de
    plaire,
Aux desirs déreglez de l'ignorant vulgaire :
Vous, qui ne faites voir pour belles actions
Que meurtres, ou larcins, ou prostitutions,

Et qui n'apprenez rien par tous vos artifices
Qu'à quitter les vertus pour pratiquer les vices;
Vous, qu'un gain lâche anime, & qui ne profitez
Que du prix des forfaits que vous representez.

JODELET.

Enfin, si l'on en croit ce vieillard venerable,
Tous les Comediens ne valent pas le diable.

HAUTEROCHE.

Touchant la Comedie on peut dire avec vous
Qu'elle fut jadis l'art le plus vil de tous,
Et qu'en vos jeunes ans elle étoit encor pleine
De mille impuretez dignes de vôtre haine;
Mais depuis qu'en nos jours de merveilleux esprits
Ont épuré cet Art par leurs doctes écrits.
Ses défauts sont changez en graces immortelles,
Dont le charme est sensible aux ames les plus bel-
　les.
La Scene est une école où l'on n'enseigne plus
Que l'horreur des forfaits & l'amour des vertus;
Elle émeut à la fois le stupide & le sage,
Montrant des passions, elle en montre l'usage:
La Comedie au vif nous fait representer
Tout ce que l'on doit suivre ou qu'on doit éviter.
Quand le crime y paroît, il paroît effroiable,
Quand la vertu s'y montre, elle se montre aima-
　ble ;
Le coupable y reçoit la peine qu'il lui faut;
S'il s'éleve par fois, c'est pour choir de plus haut;
L'innocent y triomphe, & si le sort l'outrage,
Il l'abat pour après l'élever davantage,
Et c'est un art enfin qui sait en même-tems
Instruire la raison & divertir les sens.

LA ROQUE.

A tant de veritez j'ose ajoûter encore
Que cet Art annoblit, bien loin qu'il deshonore.
De ce qu'il fut jadis il est bien different,

M 5

Son but n'est point de plaire au vulguaire ignorant,
Il ne destine plus ses beautez sans égales
Qu'aux esprits éloignez & qu'aux ames Roiales,
Est-il honneur plus grand que d'avoir quelquefois
Le bien d'être agréable au plus fameux des Rois,
De mêler quelque joie aux importantes peines
De la plus vertueuse & plus grande des Reines,
Et de donner relâche aux soins laborieux
Du plus brillant esprit qui soit venu des cieux
D'un Ministre animé d'une ame peu commune,
Et grand par sa vertu plus que par sa fortune ?

LA FLEUR.

Enfin si l'on vous croit, rien n'est égal à vous;
Mais, Messieurs, si votre Art est si noble & si doux,
Il faut à qui prétend l'exercer avec gloire
Beaucoup de jugement, d'adresse & de mémoire,
Il faut que rien ne manque à qui s'en veut mêler,
C'est trop peu d'y bien faire, il y faut exceller.

HAUTEROCHE.

Votre ame sur ce point doit être satisfaite,
Nous pouvons composer une Troupe parfaite:
La nôtre depuis peu s'est rompuë à Paris,
Dont on peut aisément recueillir les débris:
J'ai deux sœurs, & la Roque une encor fort charmante
Que votre fils chérit d'une ardeur vehemente,
Nous avons des valets, des amis, des parens
A qui l'on peut donner des rôles differens;
Et si nous y joignons vos filles & leur frere,
Nous ferons une troupe assez forte pour plaire;
Et pour voir si l'on peut se contenter de nous,
Nous ne chercherons point d'autre juge que vous.

LA FLEUR.

Mais pour en bien juger, il faudroit ce me semble
Vous voir representer la Comedie ensemble.

LA ROQUE.

Il le faut bien ainsi, votre fils & ses sœurs
Ont toûjours du Theâtre estimé les douceurs :
Chacun d'eux sait assez de vers de Comedie
Pour n'avoir pas besoin qu'aucun en étudie,
Et pour vous divertir par de differens vers,
Nous representerons quatre sujets divers ;
D'abord la Pastorale, où vous pourrez connoître,
Qu'Amour se plaît souvent sous un habit cham-
pêtre :
Qu'aux champs comme à la Cour, il sait donner
des loix,
Et qu'il frappe aussi-bien les Bergers que les Rois,
Nous donnerons ensuite une Piece burlesque
Où nous ferons paroître une image grotesque
Des défauts qu'on remarque aux vulgaires esprits,
Et tels qu'il faut qu'ils soient pour donner du mé-
pris.
En suite vous verrez une Piece tragique,
Où nous vous marquerons d'un stile magnifique
Les maux que peut causer un desir mal reglé
Dans le plus grand des cœurs quand il est aveuglé,
Enfin sur ces essais notre Troupe enhardie
Fera voir un sujet de Tragicomedie ;
Où nous pourrons encor mêler pour ornemens
Des Machines en l'air & des Concerts charmans.
Nous y ferons connoître à votre ame interdite
Que toute force cede à celle du mérite,
Et que quelque effort dont on soit combatu,
Les charmes les plus grands sont ceux de la Vertu.

LA FLEUR

L'on ne peut proposer rien de plus équitable ;
Ce que vous promettez m'est beaucoup agreable ;
Et je ne serai point contraire à vos souhaits
Pourvû que vos discours soient suivis des effets ;
Mais quand, pour satisfaire au desir qui me presse,
Pretendez-vous pouvoir tenir votre promesse ?

M 6

HAUTEROCHE.

Notre amour nous en presse encore plus que vous,
Vous aurez dés demain un passe-tems si doux :
Nos décorations en nos mains demeurées
Seront en peu de tems sans peine préparées,
Et demain à vos yeux nous paroîtront tous prêts
A faire cet essai dans l'Hôtel du Marêts :
Il suffira ce soir de choisir quatre Ouvrages,
Et de faire entre nous le choix des personnages.

LA FLEUR.

Ce choix est important, & vous avez raison ;
Mais pour y mieux songer entrons dans ma maison.

Fin du premier Acte.

NOMS DES ACTEURS
du second Acte.

LA FLEUR, Comedien.
HAUTEROCHE, Comedien.
CLOMIRE, Bergere.
SELVAGE, Satire.
FORESTAN, Satire.
DORISE, Sœur de Clomire, déguisée en Berger.
MONTAN, Nourricier de Dorise.
FILENE, Berger, Amant de Clomire.
DAFNIS, autre Berger, Amant de Clomire.

La Scene de la Pastorale est dans l'Isle de

ACTE II.

CLOMIRE
PASTORALE

SCENE PREMIERE.

LA FLEUR, HAUTEROCHE.

LA FLEUR.

LE Soleil a quitté son humide demeure,
Serez-vous bien-tôt prêts?
HAUTEROCHE.
Oüi, Monsieur, tout-à-l'heure,
De ce siege pour vous qu'en ces lieux on a mis,
Vous verrez les essais que nous avons promis.
LA FLEUR.
Faites donc qu'à l'instant vos Compagnons commen-
    cent,
Je brûle de les voir.
HAUTEROCHE.
Je les vois qui s'avancent,
Placez-vous, & sur tout en cette occasion
Vüeillez les écouter avec attention.
La Fleur se place sur un siege au coin du Theatre.

SCENE II.

LA FLEUR, CLOMIRE, SELVAGE, FORESTAN.

CLOMIRE.

JE suis perduë, ô Ciel !
SELVAGE.
Je vous tiens, inhumaine,
Votre legereté pour ce coup sera vaine.
CLOMIRE.
De grace, laissez-moi.
FORESTAN.
Je serois un grand fat
De laisser dans ma faim un mets si délicat.
CLOMIRE.
Je suis morte.
SELVAGE.
Non, non, que rien ne vous étonne ;
Le mal qu'on vous fera n'a fait mourir personne.
CLOMIRE.
Quoi, vous cessez pour moi d'être respectueux ?
FORESTAN.
La Fortune & l'Amour se moquent des honteux.
SELVAGE.
Je sçai que pour mari l'on vous donne Filene,
Qui va de tous mes soins cueillir les fruits sans peine.
FORESTAN.
L'autre jour même encor je le vis couronné

Du chapeau de jasmins que je vous ai donné.
SELVAGE.
Plus ardent qu'un Lyon qui donne sur sa proie
Je prétends bien tantôt m'en donner à cœur joie.
FORESTAN.
Vous passerez le pas, & c'est à cette fois
Que je vai mettre enfin votre honneur aux abois.
SELVAGE.
Laisse-moi la mener dans ma Grotte ancienne.
FORESTAN.
Dans ta Grotte ! ah, j'entends la mener dans la mienne.
SELVAGE.
Vois-tu ? tous tes discours sont ici superflus,
Tu l'auras seulement quand je n'en voudrai plus.
FORESTAN.
Tu compteras deux fois, tu comptes sans ton hôte,
Je prétends bien me battre avant que l'on me l'ôte.
SELVAGE.
Tu l'aurois le premier ?
FORESTAN.
   Quoi, je ne l'aurois pas ?
Je l'aurai.
SELVAGE.
  Toi ?
FORESTAN.
   Oüi, moi.
SELVAGE.
   Ma foi, tu mentiras.
FORESTAN.
C'est toi qui mentiras
SELVAGE.
   Crains que je ne me fâche.

FORESTAN.
Moi, te craindre ? qui toi, des Bouquins le plus lâche ?
SELVAGE.
Bon pour toi, t'ai-je pas cent fois fait filer doux ?
FORESTAN.
Sus, il en faut venir des injures aux coups,
Que le plus fort l'emporte.
CLOMIRE.
    Où me vois-je réduite ?
Mais durant leur combat il faut prendre la fuite.

Elle fuit.

SELVAGE.
Le grand coup que voici !
FORESTAN.
    Le grand coup que voilà !
SELVAGE.
Plût au Ciel que quelqu'un vint mettre le hola !
FORESTAN.
Demandons-lui quartier, s'il redouble, il m'achève.
SELVAGE.
Attends pour un moment, Compagnon, faisons trêve.
FORESTAN.
J'y consens de bon cœur, car j'en ai grand besoin,
Mais Clomire ?
SELVAGE.
Ah, ma foi, je croi qu'elle est bien loin ;
Nous perdrions nos pas la suivant davantage,
Qu'en dis-tu ?
FORESTAN.
Qu'ai-je à dire au moment que j'enrage ?
SELVAGE.
Tout mon dos est en sang.

FORESTAN.
Il l'est moins que le mien,
Je suis meurtri de coups, & tout cela pour rien.
SELVAGE.
N'est-ce être pas bien fat, que lâcher ainsi prise ?
FORESTAN.
C'est par ton peu d'esprit.
SELVAGE.
Plûtôt par ta sottise,
Il faloit craindre tout de sa sotte vertu ;
Devois-tu la quiter ?
FORESTAN.
Pourquoi la quittois-tu ?
SELVAGE.
Ne prenons plus querelle ; il y va trop du nôtre,
Avoüons-nous tous deux aussi sots l'un que l'autre ;
Si nous la retrouvons, il faut s'accorder mieux,
Et ne se battre plus ainsi pour ses beaux yeux.
FORESTAN.
Ses parens pour mari lui destinent Filene,
Faisons que ce Rival ait part à notre peine :
Tâchons de l'attraper, & le roüant de coups,
Mettons-le hors d'état de se voir son époux.
SELVAGE.
Il le faudra sur tout prendre à notre avantage.
FORESTAN.
Fort bien, mais on nous suit, passons dans ce boc-
cage.

SCENE III.

LA FLEUR, DORISE, MONTAN.

DORISE en habit de Berger.

N'Approchons pas, je voi des Satires passer.
MONTAN.
Ils entrent dans le bois, vous pouvez avancer ;
Et quand sous cet habit ils vous verroient paroî-
 tre,
Il seroit mal-aisé qu'ils vous pussent connoître :
Moi qui vous élevai jadis si cherement,
Je vous ai méconnuë en ce déguisement.
Nous sommes seuls, enfin contentez mon en-
 vie,
Apprenez-moi quel Dieu vous a sauvé la vie,
Et me faites sçavoir pour quel sujet aussi
Vous cachiez votre sexe en arrivant ici.
DORISE.
En faveur de vos soins pris pour moi dés l'en-
 fance,
Ces secrets pour vous seul seront en évidence ;
Ce n'est pas sans ce sujet qu'on croit dans cet Ha-
 meau,
Que les flots soûlevez m'ont servi de tombeau :
Vous sçavez que ma mere au gré de notre flame
Me promit autrefois à Filene pour femme,
Et m'emmena devant qu'il me donnât la foi,
Pour accomplir un vœu fait à Delos pour moi.

MONTAN.

Oüi, je ne sçai que trop qu'en ce fatal voïage
Notre vaisseau périt par un subit orage :
Ses débris sur nos bords par les vents apportez,
Nous aprirent trop tôt ces tristes veritez.

DORISE.

On mit l'Esquif en mer au point de notre perte,
Je pris heureusement l'occasion offerte,
J'y passai sans ma mere, & le vent furieux
Fit briser le vaisseau tôt aprés à nos yeux,
Et l'orage cessant, un vent plus favorable
Dans l'Isle de Delos nous poussa sur le sable.
Là pour ne laisser pas mon honneur en danger,
Je changeai mon habit à celui d'un Berger,
Et quelques mois aprés un vaisseau de Sicile,
Sur qui je m'embarquai, me porta dans cette
    Isle,
Où j'ai sçû que l'ingrat qui me sçût embraser,
Aime ma sœur Clomire & prétend l'épouser ;
Avant qu'on reconnoisse en ce lieu mon visage
Je veux entretenir en secret ce volage.
Vous m'avez dit que seul il vient souvent ici,
J'y viens pour lui parler.

MONTAN.
              Je croi que le voici.

DORISE.
C'est lui-même en effet.

MONTAN.
          Mais votre teint se trouble ?

DORISE.
Helas ! à son abord ma foiblesse redouble.

MONTAN.
Comment, vous le fuïez ?

DORISE.
          Quoi ? ne voiez-vous pas
Dafnis qui d'assez prés marche dessus ses pas ?

MONTAN.
Je le voi, cachez-vous.
DORISE.
C'est ce que je desire.
MONTAN.
J'attendrai qu'il soit seul pour aller vous le dire.

SCENE IV.
LA FLEUR, FILENE, DAFNIS.

FILENE.

Qu'il est doux de se voir du tumulte éloigné!
Quiconque a de l'amour est bien accompa-
gné :
Avançons vers ce bois, le silence à toute heure
Y fait avec le frais sa demeure.
DAFNIS *faisant l'Echo derriere le Theatre.*
Demeure.
FILENE.
Ces Rochers sont atteints de mon mal inoüi,
Poursuis, poursuis, Echo, m'as-tu bien oüi ?
DAFNIS.
Oüi.
FILENE.
Clomire me témoigne une froideur extrême,
Que faut-il que je fasse afin qu'elle m'aime ?
DAFNIS.
Aime.
FILENE.
Mais quoi, si mon amour attire son mépris,

Que faire si l'ingrate est sourde à mes cris ?
DAFNIS.
Ris.
FILENE.
Rire au point de mourir ! ta réponce est étrange,
Comment punir cette ame encline au change ?
DAFNIS.
Change.
FILENE.
Si je pouvois changer ton conseil seroit bon,
De son époux enfin aurai-je le nom ?
DAFNIS.
Non.
FILENE.
Non ! ah, cette réponse est tout à-fait cruelle,
Crois-tu que sa froideur soit immortelle ?
DAFNIS.
Telle.
FILENE.
Telle ! mais quel Berger peut prétendre à sa foi,
Qui soit de l'obtenir plus digne que moi ?
DAFNIS *se découvrant.*
Moi.
FILENE
Toi ? quoi, c'est mon Rival qui vient de me répondre ?
DAFNIS.
Oüi, c'est moi qui par tout aspire à te confondre,
Clomire est au-dessus des merites d'un Roi ;
Mais je suis d'elle au moins bien plus digne que toi.
FILENE.
Ne nous emportons point ; si j'en croi l'apparence,
Elle met entre nous assez de difference,
Je lui plais.
DAFNIS.
Ton orgueil se l'est imaginé.
FILENE
Ce differend peut être aisément terminé,

Recitons ses faveurs, & puis sans plus attendre
Le moins favorisé cessera d'y prétendre.
DAFNIS.
Commence, je t'entends.
FILENE.
Quand prés de ce Hameau
Quelqu'un de mes moutons se mêle à son trou-
peau,
La Bergere le flâte, & puis me le demande.
DAFNIS.
Une faveur semblable à mon sens n'est pas grande,
Je veux fort volontiers te ceder en ce point,
On peut aimer le bien d'un que l'on n'aime point.
FILENE.
Si tôt qu'elle me voit, par un heureux présage,
Une couleur de feu paroît sur son visage :
La blancheur de son teint, qui feroit honte au lis,
Se change en la rougeur des œillets frais cueillis.
DAFNIS.
Ce changement fait voir que ton attente est vaine,
Un visage enflammé ne témoigne que haine.
FILENE
Si durant son repas je viens sans y songer,
La belle à mon abord perd le soin de manger.
DAFNIS.
De même la Brebis qui voit le loup paroître,
A son funeste abord quitte le soin de paître.
FILENE
Lors que je la rencontre au bord d'un clair ruisseau,
La Bergere se joüe à me jetter de l'eau,
Ces privautez font voir que j'ai l'heur de lui plai-
re,
Tu le dois avoüer.
DAFNIS.
Je soutiens le contraire,
Tu ne dois présager rien de bon de ce jeu :
Elle jette cette eau pour éteindre ton feu,
Et pour tâcher de mettre, en imitant Diane,

Le timbre d'Acteon deſſus ton front profane.
FILENE.
Ton eſprit mal tourné conçoit tout à rebours ;
Mais tu n'es pas du moins ſi bien dans tes amours,
Dis-moi quelle faveur t'a fait cette Bergere ?
DAFNIS.
Un cauſeur comme toi diroit ce qu'il faut taire.
Je cacherai bien mieux nos amoureux ſecrets :
Les vrais amans ſur tout doivent être diſcrets.
FILENE.
Quoi, tu ne diras rien ?
DAFNIS.
Je ne dois rien t'apprendre.
FILENE.
Mais tu me l'as promis ?
DAFNIS.
J'ai promis de t'entendre.
FILENE.
Quoi, j'aurois cet affront ?
DAFNIS.
Sans s'emporter ſi fort
Réſervons à Clomire à nous mettre d'accord :
Conſultons ſur ſon choix cette Beauté ſi chere,
Et cedons à celui qu'à l'autre elle préfere.
FILENE.
Suivras-tu ſon arreſt ?
DAFNIS.
Oüi, fut-il contre moi.
FILENE.
Tu dois t'en aſſurer : avançons, je la voi.

SCENE

SCENE V.
LA FLEUR, DAFNIS, FILENE, CLOMIRE.

DAFNIS.

Où courez-vous Beauté, qui causez nos martyres?
Craignez-vous quelque chose?

CLOMIRE.

Oui, je crains deux Satires,
Ils m'ont long-tems suivie, & c'est ce que je fuis.

FILENE.

Vous n'avez rien à craindre aux endroits où je suis.
Jugez d'un different dont à fort juste titre
Tous deux conjointement nous vous rendons arbitre;
De vos divins apas l'un & l'autre est charmé,
Jugez qui de nous deux merite d'être aimé.

CLOMIRE.

Ce que vous demandez me met beaucoup en peine,
Je n'ai pour nul de vous ni passion, ni haine:
Dites-moi vos raisons, & tout consideré,
Je verrai qui de vous doit être preferé.

FILENE.

Mon bon-heur....

DAFNIS.

Mon espoir....

FILENE.
Est certain.....
DAFNIS.
Diminuë....
CLOMIRE à Dafnis.
Filene a commencé, souffrez qu'il continuë.
FILENE.
Mon bon-heur est certain puis que vous m'écoutez.
Comme vos yeux, votre ame a beaucoup de clartez,
Je vai, puis que votre ordre ici m'en sollicite,
Pour gagner votre choix, parler de mon mérite,
Et pour mille raisons je suis fort assuré
Qu'à ce foible Rival je serai préferé.

DAFNIS.
Mon esprit diminuë, & tout me desespere,
S'il faut par le merite aspirer à vous plaire :
Rien n'est digne de vous ; & pour plaire en ce jour
Je n'ai point de raisons, je n'ai que de l'amour.

FILENE.
Jugez combien sur moi votre puissance est forte.
De m'avoir fait aimer aprés Dorise morte.
J'avois juré cent fois de n'être plus amant,
Mais vos beaux yeux m'ont fait violer mon serment.

DAFNIS.
Je n'ai jamais brûlé que de la seule flame
Que vos regards charmans ont porté en mon ame;
Qui peut aimer deux fois fait douter de sa foi ;
Mon amour doit durer & finir avec moi ;
Et comme votre Sœur si vous faisiez naufrage!
Ma mort m'empêcheroit d'être jamais volage.

FILENE.
La bien-seance encor vous porte à me choisir,
Vos plus proches parens approuvent mon desir.

DAFNIS.

Si j'obtiens votre choix par un bon-heur extrême
Je ne veux de ce bien rien devoir qu'à vous même.

FILENE.

Vous aurez de la gloire à m'avoir pour époux,
La race dont je sors est celebre entre nous.

DAFNIS.

La race dont je sors n'a jamais eu de lustre;
Mais si vous y passez, vous la rendrez illustre.
La gloire qu'il promet doit peu vous émouvoir,
C'est à vous d'en donner & non d'en recevoir.

FILENE.

Je n'ai point de défauts digne de votre haine,
Je me vis l'autre jour encor dans la fontaine :
J'eus lieu sans vanité d'être assez satisfait,
Et ne m'y trouvai point trop laid, ni trop mal fait.

DAFNIS.

Ma laideur à mes yeux, n'est pas ce qui s'oppose,
Si je suis sans beauté, vous en êtes la cause.
Nous sommes d'un même âge, & je croi justement
Que nous fûmes formez dans le même moment.
La nature voulant faire un chef-d'œuvre rare
De ses plus riches dons ne vous fut point avare,
Et l'ingrate de moi ne se souvint qu'alors
Qu'elle eut pour votre gloire épuisé ses tresors.
Pour vous être propice elle me fut cruelle,
Et je serois mieux fait si vous étiez moins belle.

FILENE.

Il en feroit bien croire à des esprits mal-faits,
Il n'a que des discours, & moi j'ai des effets :
Si vous aimez le bien, le Sort m'a fait la grace
Qu'en richesse en ces lieux aucun ne me surpasse :
J'ai des maisons au bourg, j'ai des troupeaux aux champs,
Je fais fendre la terre à vingt coutres tranchans :
J'ai tant de biens qu'enfin le compte en importune,

Soiez-moi favorable ainsi que la Fortune.
DAFNIS.
La Fortune jamais ne fait rien justement,
Sa haine ou sa faveur est sans discernement:
Votre sens est trop bon, pour avoir la pensée
De suivre en votre choix celui d'une insensée,
Elle hait les vertus, & vous en faites cas,
Enfin elle est aveugle, & vous ne l'êtes pas.
FILENE.
Si votre choix me donne ici la préference,
Vous verrez des effets de ma reconnoissance:
Je vous promets un Daim par mes soins élevé,
Que j'ai pour vous offrir jusqu'ici conservé.
DAFNIS.
D'aucune offre pour moi je ne fais mon refuge,
C'est à qui se sent foible à corrompre son Juge:
Je ne vous promets rien jugeant en ma faveur,
Je n'ai rien à donner, ayant donné mon cœur.
COLOMIRE.
Il faut que s'il se peut tous deux je vous contente.
Vous, Filene, pour prix de votre amour constante,
De mon chapeau de fleurs couronnez votre front.
FILENE.
O faveur trop charmante!

DAFNIS à part.
Ô trop sensible affront!
CLOMIRE.
Vous faites-moi, Dafnis, don de votre guirlande,
Je prétends la porter.
DAFNIS.
Ciel, que ma gloire est grande!
CLOMIRE.
Adieu.
DAFNIS.
Je vous suis.

CLOMIRE.

Non, je crains peu de dangers,
A cette heure par tout on trouve des Bergers.

SCENE VI.

LA FLEUR, DAFNIS, FILENE.

FILENE.

Sçais-tu bien maintenant qui plaît à la Bergere ?
DAFNIS.
Je le dois bien sçavoir, sa réponse est fort claire.

FILENE.

Puisque de son vouloir chacun est éclairci,
Suivons donc notre accord.
DAFNIS.
    Je l'entends bien ainsi.
FILENE.
Laisses-moi l'aimer seul, comme elle le desire.

DAFNIS.

Croi-moi, ne raille point, tu n'as pas lieu de rire,
Changes, & cherche autre part des traitemens meilleurs.
FILENE.
Comment ? c'est toi qui dois chercher fortune ailleurs.

DAFNIS.
C'est moi seul que Clomine a témoigné qu'elle aime.
FILENE.
Ne fais point l'ignorant.
DAFNIS.
　　　　　　　　Ne le fais toi-même.
FILENE.
Suivant le sens commun, qui m'offre de son bien
Doit m'aimer beaucoup plus que s'il m'ôtoit du mien.
DAFNIS.
Sur celui qui reçoit, qui donne à l'avantage ;
Qui donne ne doit rien, & qui reçoit s'engage.
FILENE.
Quand le Dieu Pan nous aime, on connoit pourtant bien
Qu'il nous fait des faveurs & ne nous ôte rien.
DAFNIS.
Quand le Dieu Pan nous aime, il reçoit notre offrande
Du même air dont Clomire a reçû ma Guirlande.
FILENE.
L'avantage sur toi clairement m'est donné,
Comme vainqueur enfin suis-je pas couronné ?
DAFNIS.
C'est à tort sur ce point que ton orgueil me brave,
J'ai les marques de Maître, & toi celles d'Esclave,
Nos Guirlandes de fleurs ne sont que des liens,
Les miens furent Clomire, & tu portes les siens.
FILENE.
Ta Guirlande étoit verte, & selon l'apparence
Elle veut, te l'ôtant, te priver d'esperance.
DAFNIS.
Par là de mon bon-heur elle veut m'assurer,
Aiant gagné son cœur, que pourrois-je esperer ?

Le succez fait cesser l'espoir qui le precede,
Et l'on n'espere plus un bien que l'on possede,
Mais adieu, si tu vois Clomire une autrefois,
Tu pourras à ta honte apprendre mieux son choix.

SCENE VI.
LA FLEUR, FILENE.

FILENE.

NOus nous trompons tous deux, un faux bien
  nous amuse,
Loin de nous éclaicir Clomire nous abuse,
Et ne se trouvant pas d'un merite commun,
Pour garder deux amans veut n'en choisir pas un,
Doris dont mon cœur revere encor les cendres,
Avoit des sentimens plus justes & plus tendres,
Je la devois aimer même aprés son trépas,
Ou plûtôt je devois ne la survivre pas.
Mais quoi ! je croi sentir le sommeil qu'il me presse,
Son charme avec mes sens assoûpit ma tristesse :
O ciel, n'aurai-je point d'autre bien dans mon
  sort,
Que celui qui me vient du frere de la Mort ?
      Il s'endort.

SCENE VIII.

LA FLEUR, SELVAGE, FORESTAN, MONTAN, DORISE, FILENE.

SELVAGE.

Je voi notre Rival qui dort sous ces feüillages,
Donnons dessus.

FORESTAN *lui tient les mains.*

Tout-beau, prenons nos avantages,
Et pour à son réveil rendre ses efforts vains,
Occupons-nous d'abord à lui lier les mains.

SELVAGE.

Fort bien.

MONTAN.

Filene est seul, approchez sans rien craindre,
Je vai me retirer pour ne vous pas contraindre.

DORISE. *Il se retire.*

Courons à la vangeance ; il faut à cet instant
Porter le coup mortel à ce cœur inconstant
Avançons, mais que voi-je ? on attente à sa vie !
Lâches, retirez-vous, ou craignez ma furie.

FILENE.

Ciel, où suis-je, & qu'entends-je ?

SELVAGE.

Evitons son courroux,
Nous ne pouvons ici rien gagner que des coups.

DORISE.

Ils font bien loin, souffrez que ma main vous délie
Berger, vous êtes libre.

FILENE.

Oüi, je vous dois la vie,
Et je borne à present mes souhaits les plus doux
A trouver les moiens de la perdre pour vous.

DORISE.

Traître, il en faut trouver les moiens tout à l'heure,
Deffens-toi si tu peux.

FILENE.

Non, il faut que je meure;
Si vous voulez ma vie, il faut vous contenter,
La main dont je la tiens a droit de me l'ôter.

DORISE.

Je veux te l'arracher plûtôt que te la prendre;
Et tu m'obligeras si tu l'oses défendre.

FILENE.

Non, je m'offre à vos coups; mais quel prodige, ô cieux!
Voi-je pas de Doris & les traits & les yeux?

DORISE.

J'en ai les mêmes traits, mais non pas la même ame;
C'est au lieu de l'amour le dépit qui m'enflâme;
Je suis Dorise enfin, mais Dorise en fureur,
Qui veut non te gagner, mais t'arracher le cœur.

FILENE.

Hé bien, contentez-vous ma perte est legitime,
Mon repentir est grand, mais bien moins que mon crime,
Mon cœur perdant l'espoir d'oser vivre pour vous,
Met son bon-heur dernier à mourir de vos coups.
Frappez donc.

DORISE.

C'est en vain que le dépit m'empresse,

Je n'en ai pas la force, ingrat, je le confesse.
FILENE.
Je ne dois pas mourir d'une si belle main,
Mon bras doit me punir.
DORISE.
     Non, arrête, inhumain.
Je hai Filene ingrat; mais malgré ma colere,
Filene repentant ne me sauroit déplaire.
FILENE.
C'est traiter un perfide avec trop de douceur,
Mais qui fait à la hâte avancer votre Sœur.

SCENE IX.
LA FLEUR, FILENE, DORISE, CLOMIRE, DAFNIS.

CLOMIRE.

A-t-on jamais parlé d'une telle insolence?
Deux Satires affreux avecque violence
Ici-prés à l'instant auroient sçû m'enlever
Sans Dafnis que le Dieux ont fait lors arriver.
DAFNIS.
Bergere, assûrez-vous, ces lâches sont en fuite.
CLOMIRE.
A quel malheur sans vous aurois-je été réduite!
Ma vie & mon honneur ne sont dûs qu'à vos soins,
Et me donnant à vous, je ne vous dois pas moins.
DAFNIS.
Vous ne me devez rien, Bergere incomparable,
A qui fait son devoir on n'est point redevable,
Et je reçoi de vous cet excez de bonté
Comme on reçoit un bien qu'on a pas merité.

Mais de dépit Filene en va perdre la vie.
FILENE.
Je ne sai qui de nous est plus digne d'envie.
Cet adorable Objet qui me promet sa foi,
Me rend autant heureux & plus content que toi.
CLOMIRE.
Mais comment d'un Berger votre ame est-elle éprise !
DORISE.
Sous l'habit de Berger reconnoissez Dorise.
CLOMIRE.
Ma Sœur Dorise, ô ciel ! quel miracle nouveau
A pû défendre aux flots d'être votre tombeau ?
DAFNIS.
En ces lieux à present le Soleil importune,
Allons dans le logis apprendre sa fortune,
Et nous préparer pour le bien-heureux jour
Où l'hymen doit enfin couronner notre amour.

Fin de la Pastorale & du second Acte.

NOMS DES ACTEURS
du troisiéme Acte.

ISABELLE, Fille de Panfile.

MARINE, Servante d'Isabelle.

PANFILE, Pere d'Isabelle.

TERSANDRE, Amant d'Isabelle, déguisé en Cuistre.

RAGOTIN, Domestique de Tersandre, aussi déguisé en Cuistre.

LE DOCTEUR, Amoureux d'Isabelle.

La Scene est à Tolede.

ACTE III.

LE DOCTEUR DE VERRE.
COMEDIE.

SCENE PREMIERE.
ISABELLE, MARINE.

ISABELLE.

MA lettre est achevée, & c'est à toi de prendre
Le soin de la donner en main propre à Tersandre,
Tu sçais que cet Ecrit l'invite à s'opposer
Aux desseins du Docteur, qui me doit épouser :
Si mon pere en sortant venoit à te surprendre,
Souviens-toi du secret que je viens de t'apprendre.

MARINE.

Il suffit, j'ai sçû l'art dés mes plus jeunes ans
D'en donner à garder aux vieillards défiants.

ISABELLE.

Ecoute encor deux mots, songe bien à lui dire,
Que hier il eut grand tort de manquer de m'écrire,
Que de mon triste hymen l'empressement s'accroît,
Et qu'en son peu de soin son peu d'amour paroît.

MARINE.

Rentrez, il ne faut pas m'en dire davantage.

ISABELLE.

Sur tout, sonde-le bien touchant mon mariage.

Isabelle rentre.

MARINE.

Allez, pour réüssir dans ces commissions,
Je n'ai pas grand besoin de vos instructions.
Sortons vite ; ah, j'entends notre vieillard qui crache,
Je porte ce billet, & crains qu'il ne le sçache,
S'il l'attrape en mon sein, il sera bien subtil.

SCENE II.

PANFILE, MARINE.

PANFILE.

Marine, écoute un mot.

MARINE.

Monsieur, que vous plaît-il ?

PANFILE.

Tu sçais fort bien qu'en toi j'ai confiance entiere,
Dis moi, que fait ma fille ?

MARINE.
Elle fait sa priere.
PANFILE.
Vraiement j'en suis fort aise, on ne peut faire mieux,
Si-tôt qu'on voit le jour, d'en rendre grace aux Dieux :
Je m'en vai assister au temple au sacrifice,
Pour ne pas l'interrompre en ce saint exercice.
MARINE.
C'est bien fait.
PANFILE.
Mais, Marine, avant que de sortir,
De ses desirs secrets voudrois-tu m'avertir ?
Tu sçais que pour mari je lui destine un homme,
Qui n'eut jamais d'égal dans Athene & dans Rome :
Un sçavant, mais sçavant, qui ne ressemble pas,
A ceux qui d'ordinaire sont gueux comme des rats,
Et qui sçait pour charmer l'ame la plus farouche,
Parler d'or de la main, ainsi que de la bouche.
D'où provient que ma fille en cette occasion
Témoigne pour l'hymen si grande aversion;
Et n'auroit-elle point par une ardeur fatale
De même que sa sœur fait vœu d'être vestale ?
MARINE.
Pour moi, je ne croi pas, à dire vérité,
Qu'elle ait jusqu'ici fait vœu de chasteté;
Et cette aversion où votre choix l'engage,
Est plus pour le mari que pour le mariage.
L'époux qu'on lui destine est un barbon hideux,
Plus propre à ressentir des glaçons que des feux
Cet objet ne doit pas toucher une jeune ame.
Lors qu'on fait demander une fille pour femme,
Une telle demande a toûjours des appas;
Mais c'est le demandeur qui souvent ne plaît pas;
Si vous ne l'eussiez point refusée à Tersandre,
Sans peine au mariage on l'eût fait condescendre,

PANFILE.
Le Docteur est plus riche.
MARINE.
Oüi, mais c'est son vieux corps
Qu'elle doit épouser & non pas ses tresors.
PANFILE.
Mais pour ce jeune Amant, ce conteur de fleurettes,
N'a-t-elle point aussi des passions secrettes ?
MARINE.
Vous lui faites grand tort d'avoir de tels soupçons,
Votre fille est fort sage, elle suit mes leçons.
PANFILE.
Je t'estime fidelle, il faut que je te croie ?
Mais quel est ce papier ?
Il voit la Lettre.
MARINE.
Ce n'est rien.
PANFILE.
Que je voie.
MARINE.
A d'autres ; je connois quel est votre dessein,
Vous voulez m'aprocher pour me toucher le sein,
Qui ne vous connoîtroit ?
PANFILE.
C'est.....
MARINE.
Vous avez beau dire,
Vous n'y toucherez point.
PANFILE.
Mais....
MARINE.
Mais vous voulez rire ?
PANFILE.
Ce papier que j'ai vû doit être un billet doux.
MARINE.
C'est de mon serviteur ; en êtes-vous jaloux ?

PANFILE.
Va, tu n'es qu'une folle, adieu je vai au Temple.

Bas.
Son procedé me donne un soupçon sans exemple,
Sortons pour la surprendre.

MARINE.
Il s'en va fort content;
Mais serrons autre part ce billet important.

PANFILE.
Retournons doucement, j'espere de la sorte,
Arracher de ses mains le papier qu'elle porte.

MARINE.
La lettre est chifonnée, il faut la plier mieux,
Ma foi, le vieux penard n'est point malicieux.

PANFILE *lui otant le Billet.*
Voions ton innocence, ou bien ton artifice.

MARINE.
Quoi, vous ouvrez ma lettre?

PANFILE.
Oui, mais c'est sans malice,
Cet écrit tel qu'il est sans adresse & sans seing,
De ma fille pourtant me découvre la main.
Parle, à qui portes-tu cette lettre fatale
De la part d'Isabelle.

MARINE.
A sa sœur la Vestale.

PANFILE.
C'est plûtost à Tersandre.

MARINE.
Ah, ne le croiez point.

PANFILE.
La lecture pourra m'éclaircir sur ce point.

Il lit.
Le peu de soin que tu prens de m'écrire ne m'empêche pas d'être encore sensible à l'amour des vertus, l'obéissance est celle qui sur toutes me plaît la moins, heureuse entre les filles est celle qui n'a point de parens qui aiment

le bien : on me presse d'épouser un vieux Docteur ; en vain j'ai promis de n'y consentir jamais, sans plus songer, à ma promesse il faut que je satisfasse ; mon Père tâche par des remontrances de me faire accepter ce vieil amant que je ne hai point sans raison, ceux qui m'aiment se feront connoître s'ils s'opposent à ce mariage.

Hé bien, oseras-tu maintenant, déloiale,
Dire que cet écrit soit pour une Vestale,
Ma fille par tes mains l'envoie à son amant.

MARINE.

Vous lui faites grand tort, Monsieur, assurément
Vous ne lisez pas bien, & j'y mettrois ma vie.

PANFILE.

O Ciel ! vit-on jamais plus grande effronterie !

MARINE.

Pour qui me prenez-vous ? de grace, parlez mieux,
Monsieur, j'ai de l'honneur.

PANFILE.

     Et moi j'ai de bons yeux.

MARINE.

N'en déplaise pourtant à vos grandes lunettes,
Je croi que vous avez les visieres mal nettes.
Regardez de plus prés, le sens pourra changer.

PANFILE.

La traîtresse a dessein de me faire entager.

MARINE.

Vous nous faites, Monsieur, une injustice extrême,
Je connois ma Maîtresse.

PANFILE.

    Hé bien, lis donc toi-même.

MARINE.

Si je ne vous fais voir que ces mots seulement
S'adressent à sa sœur, & non à son amant,
Et que c'est sans raison que vous m'avez criée,
Que puissai-je mourir sans être mariée,
Vous me pouvez bien croire aprés un tel serment.

PANFILE.

J'en doute, hâte-toi de lire promptement.

MARINE *lit.*

Le peu de soin que tu prends de m'écrire ne m'empêche pas d'être encore sensible à l'amour des vertus, l'obéïssance est celle qui sur toutes me plaît, la moins heureuse entre les filles est celle qui n'a point de parens qui aiment le bien, on me presse d'épouser un vieux Docteur, en vain j'ai promis de n'y consentir jamais, sans plus songer à ma promesse, il faut que je satisfasse mon Pere, tâche par des remontrances de me faire accepter ce vieil amant que je ne haï point, sans raison ceux qui m'aiment se feront connoître s'ils s'opposent à ce mariage.

PANFILE.

Dieux, sans changer un mot, comment se peut-il faire,
Que ce sens se rencontre au premier si contraire?

MARINE.

Hé bien, n'aviez-vous pas l'esprit préoccupé?

PANFILE.

Les points qui sont obmis doivent m'avoir trompé;
Les filles de ce tems estiment ridicules
Celles dont les Ecrits sont remplis de virgules.

MARINE.

Votre humeur fort sujette aux paniques terreurs
Est le défaut qui seul a causé vos erreurs;
J' vous l'avois bien dit, votre fille est bien née,
Vous m'avez fait injure, & l'avez soupçonnée;
J'en créve de dépit.

PANFILE.

  Marine, excuse-moi,
Je jure de jamais ne douter de ta foi.

MARINE.

Vous avez eu grand tort.

PANFILE.

  Oüi, je te le confesse.

MARINE.

Rendez-moi mon billet, Monsieur, le temps me presse.

LA COMEDIE

PANFILE.

Je le ferai tenir.

MARINE.

Il n'en est pas besoin.

PANFILE.

Va, quelqu'un de mes gens t'épargnera ce soin,
Et pour mieux employer ton tems & ton adresse,
A l'hymen du Docteur dispose ta Maîtresse.

MARINE.

Mais la presserez-vous ?

PANFILE.

Oüi, dis-lui de ma part
Qu'il le faut épouser dés demain au plus tard.

MARINE.

Je crains fort d'aborder ma Maîtresse Isabelle,
Je serai mal reçûë avec cette nouvelle.

SCENE III.

ISABELLE, MARINE.

ISABELLE.

SI mon Pere est levé, donnons-lui le bon jour,
Sortons ; mais quoi, Marine est déja de retour ?

MARINE.

Loin d'être de retour, je ne suis pas sortie,
Notre vieux radoteux a rompu la partie.

ISABELLE.

Qu'as-tu fait du billet ?

MARINE.

Par force il me l'a pris ;
Mais graces au secret que vous m'avez apris,
J'en ai changé le sens quand il me l'a fait lire.

ISABELLE.
Ce succez me ravit.
MARINE.
Il n'est pas tems de rire,
Pour l'hymen du Docteur soiez prête à demain,
C'est l'ordre du vieillard.
ISABELLE.
C'est un ordre inhumain :
Encor si je pouvois en avertir Tersandre.
MARINE.
Et quand il le sçauroit, qu'en pourriez-vous attendre ?
Par le soin d'un Amant on juge de son feu,
Et puis qu'il vous neglige, il doit vous aimer peu.
ISABELLE.
Marine, à dire vrai, j'ai sujet d'être en doute.
MARINE.
Parlons bas, certain Cuistre approche & nous écoute.

SCENE IV.
TERSANDRE, ISABELLE, MARINE.

ISABELLE.
Que cherchez-vous.
TERSANDRE *en habit de Cuistre.*
Beauté qui pouvez tout toucher,
Aiant l'heur de vous voir je n'ai rien à chercher.
Le Docteur qui pour vous sent des peines mortelles
M'envoie avecque soin sçavoir de vos nouvelles,
Et vous souhaite un jour plus heureux & plus doux,
Que celui que l'amour lui prépare pour vous.

MARINE.
Pour un Cuistre à mon gré ce n'est pas mal l'entendre.
ISABELLE.
Ou mes yeux font deçûs, ou je croi voir Tersandre.
TERSANDRE.
Vos beaux yeux sont toûjours des témoins assurez,
Et pour être deçûs ils sont trop éclairez.
ISABELLE.
Vous deviez m'avertir, Tersandre, & sans rien feindre,
De votre peu de soin j'ai sujet de me plaindre,
Je vous ai soupçonné de quelque changement.
TERSANDRE.
Si j'ai changé pour vous, c'est d'habit seulement,
Et l'Amour n'eut jamais, ô Beauté qui m'enflame,
Causé ce changement s'il eut changé mon ame;
Sçachant que le Docteur qui brûle de vos feux,
A ses anciens valets en vouloit joindre deux,
Avec un de mes gens par d'heureuses pratiques,
J'ai sçû rencontrer place entre ses Domestiques.
ISABELLE.
Un tel succez plûtôt me devoit être appris.
TERSANDRE.
J'ai craint qu'en écrivant l'avis ne fut surpris.
Le Docteur m'a d'abord mis dans sa confidence,
Et le trouvant d'humeur propre à la défiance,
J'ai troublé son esprit par un puissant soupçon;
Mais voici votre Pere, il faut changer de ton.

SCENE V.

PANFILE, RAGOTIN, ISABELLE, TERSANDRE, MARINE.

PANFILE.

Pleurez, pleurez, ma fille ; en revenant du Temple,
On m'a dit un malheur qui n'eut jamais d'exemple.
Le Docteur perd pour vous l'honneur de ses vieux ans,
Il a pris tant d'amour qu'il a perdu le sens :
Il est en frenesie, & dans cette disgrace
Soûtient qu'il est de verre, & craint qu'on ne le casse ;
Mais quel est ce valet qui ne m'est pas connu ?

ISABELLE.
De la part du Docteur il est ici venu.

TERSANDRE.
Si, je suis moniteur du morbe qui l'attaque,
Votre Gener futur est hypocondriaque,
Son Esprit qu'Olimpique on pouvoit nommer,
N'a plus la faculté de ratiociner.

MARINE.
Quel diantre de jargon !

PANFILE.
Sotte, te veux-tu taire ?
C'est ainsi qu'au College on parle d'ordinaire ;
Je plains fort votre Maître, & l'irai visiter.

TERSANDRE.

Plûtôt dans votre Dome il le faut expecter,
Avant que de Phebus le Globe vivifique
Soit prêt de persicer son cours hemispherique,
Malgré de son Esprit la perturbation
On fera de son corps ici translation.

PANFILE *regardant Ragotin.*

Mais quel est ce garçon ?

TERSANDRE.

C'est mon Collegue intime.
Dedans le famulat du Docteur clarissime.

PANFILE.

Hé bien, le Docteur.....

RAGOTIN.

Vient..

PANFILE.

Extravague-t-il ?

RAGOTIN.

Fort.

PANFILE.

Mais quel est son mal ?

RAGOTIN.

Grand.

PANFILE.

Qu'en doit-on craindre ?

RAGOTIN.

Mort.

PANFILE.

Quel discours !

TERSANDRE.

La Formule en est fort ancienne,
Jadis on la vocoit Lacedemonienne.

MARINE *à part.*

De tous deux le bon-homme est dupé comme il faut.

PANFILE.

Où ton Maître est-il ?

RAGO-

RAGOTIN.
Prés.
PANFILE.
Quand le verrons-nous ?
RAGOTIN.
Tantôt.
PANFILE.
Qu'entens-je monter ?
RAGOTIN.
Lui.
MARINE.
Je pense qu'il se raille,
Il vient dans un panier envelopé de paille.

SCENE VI.
LE DOCTEUR, PANFILE, ISABELLE, MARINE, TERSANDRE, RAGOTIN.

LE DOCTEUR dans un habit de paille.

Future Epouse, & vous, Beau-pere proposé,
Sçachez que tout mon corps est métamorphosé,
Que je suis à present de l'ultime matiere,
Où se peut transmuer chaque corps sublunaire,
Et qu'Amour dont toûjours je me suis défié,
M'a mis à si grand feu qu'il m'a vétrifié.

PANFILE.
Vous n'êtes point de verre, en vain vous nous le dites,
Il n'en est rien.

Tome I.   O

LE DOCTEUR.
Vos yeux sont donc heteroclites.
PANFILE.
Mais vous parlez encor ?
LE DOCTEUR
Mes accens sont formez
Par des esprits mouvans dans ce verre enfermez,
Mon corps est resonnant ; mais comme il est fort frêle,
Mes esprits s'enfuiront pour peu que l'on me fêle.
PANFILE.
Pour vous tirer d'erreur je veux vous embrasser.
LE DOCTEUR.
Ah, gardez-vous-en bien, ce seroit me casser.
PANFILE.
Souffrez qu'on vous détrompe.
LE DOCTEUR.
Il n'est pas necessaire,
De ma fragilité durissime adversaire.
PANFILE *en l'embrassant*
Voiez......
LE DOCTEUR.
Ah, par le flanc il vient de me fêler,
L'humide radical par là va s'écouler.
PANFILE.
Mais vous n'êtes pas bien.
LE DOCREUR.
Je suis le mieux du monde.
PANFILE.
Sortez.
LE DOCTEUR.
Ah, que plûtôt Jupiter vous confonde.
PANFILE.
Laissez-moi faire.
LE DOCTEUR.
Hé quoi, Barbon pernicieux,
Si j'étois en morceaux en seriez-vous bien mieux ?

PANFILE.
Mais, Monsieur le Docteur.
LE DOCTEUR.
Mais, Monsieur mon Beau-pere,
N'approchez point de moi, vous ne sçauriez mieux
 faire,
Je suis déja fêlé, que voulez-vous de plus ?
PANFILE, *il lui ôte son habit de paille.*
Je veux guerir l'erreur dont vos sens sont deçûs.
LE DOCTEUR.
Peste, comme il me serre ! ah, le traître me brise.
Bourreau, Gendrifacteur apprens que j'agonise.
Il s'évanoüit.
TERSANDRE *au Docteur.*
Dominé, Dominé, procastinez vos ans.
PANFILE.
Qu'on apporte de l'eau pour rappeller ses sens,
Son poux qui meut encore fait voir qu'il reste en vie,
Et que sa pâmoison sera bien-tôt finie.
Il reprend ses Esprits de foiblesse accablez,
Ses pas sont chancelans & ses regards troublez.
LE DOCTEUR.
Mon esprit spolié de son fourreau de verre
Se voit donc translaté dans l'infernale Terre !
J'ai trajetté déja le Cocite bourbeux,
Et voici de Pluton, le Palais tenebreux,
TERSANDRE.
Il croit être appulsé dans le regne des ombres.
LE DOCTEUR.
Bons Dieux ! que cette plage estale d'objets som-
 bres !
Je n'incide par tout que Lavres, Diablotins,
Folets, Tenebrions, Farfadets & Lutins.
Il s'adresse à Ragotin.
Bon, je cerne déja Tantale enfanticide.
La peste comme il baille, & comme il mâche à vuide !

Que j'aime à l'afpicer, voulant gober fouvent
Des fruits prés de fon nez, ne gober que du vent!
Mâcheur infortuné, qui n'a ni bien ni joie,
Du féjour de Pluton enfeigne-moi la voie :
Quel eft le chemin ?

RAGOTIN.

Long.

LE DOCTEUR.

Que me diras-tu ?

RAGOTIN

Rien.

LE DOCTEUR.

Me veux-tu du mal !

RAGOTIN.

Nul.

LE DOCTEUR.

Mais me connois-tu ?

RAGOTIN.

Bien.

LE DOCTEUR.

Que m'eftimes-tu ?

RAGOTIN.

Fol.

LE DOCTEUR.

Comment ame damnée,
Ma fageffe par toi fera contaminée,
Et tu me répondras monoffilabement ?
Je te vai bien docer à jazer autrement.

RAGOTIN.

Ah ! Monfieur le Docteur, excufez je vous prie,
Contre un de vos valets n'entrez point en furie :
Je vivrai deformais refpectueufement.
Et répondrai toûjours poliffilabement.

TERSANDRE.

Dominé, n'aiez point une anime inclemente,

SANS COMEDIE.

LE DOCTEUR à *Tersandre*.

Je suivrai vos decrets, inclite Radamante,
Mon sort dépend de vous, Magistrat infernal,
Je saluë en tremblant votre noir Tribunal.

PANFILE *au Docteur*.

Faut-il jusqu'à ce point que votre esprit s'abuse ?

LE DOCTEUR.

Ah, Monseigneur Pluton, je vous demande excuse,
Mon procedé sans doute a dû vous étonner,
C'est devant vous d'abord qu'il se faut prosterner.

ISABELLE.

Reconnoissez, Monsieur, l'erreur qui vous domine.

LE DOCTEUR à *Isabelle*.

Vüeillez parler pour moi, Madame Proserpine.

ISABELLE.

Vous me connoissez mal.

LE DOCTDUR.

      Ne croiez pas cela,
Jupiter n'est-il pas Monsieur votre papa ?
Vous êtes de la nuit la Déesse muante,
Les charmes ont de vous leur force omnipotente ;
On vous offre des vœux sous les titres divers
De fille de la terre & Reine des Enfers,
Et Pluton fasciné de vos traits adorables
Vous emmena jadis par force à tous les diables.

MARINE.

Plûtôt que de l'entendre, il le faudroit chasser.

LE DOCTEUR à *Marine*.

Quoi ? tu viens donc encor ici me traverser ?
Déesse de Discorde au crin serpentifere,
Boute-feu, Rabat-joie, execrable Megere,
Maudit tison d'enfer.

MARINE.

      Comme il roüille les yeux !
Madame, sauvez-moi de ce fol furieux.

LA COMEDIE

ISABELLE.

Ne vous emportez pas.

LE DOCTEUR.

Soiez-moi donc propice,
Et je promets d'offrir ensuite en sacrifice,
Sur un Autel qu'exprés je dresserai pour vous,
Une Vache brehaigne avecque deux Hiboux.

PANFILE.

Combattre son erreur c'est l'aigrir davantage,
Tâchons en le flâtant de le rendre plus sage.

LE DOCTEUR.

Hé bien, après l'avoir longuement consulté,
Mes Juges infernaux, qu'avez-vous décreté ?

PANFILE.

Qu'il faut dans votre corps retourner sur la terre.

LE DOCTEUR.

Dans mon corps ! mais faut-il qu'il soit encore de Verre ?

PANFILE.

Non, il n'en sera plus.

LE DOCTEUR.

Oserai-je en partant
Vous consulter encor sur un point important ?

PANFILE.

Oui, parlez.

LE DOCTEUR.

Un vieillard d'humeur cacochimique
Me défere en hymen sa Geniture unique,
Fille qui peut donner des passe-tems bien doux,
Et qui me tente fort.

PANFILE.

Hé bien, mariez-vous.

LE DOCTEUR.

Mais si je me marie, il faut quitter l'étude,
En prenant femme, on prend beaucoup d'inquietude,
On est toûjours troublé de nouveaux embarras,
Cela m'éfroie.

SANS COMEDIE.

PANFILE.
Hé bien, ne vous mariez pas.
LE DOCTEUR.
N'étant point marié, si quelque mal m'accable,
Je serai spolié du soin considerable
Qu'une femme se donne alors pour un époux.
C'est ce que j'apprehende.
PANFILE.
Hé bien, mariez-vous.
LE DOCTEUR.
Mais si durant mon mal ma femme avec Tersandre,
Certain Godelureau qui ne vaut pas le pendre,
Loin d'avoir soin de moi souhaitoit mon trépas ?
J'enragerois.
PANFILE.
Hé bien, ne vous mariez pas.
LE DOCTEUR.
Mais vivant ainsi seul je mourrai sans lignée,
A qui pouvoir laisser ma richesse épargnée ;
Prenant femme il naîtra quelque heritier de nous,
Et j'en serai bien aise.
PANFILE.
Hé bien, mariez vous.
LE DOCTEUR.
Mais étant marié, si, comme il se peut faire,
Des fils qui me viendront quelqu'autre étoit le Pere,
Et s'il faloit pourtant les avoir sur les bras ?
J'en tiendrois.
PANFILE.
Hé bien donc, ne vous mariez pas.
LE DOCTEUR.
Cet ultime conseil est celui qu'il faut suivre,
J'ai pour faire un bon choix trop peu de temps à vivre :
Je suivrai donc l'hymen ; Dieu du sombre Manoir.
Je m'en retourne au monde, adieu jusqu'au revoir.

PANFILE.

Que l'on approche un siege ; il retombe en foiblesse.
Ma fille, il ne faut plus croire que son mal cesse,
J'aurai peine à trouver quelque parti pour vous.
Que n'avez-vous Tersandre à present pour époux !
Faloit-il pour ce fol rebuter sa demande ?
L'interêt me fit faire une faute si grande;
Mais le Docteur revient, écoutons ses propos.

LE DOCTEUR.

Pluton en soit loüé, je suis de chair & d'os,
Beau-pere prétendu que Jupiter console,
Cherchez un gendre ailleurs, je reprens ma parole:
Le grand Dieu des Enfers dont je suis de retour,
M'a donné ce conseil en me rendant le jour.

PANFILE.

Ah, changez de discours.

LE DOCTEUR.

Je comprens vos pensées,
Vous desirés savoir ce qu'aux champs Elisées,
Où je viens de passer, j'ai recemment appris.

PANFILE

Ce n'est pas......

LE DOCTEUR.

Par ma foi, vous en serez surpris,
Plusieurs qui dans ce monde ont possedé l'Empire,
Sont-là dans un état qui vous feroit trop rire.
Ninus l'usurpateur y racoûtre des bas,
Cambise le cruel vend de la mort aux rats :
Xerxes le gras y vend des coines de lard jaune,
Cresus qui fut si riche, y demande l'aumône.

PANFILE.

C'est.....

LE DOCTEUR.

Ah, ce n'est pas tout, Philippe le hableur
Tire les corps des pieds, sans mal & sans douleur,

SANS COMEDIE.

Alexandre le Grand déniche des Fauvettes,
Cefar le vigilant est vendeur d'Alumettes.

PANFILE.
Ce n'est rien de cela que je voudrois savoir.

LE DOCTEUR.
Quoi donc ? si les savans ont là bien du pouvoir ?
Vous êtes curieux, il faut vous tout apprendre ;
Sçachez donc qu'à present le morne Anaximandre
Diogene le chien, Esope le velu,
Aristote le begue, & Platon le rablu,
H rille l'affamé, le châtré Xenocrate,
Epictete le gueux, & le cornard Socrate,
Qui n'eurent point ici grands biens ni grands honneurs,
Au païs d'où je viens sont de fort grands Seigneurs.
Estes-vous satisfait ?

PANFILE.
    Vous me le pouvez rendre,
En épousant ma fille & devenant mon gendre.

LE DOCTEUR.
Ne vous ai-je pas dit que je n'en ferois rien ?
C'est l'avis de Pluton, & c'est aussi le mien.

PANFILE.
Mais....

LE DOCTEUR.
   Mais Pluton l'a dit, cela vous doit suffire.

PANFILE.
Vous êtes fol, Monsieur.

LE DOCTEUR.
    Il faut vous laisser dire,
Vous avez beau vous plaindre & beau m'injurier,
Je ne suis pas si fol que de me marier.
Il sort.

PANFILE.
Que ferons-nous ?

TERSANDRE.
Spondez votre fille à Tersandre.
PANFILE.
Je l'ai traité trop mal, il n'y faut plus prétendre.
ISABELLE.
Mais s'il avoit pour moi le même sentiment,
Lui serois-je accordée ?
PANFILE.
Avec raviſſement.
TERSANDRE se découvrant.
Tersandre à vos genoux vous la demande encore.
PANFILE.
Elle est à vous, Tersandre, & votre amour l'honore;
Mais je suis fort surpris d'un si grand changement;
Venez m'en éclaircir dans mon appartement.

Fin du troisième Acte & de la Comedie.

NOMS DES ACTEURS
du quatriéme Acte.

CLORINDE, Amazone.
TANCREDE, Prince Chrétien.
ARSACE, Escuyer de Clorinde.
HERMINE, Princesse d'Antioche.
ARIMON, Ami de Tancrede.
SOLDATS.

La Scene est devant Jerusalem.

ACTE IV.

CLORINDE
TRAGEDIE

SCENE PREMIERE.

CLORINDE, TANCREDE.

CLORINDE *sortant l'épée à la main.*

Oui, oui, je suis Clorinde, & qui m'osera suivre
Sera bien-tôt content s'il est lassé de vivre.
TANCREDE *la suivant.*
Je veux la suivre seul, que l'on n'avance pas.
CLORINDE.
Qui que tu sois, apprens que tu cours au trépas.
TANCREDE.
Oui, ma perte est certaine, Amazone adorable,
Je sai que votre bras fut toûjours indomptable;
Mais quand j'échaperois à ses coups furieux,
Je n'échaperois pas aux traits de vos beaux yeux.

CLORINDE.
Qui donc es-tu, qui m'ose aborder de la sorte ?
TANCREDE.
Je suis Chrétien, Tancrede est le nom que je porte,
Et suis ici venu conduit par Godefroi
Affranchir ces lieux Saints d'un infidelle Roi :
Deux mois peuvent encore être écoulez à peine,
Depuis que dans un Bois au bord d'une Fontaine,
Je vous trouvai sans Casque & devint votre amant,
Et vous vis éloigner presqu'au même moment.
Cette nuit dans ce Camp, en vous voiant paroître,
A vos armes d'abord j'ai crû vous reconnoître :
Et dans cette croiance à present affermi,
Je vous suis comme Amant & non comme Ennemi.
CLORINDE.
Soit comme un Ennemi, soit comme Amant, n'importe,
Pour ces deux noms ma haine est également forte :
Je n'aime que la Guerre, & ce noble métier
Demande à qui l'exerce un grand cœur tout entier ;
L'Amour est son contraire, & ses molles tendresses,
Au cœur qui les ressent n'inspirent que foiblesses,
Je haï l'Amour enfin, & détestant sa loi,
Un Amant est toûjours un Ennemi pour moi.
TANCREDE.
L'Amour n'est qu'une ardeur simple de sa nature,
Son Objet seulement la souille, ou la rend pure.
L'Objet de mon amour est noble autant que doux,
J'aime enfin le merite & la valeur en vous :
Et si pour qui vous aime, ô Beauté trop cruelle,
Vous ne pouvez avoir qu'une haine mortelle,
Je crains, quoy que mon cœur de terreur ait fremi,

De ne pouvoir cesser d'être votre ennemi.

CLORINDE.

Cette Amour doit de moi n'attendre aucune esti-
me,
Entre deux Ennemis tout commerce est un crime,
Tu ne me peux aimer sans trahir Godefroi,
Et le cœur d'un perfide est indigne de moi.

TANCREDE.

Ah, c'est ce que de moi vous ne devez pas croire.
Je vous aime, il est vrai, mais j'aime aussi la Gloi-
re.
Mourant pour mon parti, mon trépas seroit doux,
Autant qu'il le seroit si je mourois pour vous.

CLORINDE.

Si je m'arrête au sens que ce discours expose,
Je puis beaucoup sur toi.

TANCREDE.

Vous pouvez toute chose.
Vos desirs sont pour moi des ordres absolus,
Quelle preuve en faut-il ?

CLORINDE.

Il faut ne m'aimer plus.

TANCREDE.

C'est ce que me défend l'état où je me trouve,
Ce qui détruit l'amour n'en peut être une preuve,
Commandez-moi plûtost d'affronter le trépas,
Tout m'est possible, hormis de ne vous aimer pas.

CLORINDE.

Mais quel est ton espoir ? sçais-tu bien que mon
ame,
Veut toûjours être libre ?

TANCREDE.

Oüi, mais je sçai, Madame,
Que l'effet ne suit pas toûjours votre souhait,
Et que souvent on aime en dépit qu'on en ait.
Mon espoir est fondé sur votre résistance,
L'Amour aime à forcer qui se met en défence;
Plus un cœur lui résiste, & plûtost il l'abas,

CLORINDE.

Hé bien, pour vaincre mieux je fuirai le combat,
Et pour ôter tout lieu de me pouvoir surprendre,
Je ne prétends jamais ni te voir ni t'entendre.
Adieu.

TANCREDE.

Vueillez souffrir encor.... Mais elle fuit,
Et j'ai déja perdu sa trace dans la nuit.
Qui me vient aborder ?

SCENE II.
ARSACE, TANCREDE.

ARSACE.

O Ciel !

TANCREDE.

Quel soin te presse ?
Parle, que cherches-tu ?

ARSACE.

Clorinde ma Maîtresse.
Le Camp a pris l'alarme, & j'apréhende fort
Qu'elle n'ait rencontré la prison ou la mort ;
Et d'un péril égal sans avoir l'ame émuë,
Je viens apprendre ici ce qu'elle est devenuë.

TANCREDE.

Quiconque a le bon ● d'être à cette Beauté,
Doit sçavoir qu'où je suis il est en sûreté,
Clorinde a fait retraite avec un soin extrême,

Suit ses pas, & dis-lui seulement que je l'aime.
ARSACE.
Que lui dirai-je encor ?
TANCREDE.
Je te l'ai déja dit,
Va, dis-lui que je l'aime, & cela me suffit.
ARSACE.
Il passe vers le Camp, retournons à la Ville,
La nuit rend maintenant ma retraite facile :
Mes soins doivent cesser ; mais n'apperçois-je pas
Quelque Guerrier armé qui tourne ici ses pas ?
Mais où mon ame encor prend de fausses allarmes,
Ou je connois Clorinde à l'éclat de ses Armes.

SCENE III.

CLORINDE, ARSACE.

CLORINDE.

C'Est Arsace.
ARSACE.
Ah, Madame ! où courez-vous ainsi ?
CLORINDE.
Achever un dessein qui n'a pas réüssi.
Je dois porter la flâme à ces hautes Machines,
Sur qui tous les Chrétiens ont fondé nos ruines,
Ismene l'enchanteur, propice à mes desseins,
A fait cette Grenade & l'a mise en mes mains ;
Mais j'ai mal pris mon tems, & sans rien entreprendre,
Les Chrétiens m'ont d'abord réduite à me deffendre;

Et leur nombre eut sans doute accablé ma valeur,
Sans les soins que Tancrede a pris en ma faveur ;
Puis qu'enfin je me trouve & libre & sans blessure,
Je veux tenter encor cette haute avanture.
ARSACE.
Quoi, rentrer au peril, lors que vous en sortez !
Madame, le malheur suit les téméritez.
CLORINDE.
Tous tes conseils ici me sont peu necessaires,
La Fortune est toûjours propice aux téméraires.
ARSACE.
Consultez....
CLORINDE.
Tes raisons ne peuvent m'arrêter,
Il est heure d'agir, & non de consulter.
ARSACE.
Dans un trop grand péril ce dessein vous engage.
CLORINDE.
Oüi, le péril est grand, mais moins que mon courage.
ARSACE.
Mais vous pouvez périr, on peut vous accabler ?
CLORINDE.
Oüi, oüi, je puis périr ; mais je ne puis trembler,
J'ois du bruit, qui va-là ?

SCENE IV.

HERMINE, CLORINDE, ARSACE.

HERMINE.

Je m'estime perduë,
Je suis....
CLORINDE.
Qui que tu sois, réponds, ou je te tuë.
HERMINE.
C'est la voix de Clorinde & ses Armes aussi.
CLORINDE.
Parle.
HERMINE.
Je suis Hermine.
CLORINDE.
O Ciel, Hermine ici!
Qui t'a fait déguiser?
HERMINE.
Une étrange disgrace;
Mais soions sans témoins.
CLORINDE.
Eloignez-vous, Arsace.
HERMINE.
Souffre qu'il aille dire à Tancrede à l'instant,
Que seul en cet endroit un Etranger l'attend.
CLORINDE.
Arsace, entendez-vous l'ordre qu'elle vous donne?

SANS COMEDIE. 331

ARSACE.

Oüi, Madame.

CLORINDE.

Allez donc faire ce qu'elle ordonne.

Arsace sort.

HERMINE.

Ta rencontre en ces lieux jointe à notre amitié
M'oblige à ne me pas découvrir à moitié.
Tu sçais bien que mon Pere étoit Roi de Syrie,
Qu'il perdit à la fois la Couronne & la vie,
Et que Tancrede alors portant par tout l'effroi,
Força notre Palais & se saisit de moi ;
Mais aprens qu'à ma vûë il fit enfin le brave,
Si je fus sa captive, il devint mon esclave,
Et cessant d'être libre en se trouvant vainqueur,
Il prépara des fers seulement pour son cœur.
De son amour enfin j'eus des preuves certaines,
Pour marquer ses liens, sa main brisa mes chaî-
            nes ;
Et sçachant mes desirs, bien loin d'y resister,
Jusque en cette Ville il me vint escorter.
Ce fut lors qu'à mon ame Amour se fit connoî-
            tre,
Mon cœur devint captif quand je cessai de l'être,
Et Tancrede voulant m'ôter des fers si beaux,
Bien loin de les briser, m'en donna de nouveaux.

CLORINDE.

Quoi, tu l'aimes ?

HERMINE.

Je l'aime, & me suis resoluë
De lui parler ici sans en être connuë,
De sonder ses desirs, & s'il n'aime que moi,
De lui rendre justice en lui donnant ma foi.

CLORINDE.

Quoi, sa Religion n'a donc rien qui t'étonne ?

HERMINE.

J'abhorre ce qu'il croit, mais j'aime sa personne.

CLORINDE.
Hermine, considere....
HERMINE.
Alors qu'on aime bien,
Clorinde, un jeune cœur ne considere rien.
CLORINDE.
Puis qu'en vain je m'oppose à ce dessein étrange,
De nos Armes au moins nous devons faire échange :
Celles que dessus moi Tancrede vient de voir,
Si tu veux t'en charger, pourront le décevoir ;
Et parlant sous mon nom en baissant ta visiere,
Tu sçauras s'il persiste en son amour premiere.
HERMINE.
Ce conseil me ravit.
CLORINDE.
Si l'effet suit mes vœux,
Il peut être à la fois utile à toutes deux,
Tes Armes sans éclat me rendront inconnuë
Dedans une entreprise où je crains d'être vûë.
HERMINE.
J'entends quelqu'un qui marche.
CLORINDE.
Arsace fait ce bruit.
Avez-vous vû Tancrede,

SCENE V.
CLORINDE, HERMINE, ARSACE.

CLORINDE.

Avez-vous vû Tancrede?

ARSACE.

Oüi, Madame, il me suit.

CLORINDE.

Croit-il que ce soit moi qui doive ici l'attendre?

ARSACE.

Il vous croit en danger, & vient pour vous deffendre,
Tout armé comme il est, il s'avance à grands pas.

CLORINDE.

Arrêtez-le, & sur tout ne le détrompez pas.

SCENE VI.

ARSACE, TANCREDE.

ARSACE.

DE s'avancer ici je l'entends qui se presse.
Seigneur, en cet endroit vous verrez ma Maî-
tresse.
TANCREDE.
Pour la trouver plûtôt marchons diligemment.
ARSACE.
Elle viendra se rendre ici dans un moment.
N'allez pas plus avant, Clorinde le desire,
Je reste par son ordre ici pour vous le dire.
TANCREDE.
C'est assez, j'obéïs, & n'irai pas plus loin ;
Mais de quelque secours n'a-t-elle pas besoin ?
ARSACE.
Seigneur, de son salut ne soiez point en peine,
Elle est hors de peril, & votre crainte est vaine.
TANCREDE.
Obligez-moi du moins de ne me point celer
Quel sentiment l'oblige à me vouloir parler.
Veut-elle encore accroître ou flâter mon martyre ?
Ne m'en direz-vous rien ?
ARSACE.
                Je n'ai rien à vous dire ;
C'est un secret que seule elle peut déclarer,
La voici ; par respect je vai me retirer.

SCENE VII.

TANCREDE, HERMINE
couverte des Armes de Clorinde.

TANCREDE.

C'Est Clorinde, avançons.
   HERMINE *à part.*
     Ma crainte ici redouble
Et sa vûë en mon ame excite un nouveau trouble.

TANCREDE.

Vôtre retour m'est doux, objet rempli d'apas,
Soit qu'il me soit propice ou ne me le soit pas:
Je n'eus jamais l'orgueil de prétendre à vous plaire,
Vous aimer & vous voir est tout ce que j'espere,
Et malgré vos rigueurs vous comblez mon espoir,
Puis que je puis ici vous aimer & vous voir.

HERMINE *à part.*

Il me parle d'amour ? il m'a donc reconnuë ?

TANCREDE.

Mais ennuis les plus grands cessent à vôtre vûë.

HERMINE.

Mais me connoissez-vous ?
   TANCREDE.
     Oüi pour une beauté,
Qui fait voir des appas jusques dans sa fierté :
Je sai que parmi nous le Ciel vous fit descendre,
Pour donner de l'amour & pour n'en jamais prendre :

Et que de la nature aussi-bien que des Cieux
Vous n'eûtes en naissant rien de doux que les yeux.
HERMINE.
On se laisse souvent tromper par l'apparence,
Et l'on est quelquefois aimé sans qu'on y pense.
Esperez.
TANCREDE.
Que j'espere ! ô Ciel , qu'ai-je entendu ?
Un bonheur est plus grand , moins il est attendu :
Et mon cœur interdit de cette grace insigne ,
Vous est plus obligé , moins il s'en trouve digne.
HERMINE.
Un Amant bien fidelle est digne d'être aimé.
TANCREDE.
Quel soupçon de ma foi pourroit être formé ?
Quiconque est votre amant ne peut être infidelle,
Dès qu'on a vû Clorinde , on ne peut aimer qu'elle.
HERMINE.
Vous aimez donc Clorinde ?
TANCREDE.
En pouvez-vous douter ?
Je l'aime d'une ardeur qui ne peut s'augmenter.
Comme il n'est point d'éclat que sa beauté n'efface,
On ne peut voir d'amour que mon feu ne surpasse.
Clorinde est sans égale , & Tancrede enchanté
Est enfin en amour ce qu'elle est en beauté.
HERMINE à *part*.
Ces mots passionnez m'outragent jusqu'à l'ame.
Mais n'avez-vous jamais ressenti d'autre flame ?
TANCREDE.
Mon cœur que jusqu'ici l'on n'a pû surmonter,
N'avoit rien que Clorinde au monde à redouter :
Ses fers ont tant d'éclat , que j'ai l'ame trop vaine
Si je croi mériter une si belle chaîne;
Mais croiez que Clorinde est seule en l'Univers
Qui puisse mériter de me donner des fers.

HERMI-

HERMINE *bas.*

A me defefperer ce perfide s'obftine.
Mais n'avez-vous jamais foûpiré pour Hermine ?
J'ai fçû que vous l'aimiez.

TANCREDE.

Qui vous l'a fait favoir
Eft, ou déçû lui-même, ou veut vous décevoir.
Je ne l'aimai jamais, le peu qu'elle a charmes
Etoit quand je la vis tout noié de fes larmes,
Et croiant ne devoir l'affliger qu'à moitié ;
Je lui rendis des foins feulement par pitié.

HERMINE *à part.*

Peut-on jamais fouffrir de plus cruels outrages ?
Hermine eut de vos feux d'affez grands témoignages,
Votre amour fut la fin de fa captivité,
En faveur de vos fers elle eut la liberté.

TANCREDE.

Pour elle ma froideur fut par là confirmée,
M'en ferois-je éloigné fi je l'avois aimée ?
Je l'aurois conjurée en la méprifant moins,
De fouffrir mon amour, mon refpect & mes foins,
Mais trouvant fon humeur importune & fevere,
Je pris un beau prétexte enfin de m'en défaire.

HERMINE *bas.*

Quel aveu, jufte ciel, & quelle indignité !

TANCREDE.

Que m'apprend ce murmure, adorable Beauté ?
Ah, fans doute il m'apprend que ma gloire eft extrême,
Lors qu'on paroît jaloux, on témoigne qu'on aime,
Qu'en dois-je croire enfin ?

HERMINE.

Que tu t'abufes fort,
Que je t'abhore plus que l'on ne hait la mort :
Que tu n'eft qu'un ingrat, que ma haine implacable
Comme ta lâcheté n'eut jamais de femblable,
Que mon couroux pour toi ne doit jamais finir,
Et te méprife trop pour te vouloir punir.
Adieu.

TANCREDE.

Souffrez qu'au moins je puisse vous répondre ;
Mais l'ingrate m'accuse & fuit pour me confondre ;
O Ciel ! fut-il jamais revers plus imprévû !
De tout raisonnement je me sens dépourvû
Un changement si prompt doit seulement m'instruire
Qu'il n'est rien d'assuré dans l'amoureux empire ;
Qu'amour aime à mêler le bien avec le mal,
Et comme il est enfant qu'il n'est jamais égal :
Ses plus rares faveurs sont toûjours inconstantes ;
Mais quoi, ne vois-je pas nos machines brûlantes ?

SCENE VIII.

ARIMON, CLORINDE, TANCREDE.

ARIMON.

Oüi, traître, de ta main j'ai vû partir le feu,
Ta fuite & tes détours te serviront de peu,
Mon bras en ce moment punira ton audace.

CLORINDE *le blessant.*

C'est ainsi que je sai répondre à qui menace.

ARIMON.

Je suis mort.

TANCREDE.

Arimon est tombé sans chaleur,
Il faut que je partage ou vange son malheur,
Aprés son meurtrier marchons en diligence.

CLORINDE.

Je voi pour m'arrêter Tancrede qui s'avance,
Si je me fais connoître il ne me nuira pas ;
Mais je ne veux devoir mon salut qu'à mon bras,
Il faut que je l'attende, & que je l'embarasse.

Parles, qui donc est-tu qui me suis à la trace?
TANCREDE.
Je suis un homme armé qui par un juste effort,
T'apporte en même-tems & la guerre & la mort.
CLORINDE.
Je ne fuis point la guerre & l'accepte sur l'heure;
Mais sois certain qu'il faut que la mort te demeure.
TANCREDE.
Je vai te faire voir par de sanglans effets,
Que je sai bien donner tout ce que je promets.
CLORINDE *Ils se battent.*
Quel Amant eut jamais un dessein plus étrange?
Mais je me sens blessée, il faut que je me venge.
TANCREDE.
Ce n'est rien, ce n'est rien, je n'ai que commencé.
CLORINDE.
C'est à moi d'achever.
TANCREDE.
Ah, Ciel! je suis blessé.
CLORINDE.
Ce n'est rien, ce n'est rien, ma blessure funeste
Te doit coûter encor tout le sang qui te reste.
TANCREDE
O toi, qui que tu sois, contre qui je me bas,
Differe d'un moment ta perte ou mon trépas,
Et si dans ce combat où l'honneur nous engage
Les prieres encor peuvent être en usage,
Pour accroître ma gloire ou flater mon malheur,
Instrui-moi de ton nom comme de ta valeur.
Je ne connois que trop que de notre querelle
Aux jours de 'un de nous la fin sera mortelle;
Fais-moi connoître avant ou l'un ou l'autre sort,
Quel bras doit honorer ma victoire ou ma mort.
CLORINDE.
Cette grace pour toi seroit peu favorable,
Sois certain que je porte un nom si redoutable,
Qu'en te le prononçant, malgré tous tes desseins,
Les armes à l'instant te tomberoient des mains;

Mais je crains ta foibleſſe, & j'ai trop de courage,
Pour te vouloir combattre avec quelqu'avantage.
Mon cœur peut ſur lui ſeul ſon eſpoir établir,
Et pour te vaincre mieux ne veut pas t'affoiblir,
Ne prends point d'autres ſoins que ceux de te défendre,
Defens-toi de mon bras & ſois content d'apprendre
Que de ces hautes Tours l'embraſement ſoudain
Eſt un coup fortuné de cette même main.

TANCREDE.

Sache qu'à te punir cet aveu me convie,
Et qu'il ne doit pas moins te coûter que la vie.

CLORINDE.

Ah, ce coup eſt mortel & ma vigueur s'abat.

TANCREDE.

Il chancelle, hâtons la fin de ce combat,
Je ſuis vainqueur, il tombe.

CLORINDE.

      Ah, c'eſt ce que j'ignore,
Tu n'es pas mon vainqueur puis que je vis encore,
Acheve, & tu ſauras ſi mon cœur eſt vaincu,
Qu'il n'a pû l'être au moins tandis qu'il a vécu.

TANCREDE.

Que la victime, ami, me ſoit plûtôt ravie,
Que de l'avoir au prix d'une ſi belle vie !
Ton courage me charme, & mon inimitié
Se laiſſe vaincre aux traits d'une juſte pitié,
C'eſt moi qui ſuis vaincu.

CLORINDE.

      Cette pitié nuiſible
Me fait mieux que tes coups ceſſer d'être invincible,
La Victoire eſt à toi, ta generoſité
Triomphe malgré toi de toute ma fierté,
Et le Sort qui m'outrage au moins me fait connoître
Qu'il me donne un vainqueur qui mérite de l'être.

TANCREDE.

L'eſpoir de ton ſalut nous peut encor reſter,

Ce Casque t'embarasse, & je vai te l'ôter.
CLORINDE.
Ma blessure est mortelle, & ta peine impuissante.
TANCREDE, *il ôte son Casque.*
Juste ciel ! c'est Clorinde !
CLORINDE.
Oüi, Clorinde mourante,
Tu restes interdit, Tancrede, & je connoi
Que le coup dont je meurs te blesse autant que moi
Mais pers cette douleur qui m'est injurieuse,
Pour regretter ma perte elle est trop glorieuse.
Je meurs ; mais je connois que ce coup inhumain
Ne me pouvoit venir d'une plus belle main.
Oüi, j'estime Tancrede, & mon ame déçuë
Ne l'eût point estimé s'il ne m'eût point vaincuë.
Mon cœur qui ne se plaint ni de toi ni du sort,
Te pardonne aisément ma défaite & ma mort :
Le reste de mon sang s'écoule avec ma vie,
Je meurs ; mais je ne puis mourir ton ennemie,
Adieu.
TANCREDE.
Clorinde meurt par le fer que je tiens,
Et mes jours ne sont pas finis avec les siens !
La clarté par mes coups à Clorinde est ravie,
Et sa perte n'est pas de la mienne suivie !
Enfin Clorinde expire, & mon perfide cœur
N'a pas assez d'amour pour mourir de douleur !
Quoi, cette main si prompte aux actions barbares,
Cette main si cruelle à des beautés si rares,
Aprés de ma Maîtresse avoir hâté la fin
N'a pas encor osé punir son assassin ?
N'a pas osé commettre un acte de Justice ?
Ah ! ç'en est trop, il faut que ce coup me punisse....
Mais l'horreur des Amans & l'effroi des humains,
Qui dans un sang si pur vient de tremper ses mains,
Aprés avoir porté sa rage sans seconde
Jusqu'au sein le plus chaste & le plus beau du monde,
Et mis une beauté, qu'il adore aux abois,

Pour sa punition ne mourra qu'une fois!
Non, non, n'acheve pas ce sanglant sacrifice,
Tancrede ingrat, ta vie est ton plus grand supplice.
Contemple cet objet de ton cœur adoré,
Qu'au fort de ton amour ton bras a massacré.
Vois ces beaux yeux auteurs de tes flames premieres,
Dont tes efforts sanglans ont éteint les lumieres.
Regarde le débris d'un chef-d'œuvre si beau,
Et dans chaque regard trouve un trépas nouveau.
Et vous, ô derniers coups d'une main adorable,
Blessures, retenez le sang de ce coupable.
C'est finir son tourment que terminer son sort,
Et vous lui feriez grace en lui donnant la mort.
Mais quoi, vous vous ouvrez, en vain je vous convie,
Pour prolonger mes maux de prolonger ma vie.
Pour venger le beau sang du corps dont vous partez,
Vous vomissez le mien à flots précipitez:
Déja ma voix s'abat, mes foiblesses redoublent,
Mes pas sont chancelans, mes yeux mourans se troublent:
Et cedant à l'effort des dernieres douleurs,
Mon cœur par un soûpir m'avertit que je meurs.
Vous, de tant de beautez chers & tragiques restes,
Beau corps à qui mes jours ont été si funestes,
Permettez en perdant mon crime avec le jour,
Que la Mort nous unissent au défaut de l'Amour.

Il tombe auprés du corps de Clorinde.

Fin de la Tragedie & du quatriéme Acte.

NOMS DES ACTEURS du cinquiéme Acte.

ARMIDE, Magicienne ennemie de Renaud.

L'OMBRE d'Hidraot oncle d'Armide.

RENAUD, Chevalier Chretien amoureux d'Armide.

AGIS, Escuyer de Renaud.

UN TRITON.

UNE SIRENE.

L'AMOUR.

Quatre petits Amours.

La Scene est proche de Jerusalem dans une Isle enchantée.

ACTE V.

ARMIDE
ET
RENAUD.
TRAGI-COMEDIE
EN MACHINES.

SCENE PREMIERE.

ARMIDE suspenduë en l'air.

Ministres, dont les soins sont mes plus fortes armes, (mes
Démons, à me servir engagez par mes char-
Changez ces lieux couverts & de sang & de pleurs,
En une Isle agreable & couverte de fleurs.

Le Theatre se change en une Isle délicieuse où l'on peut passer par un pont magnifique, & Armide descend en même-tems & continuë à parler.

Et vous, à qui je dois les hautes connoissances
De la plus assurée & noble des sciences,
D'un Art qui quand je veux trouble ou calme les mers,
Et fait pâlir les cieux, ou trembler les enfers:
Noble Esprit d'Hidraot, qui sous des Mirthes sombre

Joüissez d'un repos dont joüissent les Ombres,
Quittez pour me venger ces noirs & tristes bords,
Et pour nuire aux vivans, abandonnez les morts.
Quarante Chevaliers, que j'avois avec peine
Pris entre les Chrétiens, & puis mis à la chaîne,
Par le jeune Renaud le plus fier des humains,
M'ont été hautement ravis d'entre les mains.
J'aspire à la vengeance & j'en flate mon ame,
Rien n'est plus agreable à l'esprit d'une femme;
Et plus son impuissance invite à l'outrager,
Plus pour elle il est doux de se pouvoir venger.
Je vous conjure donc, Ombre qui m'êtes chere,
Par les Ondes du Styx que tout l'enfer révere,
Par le Cercle d'Hercate & ses trois divers noms,
Et par le noir Trident du Prince des Démons :
Pour aux jours de Renaud faire ensemble la guerre.
De sortir à l'instant du centre de la terre.

La terre s'ouvre & l'Ombre d'Hidraot en sort.

SCENE II.

L'OMBRE D'HIDRAOT, ARMIDE.

L'OMBRE.

TU me vois prêt, Armide, à suivre tes desirs,
L'enfer prend avec moi part à tes déplaisirs,
Il craint que de Renaud la valeur sans égale
A tous ses partisans ne se rende fatale,
Et ce jeune Chrétien peut dire sans erreur,
Qu'il a jusqu'aux enfers porté de la terreur;
Mais les Démons enfin sont tous d'intelligence
Pour hâter avec toi sa perte & sa vengeance.

ARMIDE.

L'offence est pour moi seule, & me doit engager

A prendre seule aussi le soin de me vanger.
Renaud sera puni, mais puni par mes armes,
Sa rencontre est le bien que j'attends de mes charmes;
Mais l'aiant rencontré, ma main seule en effet
Doit réparer le tort que la sienne m'a fait.

L'OMBRE.

Ce sentiment est juste, & je te viens apprendre
Qu'à l'instant en ces lieux Renaud se viendra rendre,
Et loin que ton couroux lui donne de l'éfroi,
Qu'il a de t'aborder même desir que toi.

ARMIDE.

Même desir que moi, qu'il a tant offencée ?

L'OMBRE.

Il a même desir & non même pensée,
Tu cherches à le perdre, il cherche à t'acquerir :
Tu veux percer son cœur lors qu'il veut te l'offrir,
Il est atteint pour toi d'une ardeur sans mesure ;
J'ai fait entre ses mains rencontrer ta peinture,
Son cœur jeune & boüillant s'est enflamé d'abord ;
Mais d'un feu qui ne doit éclairer que sa mort.

ARMIDE.

Sa passion me nuit, le trépas lui doit plaire,
S'il lui vient d'une main que l'Amour lui rend chere :
Ma haine dans sa mort n'aura rien d'éclatant,
Il mourra de ma main ; mais il mourra content.
Je souhaite sa mort ; mais sa mort inhumaine :
Il meurt sans châtiment s'il expire sans peine.
La mort ne punit point quand elle a des appas,
Et s'il meurt impuni je ne me venge pas.

L'OMBRE.

Pourvû qu'il meure enfin cela te doit suffire,
La Mort est de tous maux le dernier & le pire,
Et de quelque façon qu'on se sente outrager,
Perdre son ennemi, c'est toûjours se venger.

ARMIDE.

Renaud paroît : allez par quelqu'adresse utile

L'engager à passer sans suite dans cette Isle,
Ce lieu pour ma vengeance est propre au dernier point.
L'OMBRE.
Je te vai contenter, mais ne te montre point.

Armide se cache derriere quelques arbres, & l'Ombre passe sur le pont & se rend sur le devant du Theatre, où Renaud paroît avec son Escuyer.

SCENE III.
RENAUD, AGIS, L'OMBRE.

RENAUD *tenant une boëte de portrait.*

Cesse, Agis, de combattre une flame invincible,
Je voudrois l'étouffer, mais il m'est impossible.
Tous les raisonnemens ne sont pas de saison,
Mes sens dans leur desordre engagent ma raison :
Armide est idolâtre, Armide est criminelle,
Elle est mon ennemie enfin, mais elle est belle,
Ses défauts sont cachez par ses charmes puissans,
Et ma raison ne voit que ce qu'ont vû mes sens.
Cesse par tes discours en cette solitude
De troubler de mon cœur la douce inquietude.
Mes pensers amoureux ici m'ont fait venir,
Et fourniront assez dequoi m'entretenir.
Dieu, que cette Isle est belle, & ce Pont magnifique !
Sachons-en les secrets de cet homme rustique.
Quelle est cette Isle, Ami ?
L'OMBRE.
     Ces mots me font juger,
Seigneur, qu'assurément vous êtes étranger,
Il n'est point dans l'Asie Isle plus renommée ;
L'entrée aux Estrangers n'en est jamais fermée ;

P 6

Et pour peu que votre ame aime les nouveautez,
Vous ne passerez point sans en voir les beautez.
RENAUD *passe sur le pont.*
Sui donc mes pas, Agis.
L'OMBRE *arrêtant Agis.*
Si tu n'es las de vivre,
Qui que tu sois, demeure, & garde de le suivre,
Cette Isle est enchantée, & par de dures loix
L'on n'y peut sans danger passer deux à la fois.
Agis veut passer & le pont se brise dans le moment
qu'il veut mettre le pied dessus.
AGIS.
N'importe. Ah Ciel ! le Pont tout-à-coup vient de
fondre,
Ce succez de tout point commence à me confondre.
Ce doit être l'effet d'un magique pouvoir.
Plût au Ciel que l'auteur à mes yeux se fit voir !
L'OMBRE.
C'est moi, que prétends-tu ?
AGIS.
Ce que je prétends, traître !
Te perdre, ou te forcer de me joindre à mon Maître.
L'OMBRE.
Quoi, mortel impuissant, tu m'oses menacer,
Toi, que d'un souffle seul je pourrois terrasser ?
Oüi, de ce Pont brisé la chûte est mon ouvrage,
Et si de Renaud seul j'ai souffert le passage,
Sçache que ce sera malgré tout son effort
Un passage pour lui de la vie à la mort.
AGIS.
La crainte de ton Art n'a rien qui me retienne,
Et ta perte du moins précedera la sienne.
Il met l'épée à la main, & lors qu'il en veut frapper
l'Ombre, elle rentre dans la terre & Agis ne
frappe que l'air.
Ciel ! d'un pareil prodige a-t-on oüi parler !
Je frappe, & tous mes coups ne rencontrent que
l'air,

SANS COMEDIE.

Le charme est surprenant qui l'a fait disparoître;
Mais cherchons quelqu'endroit pour rejoindre mon
 Maître.

SCENE IV.

RENAUD *dans l'Isle enchantée.*

CE Gazon que cette eau vient baiser doucement,
Semble ici m'inviter à rêver un moment.
 Il se couche sur un Gazon.
Isle délicieuse, où l'aimable Zephire,
Dedans le sein de Flore avec langueur soûpire,
Séjour de mille appas que ce fleuve charmant
Ceint d'un continuel & mol embrasement,
Pour rendre ici ma joie & parfaite & solide,
Rien ne vous manqueroit si vous aviez Armide?
Mais par l'effet d'un charme amoureux & nouveau
Quand je ne la voi pas, je ne voi rien de beau.
 Il regarde le portrait d'Armide.
Chef-d'œuvre, où l'art fait voir par sa douce im-
 posture,
Les plus aimables traits qu'ait formez la Nature,
Belle cause des maux qui me sont preparez,
Vous avez des appas dignes d'être adorez :
Ce qu'Armide a de beau, vous l'avez en partage;
Mais quoi ? d'Armide enfin vous n'êtes que l'Ima-
 ge,
Et je ne trouve en vous, malgré mes justes vœux,
Que l'Image du bien qui me peut rendre heureux.
Pour Armide à mes yeux vos traits vous font paroî-
 tre ;
Mais Armide est sensible, & vous ne pouvez l'être.
Et vous ne pouvez l'être ? oüi, Portrait précieux,

Mais c'eſt poſſible en quoi vous lui reſſemblez mieux.
Je conçoi peu d'eſpoir, & j'ai de juſtes craintes
Qu'Armide comme vous ſera ſourde à mes plaintes,
Et que cette Beauté dont je crains le courroux,
Ne ſera pas pour moi plus ſenſible que vous;
Mais qui cauſe dans l'onde une rumeur ſoudaine?
Un Triton ſort du fleuve avecque une Sirene :
Ils paroiſſent tous deux diſpoſez à chanter,
Leur deſſein me ſurprend ; mais il faut écouter.

SCENE V.

UN TRITON, UNE SIRENE, RENAUD.

UN TRITON & une SIRENE chantent.

Il faut aimer,
C'eſt un deſtin inévitable;
Il n'eſt point de cœur indomptable
Que l'Amour ne puiſſe charmer;
Mais ſur tout quand on eſt aimable,
Il faut aimer.

RENAUD.

Tous mes ſens enchantez de cet air agreable
Sont contraints de ceder au ſommeil qui m'accable.

Renaud s'endort, & le Triton & la Sirene continuent à chanter.

Que de plaiſirs
Amour fait trouver dans ſes chaînes !

SANS COMEDIE.

Ses rigueurs les plus inhumaines
Font pousser de charmans soûpirs,
Et ses maux causent moins de peines
Que de plaisirs.

SCENE VI.

ARMIDE, RENAUD.

ARMIDE.

Allez, retirez-vous, Renaud est endormi,
Et je veux sans secours perdre cet ennemi.

Le Triton & la Sirene se plongent dans le fleuve, & Armide continuë:

C'est maintenant qu'il faut que cette ame indomptée
Succombe sous les coups d'une femme irritée ;
L'heure fatale arrive où Renaud doit périr,
S'il ouvre encor les yeux c'est pour se voir mourir,
Et son sommeil est moins dans ce péril extrême
Le frere de la mort, que la mort elle-même ;
Assouvissons nos sens du plaisir précieux
Que la vengeance inspire aux esprits furieux.
Je vai perdre un Amant, mais en vain à ma rage
Son cœur trop criminel oppose mon Image,
Loin d'épargner son cœur, je percerois le mien
S'il empêchoit mes coups d'aller jusques au sien.
Je sens bien qu'il n'est point de peine plus funeste
Que de se voir aimer d'un objet qu'on déteste :
L'Amour à la pitié veut toûjours engager ;
Et comme tout mon bien consiste à me venger,
Son amour n'est pour moi qu'une nouvelle offense,
Puis qu'elle ose vouloir m'arracher ma vengeance.
Mais je puis me venger doublement à mon tour,

SCENE VII.

L'AMOUR, ARMIDE.

L'AMOUR.

Arrête, arrête, Armide.

ARMIDE.

Et qui donc es-tu, toi qui trouble mes defirs ?

L'AMOUR.

Je fuis Fils du defordre & Pere des plaifirs,
C'eſt moi dont la puiſſance infinie & feconde,
Soûtient ce qui fubfifte aux Cieux & dans le Monde,
J'anime la Nature, ou pour mieux m'exprimer,
Je t'aprens que je fuis le Dieu qui fait aimer.

ARMIDE.

Par quel droit prétens-tu traverfer ma vengeance,
Toi de qui j'ai toûjours méprifé la puiſſance ?
Le Dieu qui fait aimer en dépit de fes traits,
N'a rien à commander à qui n'aima jamais.

L'AMOUR.

Si tu n'aimas jamais, tu peux aimer encore,
Ma flâme dans ton cœur malgré toi peut éclorre,
La fource de la vie eſt l'effet de mes feux,
Sur tous les corps vivans je puis ce que je veux :
Et quand je laiſſe un cœur dedans l'indifference,
C'eſt mon defir qui manque & non pas ma puiſſance.

Mais enfin il est tems que tu suives ma loi,
Tu t'es voulu venger de Renaud & de moi,
Et je viens animé fortement à te nuire,
Deffendre contre toi Renaud & mon Empire.

ARMIDE.

Quoi ? tu me veux défendre ici de me venger ?

L'AMOUR.

Oüi ; mais de tes tourmens c'est-là le plus leger,
Je veux pour te punir par un supplice extrême,
Te donner de l'amour pour ton ennemi même.

ARMIDE.

Moi ! de l'amour pour lui ! perds cette vanité,
Tout ton pouvoir dépend de notre volonté.
Pour te vaincre, il ne faut que se vouloir défendre,
L'on n'a jamais d'amour qu'autant qu'on en veut
    prendre ;
Enfin quoi qu'en effet tes ordres rigoureux,
Puissent dessus mon cœur, j'y puis encor plus qu'eux,
Et loin que pour Renaud mon ame soit émûë,
Il faut que je me venge, & qu'il meure à ta vûë.

L'AMOUR.

Ce trait te va punir, & lui sauvant le jour,
T'aprendra qu'il n'est rien d'impossible à l'Amour.

Il s'envole en lui tirant une fléche.

SCENE VIII.

ARMIDE, RENAUD.

ARMIDE *arrachant la fléche qui lui est demeurée dans le sein.*

O Ciel ! mais de ce coup l'atteinte est trop legere,
Pour garantir Renaud des traits de ma colere,
Et dussé-je en périr, je me plains peu du sort,
Puis que j'ai de la vie assez pour voir sa mort.

RENAUD *rêvant.*

Je ne fuis point vos coups, non....

ARMIDE.

Il rêve.

RENAUD.

Inhumaine,
Je ne puis jamais vivre avecque votre haine,
Et contraint d'expirer, j'aime mieux recevoir
La mort de votre main que de mon desespoir.

ARMIDE.

Si ma main par ta mort peut remplir ton attente,
Tu mourras satisfait, & je vivrai contente,
Reçoi le coup..... Mais Dieux ! quel tremblement soudain,
Me saisit à la fois & le cœur & la main ?
Quel mouvement s'oppose en mon ame allarmée,
Au cours de la fureur dont je suis animée,

Et quel charme plus fort que mes enchantemens,
Souleve contre moi mes propres mouvemens ?
Quoi ? de mon Ennemi je souffre ici la vûë ;
Et loin de redoubler ma haine diminuë !
L'objet qui l'augmentoit ne sert qu'à l'amoindrir,
Et ce qui m'irritoit commence à m'attendrir.
D'où vient que de mes sens la révolte inhumaine
En faveur de Renaud ose trahir ma haine,
Et que mes yeux, malgré mon furieux desir,
L'observent avec soin, & même avec plaisir ?
Avec plaisir ! mes yeux vous font donc cet outrage,
Transports impetueux de vengeance & de rage,
Et vous n'empêchez pas ces guides de mon cœur
De voir notre Ennemi sans peine & sans horreur ?
Mais quoi, j'adresse en vain cette plainte pressante
Aux restes impuissans de ma fureur mourante.
Tout mon courroux s'éteint, & dans mon lâche
  cœur
Je ne sens que foiblesse & ne sens plus d'ardeur.
Plus d'ardeur ! ah, que dis-je ? en vain je dissimule
D'une ardeur forte encore je sens bien que je brûle :
Mais helas ! cette ardeur qui me brûle à son tour,
Ne vient plus de la haine, elle vient de l'amour.
Renaud, dont le mérite est plus fort que mes char-
  mes,
Tu triomphe d'Armide, elle te rend les Armes,
Et nul péril ne doit te donner de terreur,
Aiant pû triompher d'une femme en fureur.
Je sens bien que ta gloire à ma honte s'augmente,
Et que ton ennemie enfin est ton amante :
L'Amour qui me punit cesse ici d'être doux,
J'ai toute sa tendresse, & lui tout mon courroux ;
Et par le prompt effet d'un changement étrange,
Au lieu de me venger j'aime, & l'amour se venge,
Sa vengeance est pourtant imparfaite en ce point
Qu'il me punit d'un trait qui ne me déplaît point.
Je haï ma liberté quand je reçois sa chaîne,

Et je fais mes plaisirs de ce qu'il fait ma peine.
Tous ses maux ont toûjours des charmes pour nos cœurs,
Et si ses maux sont doux, quelles sont ses douceurs ?
Si ta justice, Amour, égale ta puissance,
Fai cesser ta colere avecque mon offence,
Mon crime est maintenant expié par tes feux,
Aprés m'avoir punie, exauce au moins mes vœux :
Je te veux consacrer les restes de ma vie,
Mon cœur d'autres plaisirs ne conçoit plus d'envie :
Transportez-nous tous deux pour vivre sous ta loi,
Dans des lieux interdits à tout autre qu'à toi.

L'Amour paroît en l'air suivi de quatre petits Amours.

SCENE IX.

L'AMOUR, ARMIDE, RENAUD, quatre petits Amours.

L'AMOUR.

TEs vœux sont exaucez, & je suis prêt, Armide,
Dans un monde inconnu de te servir de guide,
Vous qui m'obéïssez, Dieux des contentemens,
Amours, sous ma conduite enlevez ces Amans.

Les quatre petits Amours descendent sur le Theatre, & deux aiant pris Renaud, & les deux autres Armide, il les enlevent sous la conduite de l'Amour.

SCENE DERNIERE.

LA FLEUR, LA ROQUE.

LA FLEUR *sortant de la place en desordre, où il a été assis depuis le second Acte.*

MA Fille est morte, ô Ciel !
  LA ROQUE *l'abordant.*
    Vous l'allez voir descendre,
Et son enlevement vous devoit moins surprendre.
  LA FLEUR.
On peut être surpris par un semblable effet.
  LA ROQUE.
De nos Essais enfin êtes-vous satisfait ?

LA FLEUR.

Oüi, chacun a bien fait dans tous ses personnages,
Je consens avec joie à vos trois mariages:
Votre Art dans ces essais m'a paru noble & doux,
Et votre Sort enfin doit faire des jaloux,
Si votre Troupe un jour a la gloire de plaire
Au plus Auguste ROI que le Soleil éclaire,
Au PRINCE sans égal qui possede à la fois,
Ce que séparément ont eu les plus grands Rois,
Et qui portant par tout sa Valeur sans seconde,
Ne doit la voir borner que des bornes du Monde.

Fin de la Tragi-Comedie en Machines, & du cinquiéme & dernier Acte.

LA MORT DE CYRUS.

TRAGEDIE

DE Mr. QUINAULT,

Representée en 1656.

ACTEURS.

ODATIRSE, *Général de l'Armée de Thomiris.*

CLODAMANTE, *Beau-frere de Thomiris.*

ARBATE, *Capitaine des Gardes.*

CLIDARICE, *Sœur de Clodamante.*

THOMIRIS, *Reine des Scythes.*

ANAXARISPE, *Confidente de Thomiris.*

DORIANTE, *Autre Confidente de Thomiris.*

CYRUS, *Roi des Perses, prisonnier de Thomiris.*

FEREONTE, *Capitaine Scythe.*

GARDES.

SOLDATS.

La Scene est dans le Camp, & devant la Tente de Thomiris.

LA MORT DE CYRUS

TRAGEDIE.

ACTE I.

SCENE PREMIERE.

ODATIRSE, CLODAMANTE, ARBATE, *Suite.*

ODATIRSE.

JE borne tous mes vœux au dessein que vous faites.
Mais, quel sort sous nos pas fait trouver ces Tablettes * ?
Elles sont à la Reine, & ce riche ornement
De cette verité nous instruit pleinement.

CLODAMANTE.

Ouvrez-les, Odatirse ; en l'ardeur qui m'enflame,
Ce qui touche la Reine, interesse mon ame.

* * Il amasse des Tablettes.*

Tome I.   Q

ODATIRSE.

Vos defirs font les miens, & vous favez, Seigneur,
Que tout ce qui vous touche intéreffe mon cœur.

Il ouvre les Tablettes & lit.

Quand je perdis l'objet qui feul m'avoit fçû plaire,
Et qui m'étoit uni par un facré lien,
  Je fis ferment de n'aimer jamais rien,
Et qu'à l'amour toûjours mon cœur feroit contraire ;
  Mais helas, je crains bien
 Que la douleur ne m'ait fait faire
  Un ferment téméraire !

CLODAMANTE.

Ami, d'un grand fecret le hazard nous inftruit !

ODATIRSE.

Il eft grand en effet, mais voions ce qui fuit.

Il continuë de lire.

Que le charme eft puiffant, qui veut que je me rende !
Je fais ce que je puis pour n'y pas confentir :
  Mais quoi que mon cœur s'en défende.
Je crains de ne pouvoir long-tems m'en garentir ;
Si je ne fens l'amour, au moins je l'apprehende,
Et quand l'amour s'obftine à nous affujetir,
  La difference n'eft pas grande
  Entre le craindre & le fentir.

CLODAMANTE.

Serois-je bien l'amant, à qui fon cœur s'engage.

ODATIRSE

Ces derniers mots peut-être en diront davantage.

Il lit.

 Ceffons de nous flatter,
 Il n'en faut plus douter,
 Ce que je fens eft l'amour même,
 Et mon erreur étoit extrême.
Mon ame a beau s'en plaindre, & beau s'en allarmer,
  C'eft ma gré moi que j'aime ;
  Mais c'eft toûjours aimer.

TRAGEDIE.

Pour quel autre auroit-elle un sentiment si doux!
CLODAMANTE.
Peut-être pour vous-même!
ODATIRSE.
Ah, Seigneur! c'est pour vous,
Elle a trop de vertu pour faire un choix contraire!
Aux derniers sentimens du feu Roi votre Frere.
Vous savez qu'en mourant, en presence de tous,
Il ordonna qu'un jour vous fussiez son Epoux;
Et que voulant aussi regler ma destinée,
Son choix avec sa Sœur conclut mon hymenée.
CLODAMANTE.
Il est vrai qu'à ma Sœur votre cœur destiné
Sans crime à Thomiris ne peut être donné.
Je sai qu'elle ne peut par un choix qui m'offense,
Sans trahir son devoir, trahir mon esperance,
Et qu'elle est obligée, après l'ordre du Roi,
De ne jamais aimer ou de n'aimer que moi.
Elle me doit choisir; mais à parler sans feinte
L'amour dans sa naissance abhorre la contrainte:
Il choisit ce qu'il veut plûtôt que ce qu'il doit,
Il fait toûjours des loix & jamais n'en reçoit.
Mille exemples fameux ont souvent fait connoître
Que le droit d'être aimé sert d'obstacle pour l'être,
Et qu'ordinairement trompant un juste espoir,
L'amour n'est plus amour si-tôt qu'il est devoir.
Depuis la mort du Roi Thomiris allarmée
Ne m'a plus accordé d'emploi dans son Armée,
Et s'est mis en état en m'ôtant tout credit,
De faire un autre choix sans craindre mon dépit.
C'est vous seul cependant que sa faveur regarde.
Elle a mis depuis peu Cyrus entre vos gardes,
Ce grand Roi des Persans, que vous-même avez pris,
Et qu'on doit immoler aux Manes de son fils,
Tout le Camp prend votre ordre, & pour vous s'interesse.
La Reine vous éleve autant qu'elle m'abaisse.

Et vous place si haut, que son soin déclaré
Entre son Trône & vous laisse à peine un degré.
ODATIRSE.
Encor que Thomiris, qui vous est destinée,
A vous tenir si bas soit toûjours obstinée,
Vous ne devez vous croire abaissé qu'à demi,
Puisque si prés du Trône il vous reste un ami.
Mon ame en vos ennuis d'elle-même se porte,
Et du nœud, qui nous joint la puissance est si forte,
Que malgré la bassesse, où l'on vous tient ici,
Au moment qu'on m'éleve on vous éleve aussi.
CLODAMANTE.
Au fond d'une douleur si vive & si profonde,
C'est aussi sur vous seul que mon esprit se fonde ;
Et je m'assure encor, sans croire me flatter,
Que le Trône n'a rien qui vous puisse tenter.
ODATIRSE.
Oui, sans ambition je regarde la Reine,
D'une plus noble ardeur, j'ai l'ame toute pleine,
Et l'unique desir qui me puisse animer,
N'est que de faire voir que je sai bien aimer,
L'union entre nous se trouve si puissante,
Que vous ne souffrez rien que mon cœur ne ressente,
Et que jamais mes vœux ne seront contentez,
Que je n'aie obtenu ce que vous souhaitez.
CLODAMANTE.
Voyez donc Thomiris,
ODATIRSE.
Laissez-moi ces Tablettes,
Pour découvrir l'Auteur de ses ardeurs secrettes.
CLODAMANTE.
Mais à qui que ce soit qui s'offre tel bonheur,
Vous m'en avertirez ?
ODATIRSE.
N'en doutez point, Seigneur,

TRAGEDIE. 365

SCENE II.
ARBATE, ODATIRSE.

ARBATE.

HE quoi ! votre amitié, qui tout à coup augmente,
Vous fait ceder la Reine au Prince Clodamante ?
Quoi ? déja Thomiris cesse de vous charmer :
Il faut que vous sachiez bien feindre ou mal aimer.

ODATIRSE.

Je sais aimer, Arbate ! & ne sai pas bien feindre :
J'aime toûjours le Prince, & je le trouve à plaindre,
Mais j'aime aussi la Reine ; & malgré ma pitié,
L'Amour est dans mon cœur plus fort que l'amitié.

ARBATE.

Vous déguisez bien, à peine à vous entendre,
De l'erreur qui l'abuse ai-je pû me défendre.

ODATIRSE.

Ah, d'un vice si bas cesse de m'accuser,
Un grand cœur se dément, s'il s'ose déguiser.
Et de tous les forfaits eût-il commis le pire,
Aiant osé le faire, il doit oser le dire.
Le mensonge est trop lâche, encor que dans ce jour,
Ce vice pour vertu s'introduise à la Cour.
Au plus honteux état, où jamais on puisse être,
Toûjours tel que l'on est, il est beau de paroître :
Et d'eût la verité nous ouvrir le tombeau,
Quand on dénie un crime, on en fait un nouveau.
Je suis Rival du Prince, & j'ai raison de dire
Que tout ce qu'il souhaite, est ce que je desire.

Q 3

Son plus grand soin sans doute, est mon plus grand souci,
Puis qu'il en veut au cœur, à qui j'en veux aussi.
Que je serois heureux dans l'ardeur qui m'anime,
Si je causois l'amour, que Thomiris exprime,
Et si j'avois forcé son cœur imperieux
D'être sensible au feu que j'ai pris dans ses yeux !
Je pourrois acheter, quoi que l'on en pût croire,
Un si grand bien sans honte, aux dépens de ma gloire,
Et malgré les remords, dont je serois gêné,
Mon crime seroit beau s'il étoit couronné.
L'Amant le plus injuste & le moins excusable ;
Lors qu'il devient heureux, cesse d'être coupable,
Et du feu le plus noir parût-il animé,
Il n'est plus criminel si-tôt qu'il est aimé.
Thomiris est mon juge, & quoi que j'ose faire,
Pour me justifier il ne faut que lui plaire.
J'attendrai qu'elle passe & veux dés ce matin
L'obliger, s'il se peut, d'expliquer mon destin.

ARBATE.

Elle doit revenir bien-tôt du Sacrifice.
Quelqu'un sort.

ODATIRSE.

Mon malheur fait que c'est Clidarice
Elle m'aime & du moins pour n'être point suspect,
Au défaut de l'Amour je lui dois du respect.

SCENE III.
CLIDARICE, ODATIRSE, ARBATE.

CLIDARICE.

Vous allez voir la Reine ?
ODATIRSE.
Il paroît bien, Madame,
Que vos yeux fort avant penetrent dans mon ame,
Et qu'à vous rien cacher mes efforts seroient vains,
Puisque vous découvrez d'abord tous mes desseins.

CLIDARICE.

Toutes vos actions parlent d'autre maniere,
Vous avez peu d'ardeur, ou j'ai peu de lumiere.
Et j'ai lieu de penser que mes yeux en ce jour,
S'ils voioient dans votre ame, y verroient peu d'amour.

ODATIRSE.

Dieux ! qu'elle est votre erreur de me croire insensible,
Mon amour est trop grand pour n'être pas visible,
Et pour douter du feu, dont je sens le pouvoir,
Il faut qu'assûrément vous craigniez de le voir,
Vous m'accusez à tort d'une froideur extrême,
Toutes mes actions vous apprennent que j'aime,
Et si vous ignorez mes desirs les plus doux,
La faute en est sans doute en moi bien moins qu'en vous.
Je ne puis empêcher mon amour de paroître,
Je juge qu'il ne tient qu'à vous de le connoître,
Et que je puis me plaindre aux yeux qui m'ont charmé,

Que j'aime beaucoup plus que je ne suis aimé.
CLIDARICE.
Ah, si je le croiois, je serois satisfaite;
Mais si je ne le croi, du moins je le souhaite,
Et comme d'ordinaire on panche à se flatter,
On peut croire aisément ce qu'on peut souhaitter.
ODATIRSE.
Princesse assurez-vous pour votre propre gloire,
Que je sens plus d'amour que vous ne pouvez croire,
Et que si tous mes feux vous étoient déclarez
Vous en trouveriez plus que vous n'en desirez.
CLIDARICE.
Pour vouloir être crû, c'est en vouloir trop dire,
Vous ne seriez m'aimer plus que je le desire :
Mais si vous dites vrai, comment apprendrez-vous,
Que la Reine combat les ordres d'un Epoux ?
J'ai sçû lui témoigner allant au Sacrifice,
Qu'elle doit maintenant souffrir qu'on nous unisse;
Mais elle a résolu pour des soins importans,
De differer encor notre hymen quelque tems,
Et m'a pourtant fait voir d'une façon trop claire,
Qu'elle le rompt plûtôt qu'elle ne le differe.

ODATIRSE.
Cet avis à tel point me trouble & me surprend,
Que je vous prouve assez que mon amour est grand,
Et que mon ame, au fort d'une ardeur violente,
A ce que vous craignez n'est pas indifferente.
Je veux que tous les Dieux contre moi déclarez
Me punissent des maux aux ingrats préparez,
Et de tous les tourmens m'ordonnent le plus rude,
Si vous n'êtes l'objet de mon inquietude ;
Et si dans le desordre, où se trouvent mes sens,
Votre hymen ne fait pas mes soins les plus pressans,
Croiez que dans ce lieu je n'attends plus la Reine,
Que pour lui découvrir mon amour, & ma peine.
Possible que son cœur attendri par mes feux,
Pourra m'être aussi doux, qu'il vous est rigoureux.

TRAGEDIE.

Et que de mon amour son ame satisfaite,
Sera moins oppsée à ce que je souhaitte.

CLIDARICE.

Je croi que Thomiris, si vous la pressez bien,
Vous considerer trop pour vous refuser rien :
Je souffre avec plaisir, dûssiez-vous me séduire,
L'espoir que dans mon cœur vous voulez introduire,
Et vai faire des vœux à nos Divinitez,
Pour vous faire obtenir ce que vous souhaittez.

SCENE V.
ARBATE, ODATIRSE.

ARBATE.

JE connoi bien, Seigneur, que l'adresse est extrême,
Par qui vous la forcez de s'abuser soi-même ;
Mais vous devez aussi connoître clairement
Que son amour pour vous fait son aveuglement :
La verité qui trompe & cache ce qu'on pense,
Avecque le mensonge a grande ressemblance,
Et quoi qu'à dire vrai l'on vüeille s'occuper,
C'est toûjours en effet dire faux, que tromper.

ODATIRSE.

Clidatrice a dû voir mon ame toute entiere :
Est-ce un crime pour moi que son peu de lumiere
J'ai dit mes sentimens comme ils sont en effet,
Un crime n'est jamais qu'en celui qui le fait.
Et puisque la Princesse elle-même s'abuse,
C'est elle-même aussi qu'il faut que l'on accuse,
J'ai du regret pourtant qu'une plus forte loi

Me force de manquer à ce que je lui doi ;
Mais ne pouvant répondre à son amour fidelle,
Je crois en la trompant faire beaucoup pour elle.
Connoi que la Princesse est heureuse à present,
Qu'elle eût cessé de l'être en se désabusant,
Et qu'elle est redevable à l'erreur que j'excite,
Des douceurs qu'elle trouve & des maux qu'elle évite.
On ne void aspirer ceux qu'amour a charmez,
Qu'au seul plaisir d'aimer, & de se croire aimez :
Et grace à son erreur, la Princesse charmée
A ce plaisir d'aimer, & de se croire aimée.
Un bonheur que l'on cherche avecque passion,
Dépend moins de l'éfet que de l'opinion.
Et pour les cœurs, qu'amour sous son empire assemble,
Un bien est ce qu'il est bien moins que ce qu'il semble.
C'est pour ceux, dont on voit le péril assuré,
Un bonheur effectif qu'un malheur ignoré ;
Et quand on est heureux, quoi qu'on fasse paroître,
C'est moins parce qu'on l'est, que parce qu'on croît l'ê- (tre.

ARBATE.
Mais seriez-vous content, si pour toutes bontez,
La Reine vous traitoit comme vous la traitez ?

ODATIRSE.
Pour peu que mon amour eût irrité la Reine,
Elle me feroit grace en me cachant sa haine ;
Mais ce que la Princesse ici m'a fait savoir
Détruit toute ma crainte & soûtient mon espoir ;
La Reine en ma faveur veut rompre l'Hymenée.

ARBATE.
Elle avance......

ODATIRSE.
  Elle arrête, & paroît étonnée.

ARBATE.
Autour d'elle elle semble avec soin regarder.

ODATIRSE.
Elle vient vers sa Tente, il la faut aborder.

SCENE V.

THOMIRIS, ODATIRSE, ARBATE, *Suite.*

THOMIRIS.

Que l'on cherche par tout mes Tablettes per-
  duës,
Mais que sans les ouvrir, elles me soient renduës.
ODATIRSE.
Madame, vous pouvez les prendre entre mes mains!
THOMIRIS.
Odatirse vous seul savez tous mes desseins,
Et n'aiant point pour vous d'intentions secrettes :
Vous n'aurez pas manqué de lire mes Tablettes.
ODATIRSE.
Oüi, j'ai tout vû, Madame!
THOMIRIS.
    O Dieux ? que dites-vous,
Et qu'aurez-vous pensé ? Vous autres laissez-nous,
ODATIRSE.
De peur de rien penser ici, qui vous offence,
Vous-même dites-moi ce qu'il faut que je pense.
THOMIRIS.
Je ne sai pas trop bien au trouble, où je me voi,
Ce que je dois vouloir que vous croiez de moi :
Mais puisque vous prenez interêt à ma gloire,
Vous même dites vous ce que vous devez croire.
ODATIRSE.
Si je m'en croi, le Prince est loin de votre cœur ;
Je sai qu'il doit toucher votre ame en sa faveur :

Mais sur ce que j'ai vû, si j'ose ouvrir la bouche,
Ce qui vous doit toucher n'est pas ce qui vous touche.
L'Amour, qui dans votre ame excite tant de soins,
S'il n'étoit qu'innocent, vous agiteroit moins :
Vous ne souffririez point les combats qu'on endure,
Quand les sens font un choix dont la raison murmure,
Et ne sentiriez pas pour de justes desirs
Ces troubles où l'amour mêle tant de plaisirs.

THOMIRIS.

Mais puis-je justement suivre une ardeur si forte,
Qui détourne mon cœur d'où son devoir le porte ?

ODATIRSE.

Quand l'amour dans mon cœur répand son doux poison,
C'est toûjours par caprice, & jamais par raison.
Chacun sait que l'amour au devoir m'est contraire,
Ce qui plaît n'est rien moins que ce qui dévroit plaire,
Et par un pur instinct nous laissant enflammer,
Nous aimons sans savoir ce qui nous fait aimer.
On aime beaucoup moins en un état semblable,
Ce qui doit être aimé, que ce qui semble aimable,
Et dans un cœur surpris par un charme confus,
Lors qu'il s'agit d'aimer, la raison n'agit plus,
L'amour sans notre choix dans notre ame penetre,
Il justifie un crime, en le faisant commettre,
Et quoi qu'en lui cedant on fasse de honteux,
Il purifie un cœur en y mettant ses feux.

THOMIRIS.

Du feu Roi toutefois les desirs équitables
Dévroient être pour moi des loix inviolables.

ODATIRSE.

Si jadis il régna, vous régnez aujourd'hui,
Sa puissance au cercüeil est passée avec lui,
Ses desirs ne sont plus ceux que vous devez suivre,
Votre devoir cessa quand il cessa de vivre ;

TRAGEDIE.

Et ne pouvant plus rien prétendre à votre amour,
Il perdit tous ses droits lors qu'il perdit le jour.
Vous n'êtes plus sujette à nulle obéïssance,
Son sceptre entre vos mains en a mis la dispence,
Et vous laissant l'Empire & le droit d'en joüir,
Il vous laissa le droit de lui desobéïr.
De la rigueur des Loix votre rang vous délivre,
C'est à vous de les faire, & non pas de les suivre,
Et les loix sont toûjours par d'immuables droits,
Maîtresses des Sujets, mais Sujettes des Rois ?

THOMIRIS.

J'entends avec plaisir dire qu'il faut que j'aime,
C'est ce que je me dis en secret à moi-même;
Je veux aimer, & sens que sans peine l'on peut
Etre persuadé de faire ce qu'on veut,
On ne résiste guère à cette douce pante,
Et malgré les efforts d'une fierté mourante,
Pour peu qu'on pousse un cœur, qu'amour a sçû toucher,
Il tombe de lui-même où l'on le void pencher.

ODATIRSE.

Quiconque à vos beaux a la gloire de plaire,
Peut-il s'en assurer sans être temeraire ?

THOMIRIS.

De grace épargnez-moi le trouble & la rougeur,
Que pourroit me coûter le nom de mon vainqueur
Ma voix pour l'avoüer, n'est pas assez hardie,
Tâchez de le sçavoir, sans que je vous le die.

ODATIRSE.

Se peut-il qu'Odatirse, aiant vaincu Cyrus....

THOMIRIS.

Ah ! vous l'avez nommé, c'est lui, n'en doutez plus.

ODATIRSE.

O Dieux ! il peut prétendre à cet honneur suprême,
C'est lui que vous aimez

THOMIRIS.

   Oüi, c'est Cyrus que j'aime.

ODATIRSE.

Vous aimeriez Cyrus ? ce Chef des ennemis,
Soupçonné de la mort du Prince votre fils.

THOMIRIS.

Nos prisonniers sauvez ont rendu témoignage
Que ce soupçon injuste à Cyrus fit outrage,
Mon fils n'eut point de fers, & suivant leur raport,
C'est de ses propres mains qu'il s'est donné la mort.

ODATIRSE.

Mais quand d'entre les morts par une erreur extrême,
Un des Chefs de Cyrus fut tiré pour lui-même,
Fîtes-vous pas plonger par des ordres pressans
Sa Teste en un vaisseau plein du sang des Persans ?

THOMIRIS.

Nos prisonniers encor ne m'avoient pas instruite
Des fureurs de mon fils, qu'ils m'apprirent ensuite,
Et si Cyrus étoit l'Auteur de son trépas,
Ce que je sens pour lui ne le sauveroit pas.
Lors que pour terminer cette guerre funeste,
Des ennemis vaincus vous défîtes le reste,
Et livrâtes Cyrus vivant en mon pouvoir,
Je sentis tout-à-coup tous mes sens s'émouvoir.
Si-tôt qu'avec ses yeux les miens se rencontrérent,
De nouvelles ardeurs en mon cœur s'allumérent,
Je prins pour haine alors ce qui vint m'enflâmer,
Et croiant mieux haïr, je commençai d'aimer.
J'attribuai d'abord tout mon trouble à ma haine,
Je n'y résistai point, je le souffris sans peine,
Et quand je m'apperçûs de l'erreur de mes sens,
J'y voulus résister, mais il n'étoit plus temps.
Mon ame fut séduite, & j'appris par moi-même,
Qu'on ne sçait pas toûjours ce qu'on fait quand on aime.
Et qu'un cœur quelquefois forcé de se trahir,
Ne hait pas ce qu'il croit, ni ce qu'il veut haïr.
Sous le nom de la haine, avec toute la flame
L'Amour s'introduisit jusqu'au fond de mon ame,
Et je crus beaucoup faire, en me laissant toucher,

TRAGEDIE.

Ne le pouvant plus fuir, de le pouvoir cacher.

ODATIRSE.

Mais une Loi gardée avecque reverence
De tous les Etrangers nous défend l'alliance.

THOMIRIS.

Mais vous-même avez dit qu'on doit croire les Loix
Maîtresses des Sujets, mais Sujettes des Rois.
Nul devoir ne résiste, alors qu'il faut qu'on aime,
A l'instinct qu'en nos cœurs le Ciel verse lui même,
Et l'on est convaincu si-tôt qu'on void le jour,
Que les premieres loix sont celles de l'Amour.
Ce n'est pas toutesfois que mon ame charmée
Ne pût cesser d'aimer, si je n'étois aimée,
Pour faire dans ces lieux venir le prisonnier,
Prétextez que je veux qu'il change de quartier,
Et comme sans dessein, sortant à sa rencontre,
Je prétends voir son cœur, sans que le mien se montre.

ODATIRSE.

Quoi, vous voulez le voir ?

THOMIRIS.

Oüi, mais dès aujourd'hui,
S'il ne fait voir pour moi ce que je sens pour lui,
Ma fierté revenant au secours de mon ame
En faveur de ma gloire étoufera ma flâme.

ODATIRSE.

Ah! puis qu'il vous doit voir, vous le devez charmer,
Vous en serez aimée, & vous voudrez l'aimer,
Je crains beaucoup pour vous.

THOMIRIS.

Craignez de me déplaire.

ODATIRSE.

Votre ordre est mon devoir, je dois y satisfaire;
Mais votre ordre doit être aussi pour votre bien.

THOMIRIS.

Faites votre devoir, & j'aurai soin du mien.

Fin du premier Acte.

ACTE II.

SCENE PREMIERE.

CYRUS, ODATIRSE, Gardes.

CYRUS.

Pour peu que votre cœur soit sensible à ma peine,
Permettez-moi de voir la Tente de la Reine,
Et pour derniere grace en ce fatal moment,
Souffrez que je m'arrête en un lieu si charmant.

ODATIRSE.

Quoi ? Le Roi d'un Climat, qui n'a rien que de rare,
Peut trouver quelque charme en un Païs barbare,
Et dans un Camp privé de la pompe des Arts,
Voit quelqu'objet qui puisse arrêter ses regards ?

CYRUS.

L'Objet le plus charmant que l'art puisse produire,
Jusqu'au de-là des sens ne peut avoir d'Empire,
Et pour faire passer son charme plus avant,
Ce qu'il a de plus beau, n'a rien d'assez vivant.
Tout ce qu'en l'Univers l'ordre du Ciel assemble
S'attache par nature à ce qui lui ressemble,
Et notre Ame qui suit ce cours accoûtumé,
Veut pour être charmée un objet animé.
Des ouvrages de l'art la beauté la plus pure
Ne vaut pas un défaut, qu'auroit fait la Nature.
Ses beautez touchent l'Ame aussi-bien que les yeux,

Et toûjours la Nature est la même en tous lieux ;
Ses efforts sont pareils pour ses vivans ouvrages,
Elle agit comme en Perse aux lieux les plus sauvages,
Et comme elle a par-tout même soin pour former
Quelque chose d'aimable, on peut par-tout aimer.
ODATIRSE.
Quoi ? pourriez-vous aimer une Reine en furie,
Qui n'a fait voir pour vous que de la barbarie,
Et dont les sentimens ont dû jusqu'à ce jour,
Vous animer plûtôt de haine que d'amour ?
CYRUS.
J'aime, il n'est que trop vrai, cette aimable ennemie,
Bien que je sois certain qu'elle en veüille à ma vie,
Et malgré mon orgueil, & malgré sa rigueur,
Sa victoire s'étend jusques dessus mon cœur.
J'étois victorieux de la premiere armée,
Que d'abord contre moi son fils avoit formée,
Qui presque encor enfant tomba dans ce malheur ;
Faute d'experience, & non pas de valeur.
Je marchois sans obstacle, & j'osois déja croire
Aller droit au Triomphe, aprés cette victoire,
Et pouvoir accabler avec facilité
Des Ennemis-défaits le reste épouventé,
Lors que je rencontrai Thomiris à la teste
D'une seconde armée, au combat toute prête,
Ah ! que l'Objet fut beau, qui me fut si fatal,
Dessus une éminence elle étoit à cheval,
Sur son casque un amas de plumes inégales,
Au gré d'un petit vent flottoient par intervales,
Son armure étoit blanche, & pour surcroît d'appas,
Le Soleil lui prêtoit l'or qu'elle n'avoit pas.
Il ne brilloit qu'au lieu qu'occupoit cette Belle,
Et ne sembloit avoir des raions que pour elle ;
Mais pour la reconnoître incontinent aprés,
Avec fort peu des miens m'aprochant de plus prés,
Je cessai l'observant de me croire invincible.
Je crûs en sa faveur ma défaite possible,
Et reconnus d'abord en voiant ses appas,

Mille ennemis secrets, que je n'attendois pas.
Elle-même fit teste à ma Troupe avancée,
Et commandant alors la visiere haussée,
Tandis que ses beautez me tenoient occupé,
Par son ordre aisément je fus envelopé,
Graces aux miens j'échapai toutesfois à ses armes,
Mais je n'échapai pas au pouvoir de ses charmes.
Et le fort, qui par-tout me fit victorieux,
Me sauva de ses mains, mais non pas de ses yeux,
Contre elle, & contre ceux qui prirent sa défence,
Je n'ai depuis sçu faire aucune résistance,
Je perdis la Bataille, & les miens pleins d'effroi
Me sçûrent en fuiant entraîner malgré moi ;
Mais quand aprés trois jours de marche & de pour-
   suite,
Je vous vis en état d'empêcher notre fuite,
Auprés de Thomiris voulant trouver la mort,
Je pris des fers sans peine, & cedai sans effort.

ODATIRSE.

Vous m'étonnez beaucoup ; mais avec diligence
Cherchons un lieu plus propre à cette confidence.

CYRUS.

Ah ! ne m'éloignez point si-tôt de tant d'apas.

ODATIRSE.

Pour en être plus prés, vous ne les voiez pas.

CYRUS.

Quand d'un Objet aimé l'on endure l'absence,
On sent du plus au moins beaucoup de différence :
Plus un Objet est proche, & plus il est puissant,
Et sans en voir le charme, en secret on le sent.
Lors qu'on peut approcher de la personne aimée,
L'émotion qu'on sent ne peut être exprimée,
Et quand si peu d'espace en cache les apas,
Le cœur passe aisément, où les yeux ne vont pas.

ODATIRSE.

La Reine peut venir, c'est ce qui m'épouvente.
Voici l'heure à peu prés qu'elle sort de sa Tente,
Et vous me réduirez à perdre tout espoir,

Si dans ces sentimens elle vient à vous voir.
CYRUS.
N'importe, pour la voir, arrêtons, je vous prie.
ODATIRSE.
Mais ne craignez-vous point de la voir en furie.
CYRUS.
Ah, c'est toûjours la voir que la voir en fureur,
Et voir ce que l'on aime, est toûjours un bonheur.
Thomiris est superbe, insensible & cruelle,
Mais elle est moins barbare encor qu'elle n'est belle,
Et toute la douceur, qu'on peut avoir des Cieux,
En sortant de son ame a passé dans ses yeux.
Si je la voi sortir, quoi qu'elle puisse faire,
Je verrai ses beautez en voiant sa colere :
Et si sur moi ses yeux s'abaissent à leur tour,
En me montrant sa haine, ils verront mon amour.
ODATIRSE.
Quoi, vous pourriez montrer votre amour à la Reine ?
CYRUS.
Je ne souhaite plus d'autre bien dans ma peine,
Et voudrois seulement pour mourir satisfait,
Que son cœur sçût les maux que ses beaux yeux m'ont fait.
Dieux ! elle vient !
ODATIRSE.
De grace, évitez sa rencontre.
CYRUS.
Pour la derniere fois souffrez que je me montre.
ODATIRSE.
Mais......

SCENE II.

THOMIRIS, DORIANTE, ODATIRSE, CYRUS, Gardes.

THOMIRIS.

Qu'entens-je ? Et que vois-je ? Hé quoi, jusqu'en ces lieux,
Mon ennemi m'attend, Cyrus s'offre à mes yeux !
Il ose me braver jusqu'aprés sa disgrace :
Vous deviez, Odatirse, empêcher son audace.
ODATIRSE.
J'ai fait ce que j'ai pû, pour faire mon devoir,
Et j'aurois empêché que le bien de vous voir
N'adoucît les rigueurs, qui lui sont destinées,
Sans le respect qu'on doit aux Testes couronnées.
CYRUS.
Si c'est vous offenser qu'oser voir vos appas,
Tout le crime est en moi, ne l'en accusez pas.
Ce desir malgré lui dans mon ame a sçû naître ?
S'il me rend criminel, je fais gloire de l'être,
Et pour moi ce seroit un suplice nouveau,
Que d'avoir un complice en un crime si beau.
THOMIRIS.
Le feu, qui malgré moi sur mon visage monte
Vous découvre, Odatirse, & ma peine & ma honte,
Sa presence m'agite, & pour paroître mieux,
Le trouble de mon cœur vient jusques dans mes yeux,
Vous m'auriez bien servie, en m'épargnant la peine
De voir un ennemi, qui mérite ma haine,
Et deviez m'exempter en l'état où je suis,

TRAGEDIE.

De faire des faveurs, à qui fait mes ennuis.
ODATIRSE.
Si de vos yeux, Madame, il vous plaît que l'on l'ôte,
Il n'est pas mal-aisé de réparer ma faute.
CYRUS.
Ah ! si rien de ma part ne vous sçauroit toucher,
Souffrez que de vos pieds je me fasse arracher !
Ecoutez-moi, Princesse, ou suivant votre envie,
En m'ôtant de vos yeux, qu'on m'ôte de la vie.
ODATIRSE.
Je vai pour redonner le calme à votre esprit,
L'éloigner....
THOMIRIS.
Ce n'est pas ce que je vous ai dit.
Mon devoir m'a forcée à vous faire connoître
Qu'il faloit à mes yeux l'empêcher de paroître :
Mais aiant pû souffrir qu'il s'y vînt presenter,
Ce qu'on doit à son rang me force à l'écouter.
CYRUS.
C'est pour moi, grande Reine, en un sort si contraire,
La plus haute faveur, que vous me puissiez faire,
Je vai donc.... Mais ô Dieux ! quel trouble, & quel effroi,
S'opposent tout-à-coup au bien, que je reçoi ?
Un mouvement confus, que mon ame découvre,
Vient me fermer la bouche au moment qu'elle s'ouvre,
Et son effort, qu'en vain je tâche à dissiper,
Arrête mon secret sur le point d'échapper.
Quand je veux vous parler je tremble, je soûpire,
Et ne dis rien du tout, pour avoir trop à dire :
A ce trouble puissant j'ai peine à résister.
THOMIRIS.
Il est donc inutile ici de m'arrêter,
Qu'il s'explique, Odatirse, ou bien qu'il se retire,
Je n'ai rien à sçavoir s'il n'a rien à me dire.

CYRUS.

Ah, malgré mon effroi, la peur de vous quitter
Va contraindre à l'instant mon secret d'éclater,
J'abuse trop long-tems de la grace derniere,
Que j'obtiens aujourd'hui d'une Reine si fiere :
Et si prés du Tombeau, je doi sans doute mieux
Ménager des momens pour moi si précieux.
Sçachez donc que pour vous Belle & superbe Reine,
Je n'ai rien dans le cœur qui ressemble à la haine,
Que vous ne connoissez mon destin qu'à demi,
Et que Cyrus pour vous n'est rien moins qu'ennemi.
Oüi, je cedai plûtost à vos yeux qu'à vos armes,
Je ne pûs vous haïr dés que je vis vos charmes,
Et quand on sent sa haine en secret se trahir,
On vainc mal aisément ce qu'on ne peut haïr,
J'avois tout surmonté, mais personne n'ignore
Que l'on se défend mal d'une main qu'on adore.
Et qu'il est mal-aisé tout vainqueur que l'on est,
De n'être pas vaincu d'un ennemi, qui plaît.
En voiant vos beaux yeux, je prévis ma défaite,
Et crus par une crainte & soudaine & secrette,
Que mon cœur malheureux pour avoir trop vécu,
Cessant d'être invincible, alloit être vaincu ;
Mais qu'en ce triste état je me sçûs mal connoître !
J'étois déja vaincu, quand je craignis de l'être,
Et m'offrant en secret au pouvoir qui m'abat,
Ma défaite dés-lors préceda le combat.
J'eus beau me déguiser, & beau faire le brave,
Avant que d'être pris, je fus long-tems esclave.
Mon ame fut trahie, & vos fers inhumains
Passérent dans mon cœur plûtost que dans mes mains.

THOMIRIS.

En feignant de m'aimer, pourriez-vous point prétendre
De m'inspirer pour vous un sentiment plus tendre ?
Et vouloir au plus fort de notre inimitié,
Par un déguisement, mandier ma pitié ?

CYRUS.

Feindre de vous aimer ? Non, quoi que j'aie à craindre,
Je sçai mourir encor mieux que je ne sçai feindre,
Et si je pouvois feindre aux portes du trépas,
Ce seroit seulement de ne vous aimer pas :
Je paroîtrois plus fier, si j'étois moins sensible,
Et croirois, en cessant pour vous d'être invincible,
Ne perdre qu'à demi ma gloire en ce revers.
Si je pouvois cacher la moitié de mes fers,
J'aurois sans doute encor quelque reste de gloire,
Si vous n'aviez sur moi qu'une seule victoire,
Et si vous n'étiez pas, par un droit effectif,
Deux fois victorieuse, & moi deux fois captif,
Je sçai qu'à vos beaux yeux ma flame découverte
Ne vous peut animer que pour hâter ma perte,
Et qu'ici ma tendresse, osant trop éclater,
Loin de vous adoucir sert à vous irriter.
Vous avez sous des traits, dont le charme est visible,
Une ame avec l'Amour toujours incompatible.
Et je serois traité bien moins cruellement,
Comme votre Ennemi, que comme votre Amant,
Enfin vous êtes Scythe, & votre ame inhumaine,
Hait naturellement, & n'aime qu'avec peine,
Comme vous n'aimez rien, quoi qu'on trouve de doux,
Pour vous plaire il faudroit n'aimer rien comme vous ;
Mais si je vous déplais par mon feu téméraire,
Je suis jusqu'à la mort certain de vous déplaire,
Et s'il faut pour vous plaire éteindre un feu si grand,
Je sens que je ne puis vous plaire qu'en mourant.

THOMIRIS.

Si pour vous quelque trouble en mon ame s'excite,
Votre tendresse au moins n'est pas ce qui m'irrite.
Le nom de Scythe en moi doit moins vous allarmer,
Les Scythes ont un cœur, & tout cœur peut aimer.
Ah que fais-je ? Odatirse !

ODATIRSE.
Un aveu plein de honte.
THOMIRIS.
Ma fierté m'abandonne, & l'Amour me surmonte.
CYRUS.
Quoi, votre cœur pour moi pourroit être adouci ?
THOMIRIS à *Odatirse*.
Si vous aimez ma gloire, arrachez-moi d'ici,
De tous mes sentimens ce Prince va s'instruire,
Et vous sçaurez de lui ce que je ne puis dire.

SCENE III.

CYRUS seul.

Interprettes fidelles de ces mots prononcez,
Du bien, qui m'est promis, témoins interessez,
Vous mes sens, qui m'osez annoncer tant de gloire,
N'êtes-vous point suspects, & vous pourrai-je croire ?
Sans crime & sans erreur puis-je bien présumer,
Que Thomiris m'a dit qu'elle pouvoit aimer,
Et que si quelque trouble en son ame s'excite,
Ma tendresse du moins n'est pas ce qui l'irrite :
Et vous que sa beauté sçût d'abord decevoir,
Mes yeux, croirai-je ici ce que vous croiez voir ?
Ne vous trompez-vous point quand vous pensez connoître,
Que ma flame a touché l'objet qui la fit naître :
Et quand vous croiez voir un feu si glorieux
Remonter à sa source, & briller dans ses yeux ?
Ah ! si c'est en effet une erreur de ma flame,
Qui me fait voir par tout ce qui n'est qu'en mon ame,
Et s'il est vrai, mes sens, que vous trompiez mon cœur,
Au moins faites durer une si douce erreur !
Mais

TRAGEDIE.

Mais plûtôt bannissons de mon ame interdite
Ces troubles, que l'Amour a toûjours à sa suite,
Et ces vaines fraieurs, dont les émotions
Se mêlent si souvent aux grandes passions.
Si j'ai quelque esperance & trop vaine & trop haute,
J'ai Thomiris au moins pour garand de ma faute :
Sa bouche & ses beaux yeux, après m'avoir charmé,
Ne m'ont point défendu d'esperer d'être aimé,
Et pour un cœur superbe, & honteux de se rendre,
C'est permettre l'espoir que ne le pas défendre.
Esperons donc, mon cœur, puis qu'il nous est permis,
Il s'est fait des Amans des plus grands Ennemis.
Le Dieu qui fait aimer a droit de tout soûmettre,
Le Soleil ne void rien où l'amour ne pénétre,
Son Empire s'étend aux plus lointains climats,
Et ses feux vont souvent où le jour ne va pas,
O que mon sort est doux ! & ma gloire parfaite,
D'être encore vainqueur jusqu'après ma défaite,
De faire une conquête alors que je me pers,
Et de triompher même au milieu de mes fers ?
Mais triompher d'une ame, & si fiere & si belle,
Que l'Univers n'a rien de plus glorieux qu'elle.
Mon bonheur clairement dans ses yeux s'est fait voir.

SCENE IV.
CYRUS, ODATIRSE, *Gardes*.
CYRUS.

O Datirse, venez confirmer mon espoir !
 La Reine donc enfin veut que de votre bouche,
Je sache qu'en effet ma passion la touche,
Que son cœur est sensible, & se laisse émouvoir ?
ODATIRSE.
Je n'ai rien de semblable à vous faire savoir,

CYRUS.
Vous paroiſſez troublé !

ODATIRSE.
Le trouble qui me preſſe,
Montre qu'en votre ſort, Seigneur, je m'intereſſe,
Je ſuis contraint de faire un funeſte rapport,
Apprenez que la Reine a conclu votre mort.

CYRUS.
Ma mort ? .....

ODATIRSE.
Si de vos fers le Ciel ne vous délivre,
Vous n'avez tout au plus que deux heures à vivre.

CYRUS.
Les beaux yeux de la Reine en cachant ſon courroux,
Pour être plus cruels, ont donc paru plus doux,
Et d'une douceur feinte elle n'eſt donc capable,
Qu'afin qu'on ſente mieux ſa rigueur veritable ?
Ah, faut-il qu'à ce point elle ait pû me haïr,
Que ſes regards flatteurs ayent voulu me trahir,
Et qu'une cruauté, qui n'a point de ſeconde,
Ait fait des impoſteurs des plus beaux yeux du monde.

ODATIRSE.
A ce cruel deſſein je ne puis conſentir,
Votre vertu m'engage à vous en garentir,
C'eſt moi qui donne l'ordre aux Soldats qui vous gardent,
Je veux pour vous ſauver que mes jours ſe hazardent,
J'eſtime la vertu juſqu'en mes ennemis :
Et pour votre ſalut je me croi tout permis.
Je veux vous aſſiſter à fuir votre diſgrace.
Dérobez votre tête au coup qui la menace,
Et tâchez d'éviter en des lieux éloignez
Le péril qui vous preſſe, & dont vous vous plaignez.

CYRUS.
Vous avez mal connu la ſource de ma plainte,
Elle vient de l'amour plûtôt que de la crainte,
Et lors que Thomiris veut voir finir mon ſort
Je me plains de ſa haine, & non pas de ma mort.

TRAGEDIE.

Pour craindre de mourir j'ai l'ame encor trop forte,
Mon cœur ne s'abat point sous les fers que je porte,
Ce n'est que comme Amant que je suis alarmé,
Et me plains seulement de n'être pas aimé.

ODATIRSE.

Mais preferant la mort à la douceur de vivre,
Ne pouvez-vous, Seigneur, souffrir qu'on vous délivre?

CYRUS.

Helas ! qui me pourroit rendre la liberté !
En des fers trop puissans je me trouve arrêté,
Qui m'en délivreroit ?

ODATIRSE.

    Moi, dont les soins s'apprêtent
A vous faire échaper des nœuds qui vous arrêtent,
J'ôterai de vos mains ces fers pleins de rigueur.

CYRUS.

Mais qui pourra m'ôter ceux que j'ai dans le cœur.
Thomiris a trop bien assuré cette chaîne.
Mon amour m'offre ici pour victime à sa haine,
Et quand sa cruauté me condamne à la mort,
Pour pouvoir m'échaper mon lien est trop fort.
Vous me voulez donner une assistance vaine,
Pour un Amant haï la vie est une peine,
Et vivre dans des lieux où Thomiris n'est pas,
Est un tourment pour moi plus grand que le trépas.

ODATIRSE.

Hé bien, venez mourir !

CYRUS.

    Oui, j'irai sans me plaindre,
Je puis trouver la mort ; mais je ne la puis craindre,
Avec mes jours, au moins, mes maux seront bornez.
La mort est sans horreur pour les infortunez,
Et pour être intrépide en ce dernier outrage,
Je n'ai pas même ici besoin de mon courage,
Quand on cesse de vivre, on cesse de souffrir,
Et quand on hait la vie, il est doux de mourir.

Fin du deuxiéme Acte.

ACTE III.

SCENE PREMIERE.

CLODAMANTE, ODATIRSE, ARBATE, Gardes.

CLODAMANTE.

LA Reine aime Cyrus ? Quoi ? sans que rien l'étonne,
Elle veut lui donner sa main & sa Couronne,
Et sans aucun respect des ordres du feu Roi,
Un Captif obtiendra ce qui n'est dû qu'à moi ?

ODATIRSE.

Ce n'est pas un bonheur dont ils joüissent encore
L'Amour qu'il a fait naître est un bien qu'il ignore,
J'avois un ordre exprés de lui dire aujourd'hui
Les secrets sentimens que la Reine a pour lui ;
Mais méprisant un ordre où regne l'injustice,
J'ai dit qu'elle a donné l'Arrêt de son supplice.
J'ai pour l'ôter d'ici voulu le délivrer,
Et voiant son refus je l'ai fait resserrer.
Ensuite dans l'ardeur dont j'ai l'ame animée,
Je me suis assuré des Chefs de notre Armée,
Et pour faire un effort plus puissant & plus prompt,
Des Gardes qu'il commande Arbate nous répond.

CLODAMANTE.

Je sai que dans ces lieux vous pouvez tout sans peine :

TRAGEDIE.

Mais que prétendez-vous ?
ODATIRSE.
M'assurer de la Reine.
L'obliger de choisir un Epoux glorieux,
Ou faire massacrer son Amant à ses yeux :
Mais ne paroissez point vous ne sauriez mieux faire,
Si vous desirez fuir sa haine & sa colere,
Vous ne pouvez que nuire au dessein que j'ai fait,
Mes soins vous surprendront attendez-en l'effet.
CLODAMANTE.
Qu'à vos soins genereux je serai redevable !
C'est un bien sans égal qu'un ami veritable.
ODATIRSE.
Allez, je vai agir par une forte loi,
Avec la même ardeur que j'agirois pour moi.

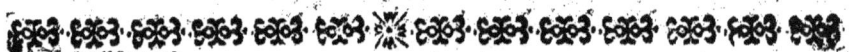

SCENE II.
ARBATE, ODATIRSE.
ARBATE.

Il est bien satisfait d'esperances frivoles.
ODATIRSE.
Les effets vont enfin expliquer mes paroles,
Et je ne puis penser sans peine & sans horreur,
Qu'il connoîtra bien-tôt mon crime & son erreur.
Les bontez de sa Sœur, qu'il faut que je trahisse,
Me font encore fremir de ma propre injustice.
Thomiris même ici ne sert qu'à m'allarmer
Je vai lui faire outrage à force de l'aimer,
Je vai paroître Amant par des marques de haine,
Offencer mon ami, ma Maîtresse & ma Reine,
Violer tous les droits, être indigne du jour,
Et trahir l'amour même en faveur de l'amour.
Mais c'est un peu trop tard que ce remords arrive,

R 3

Le sort jetté m'entraîne, il faut que je le suive,
Sur un sentier glissant je me sens emporter,
Et je trébucherois si j'osois m'arrêter.
Il n'est plus tems de fuïr, ni de prévoir l'orage,
Je suis déja trop loin pour gagner le rivage,
Pour peu que sur ces Mers j'ose me détourner,
A travers des écüeils je suis seur de donner,
Et je ne puis finir la route où je m'engage,
Que par un prompt triomphe, ou par un prompt naufrage,
Il faut que Thomiris.....

ARBATE.

Elle vient en ces lieux,

ODATIRSE.

Je sens que mon remords se dissipe à ses yeux.

SCENE III.

THOMIRIS, ODATIRSE, DORIANTE, ARBATE, Gardes.

THOMIRIS.

Odatirse, on m'apprend que mon Camp se mutine,
Qu'il refuse le Roi, que mon soin lui destine :
Qu'il ose insolemment examiner mon choix,
Et qu'au lieu d'obéïr, il veut faire des Loix.

ODATIRSE.

Madame, assurément les Scithes auront peine
A voir au Trône un Roi, qu'ils ont mis à la chaîne
Au seul nom de Cyrus tout le Camp a fremi,
C'est un Roi brave & grand, mais c'est un ennemi
Et vos meilleurs Soldats trouvent trop d'infamie

TRAGEDIE.

A se soumettre au joug d'une main ennemie.
THOMIRIS.
Ah, je les punirai ces insolens mutins,
Dont l'aveugle fureur veut regler mes destins!
A l'Hymen de Cyrus hautement je m'obstine;
Mais a-t-il sçû de vous à quoi je le destine?
ODATIRSE.
Oui, Madame, Cyrus a sçû par mon rapport,
Que votre Majesté résout enfin sa mort.
THOMIRIS.
Sa mort? oubliez-vous que par l'amour vaincuë,
Tantôt à l'épouser je me suis résoluë?
ODATIRSE.
Madame, je le sai; mais vous ne savez pas,
Que vouloir son Hymen, c'est vouloir son trépas.
THOMIRIS.
L'auroit-on fait périr!
ODATIRSE.
    Non, rassurez votre ame,
Cyrus est en lieu seur, & j'en répons, Madame.
Mais j'apprehende bien que ce trouble nouveau,
S'il pense aller au Trône, il n'arrive au tombeau.
THOMIRIS.
Je le garentirai de ses fureurs soudaines,
Je vous ai commandé d'aller rompre ses chaînes,
Parlez, où peut-il être?
ODATIRSE.
    Il est encore aux fers.
THOMIRIS.
Vous aussi me trahir!
ODATIRSE.
    Madame, je vous sers,
Vous voulez vous couvrir d'une honte éternelle,
Et vous trahir ici, c'est vous être fidelle.
THOMIRIS.
Gardes, qu'on s'en assure! hé quoi tout me trahit;
Et lors que je commande aucun ne m'obéït.

ODATIRSE.

Vous cherchez à vous perdre, & notre zele extrême
Nous force à vous garder malgré vous de vous même:
Daignez voir notre faute, & vos maux sont finis.

THOMIRIS.

Ma faute est ta grandeur, traître, & tu m'en punis.

ODATIRSE.

Votre amour vous trahit, & lors que je conspire,
C'est contre votre amour ; non contre votre Empire,
Et sans être infidelle à votre Majesté,
C'est contre Cyrus seul que je suis révolté,
Oui, Princesse, en effet, j'arme, & je me souleve,
Pour l'arracher du Trône, où votre amour l'éleve,
Mais mes soins les plus grands & ma plus forte ardeur
Tendent à l'arracher sur tout de votre cœur.
Je suis bien éloigné de vous être infidelle,
Je suis plus que Sujet, & j'ai plus que du zele,
Et crains bien que mon cœur n'ait joint pour mon tourment,
Au zele d'un Sujet les ardeurs d'un Amant.
Le desir de regner n'est point ce qui m'anime,
Si je suis criminel c'est d'un plus noble crime,
L'ambition n'a pû me toucher en ce jour,
Mais je ne réponds pas de ce qu'a fait l'amour.

THOMIRIS.

Toi me parler d'amour ? avant cette insolence,
Tu n'as pas trop mal fait de m'ôter ma puissance ;
Si ton soin eût osé m'en laisser tant soit peu,
Ta mort suivroit de prés ce téméraire aveu,
Il n'est permis qu'aux Rois de brûler de mes flammes
Un feu si pur s'altere en touchant d'autres ames,
Et trouve trop de honte & se rend trop abjet
A descendre aujourd'hui dans le cœur d'un Sujet,
Garde bien ma puissance & s'il t'en prend envie,
Sois assez inhumain pour m'arracher la vie,
Pour jusqu'à la mort j'aurai la même horreur,
Tu peux tout sur mes jours, mais rien dessus mon cœur.

ODATIRSE.

Malgré tous vos mépris & toute votre haine,
Je ne perdrai jamais mon respect pour ma Reine.
Et l'amour, qui pour vous s'est joint à mon devoir,
Vous ôtent tout sujet de craindre mon pouvoir.
Ne craignez rien pour vous, mais à ne vous rien feindre,
Pour les jours de Cyrus vous avez tout à craindre,
Et dans mon desespoir, je ne vous cele pas
Qu'au moins j'adoucirai mes maux par son trépas.

THOMIRIS.

Son trépas ?........

ODATIRSE.

Oüi, je veux détruire qui m'offence,
Je souffre votre amour, endurez ma vengeance,
Chacun à ses desirs est libre d'obéïr,
Je vous le laisse aimer, laissez le moi haïr.

THOMIRIS.

As-tu droit sur ses jours, traître ?

ODATIRSE.

Oui, plus que tout autre.
Cyrus est ma conquête, aussi-bien que la vôtre,
Vos yeux l'ont enflammé, mais mon bras l'a soûmis,
Et sur tous les vaincus ici tout est permis.
Nos droits sont differens sur ce Roi qu'on resserre.
Vous avez ceux d'amour, moi j'ai ceux de la guerre,
Et nous sommes tous deux dans un pouvoir égal,
Vous d'aimer un Amant, moi de perdre un Rival ?

THOMIRIS.

Quoi méchant ? sans horreur, ta rage sans seconde
Terminera le sort du plus grand Roi du monde ?
Qu'a donc fait ce Heros pour voir ses jours finis ?

ODATIRSE.

Il a charmé votre ame, & je l'en veux punir.

THOMIRIS.

Il merite mon cœur.

ODATIRSE.

Ah ! c'est ce qui m'irrite,

Pour moi son plus grand crime est son trop grand mérite,
Et mon cœur par l'amour à sa perte animé
Le hait parce qu'il est trop digne d'être aimé.

THOMIRIS.

Dois-tu nommer amour cette fureur extrême,
Peux-tu m'aimer, Barbare, & perdre ce que j'aime!
Et je cherchant à me plaire en osant me trahir,
Veux-tu te faire aimer comme on se fait haïr?

ODATIRSE.

Me faire aimer de vous n'est point ce que j'espere,
Mon Rival seul vous plaît & je ne puis vous plaire,
Mais le sacrifiant, j'ai du moins le pouvoir
De le priver d'un bien que je ne puis avoir.

THOMIRIS.

S'il faut un Sacrifice au dépit qui t'anime,
Pour toute grace ! ingrat, change au moins de victime,
Je te pardonnerai ton crime & mon trépas,
Epargne ce que j'aime & ne m'épargne pas.

ODATIRSE.

Ces transports de tendresses, où Cyrus vous engage,
N'excitent dans mon cœur que des transports de rage,
Votre amour plus ardent rend mon dépit plus fort
Et sollicite moins sa grace que la mort.
Si pourtant son salut vous donne tant d'envie,
Il vous reste un moien de lui sauver la vie.

THOMIRIS.

Il n'est rien que pour lui je veüille refuser.

ODATIRSE.

Il faut......

THOMIRIS.

Je pourrai tout, parle.

ODATIRSE.

Il faut m'épouser?

THOMIRIS.

Moi je t'épouserois, méchant?

TRAGEDIE.

ODATIRSE.

       Je me retire,
Je vous suis trop suspect pour oser vous rien dire.
Afin de vous aider à vous résoudre mieux,
Je vai vous envoier votre Amant en ces lieux.
C'est pour peu de momens, & s'il ne vous inspire
Un prompt consentement à l'Himen où j'aspire,
Et s'il ne vous oblige à me rendre content,
Il est seur de trouver la mort en vous quittant.

SCENE IV.

THOMIRIS seule.

JE fremis, à ce coup mon courage me laisse;
 Tu m'attaques, cruel, ou tu vois ma foiblesse,
Pour grand que soit mon cœur tu viens de l'accabler,
Tu réüssis, Barbare, & tu me fais trembler!
Oui je fremis ingrat! oui je tremble, perfide;
Pour la premiere fois mon cœur devient timide,
Et ta menace horrible enfin a pénetré
Dans un ame, où l'éfroi n'étoit jamais entré.
Je connoi dans les maux, que tes soins me prépa-
 rent,
Que la crainte & l'amour rarement se séparent,
Qu'un cœur fier attendri peut enfin s'allarmer,
Et qu'on doit toûjours craindre, alors qu'on peut
 aimer,
Sans l'amour qui me presse, un sujet téméraire
Ne m'eût point fait trembler, quoiqu'il eût osé faire,
Et de quelque fureur, dont il soit animé;

R 6

Mon cœur n'eût jamais craint, s'il n'eût jamais aimé,
Ce traître a trouvé l'art de me rendre étonnée,
Que ne ferai-je pas pour fuïr son hymenée ?
Mais j'apperçois Cyrus ; Dieux ! que j'y voi d'appas :
Pour empêcher sa mort que ne ferois-je pas ?

SCENE V.

CYRUS, THOMIRIS.

CYRUS.

Par votre ordre, O latrife, a pris foin de me dire,
Que vous avez, Princeffe, ordonné que j'expire,
Et déja pour jamais j'avois perdu l'espoir
De flatter mes tourmens du plaisir de vous voir :
Mais bien qu'à mon trépas vous soiez résoluë,
C'est une grace encor pour moi que votre vûë,
Et je sens qu'un regard qui part de vos beaux yeux,
Peut du plus cruel sort faire un sort glorieux.
Pour dernieres faveurs, ne m'en faites point d'autres,
Que souffrir qu'en mourant mes yeux trouvent les vô-
    tres,
Et que permettre au moins pour adoucir vos coups,
Que mon dernier soûpir puisse aller jusqu'à vous.
La mort la plus horrible & la plus violente,
En s'offrant à vos yeux, me paroîtra charmante,
Je mourrai trop content de perdre ainsi le jour,
Et de laisser ma vie, où j'ai pris mon amour.

THOMIRIS.

Ah ! Cyrus, votre sort ne seroit guere à plaindre,
Si vous n'aviez ici que ma rigueur à craindre,
Et vous n'auriez pas lieu de prendre aucun effroi,
S'il ne vous restoit plus d'autre ennemi que moi,

TRAGEDIE.

Je vous veux peu de mal ! Odatirse infidelle
A changé ma réponse en la rendant cruelle,
Et la haine au moment qu'il l'exprimoit si bien,
Etoit dedans son cœur plûtost que dans le mien.

CYRUS.

Quoi, votre haine cesse & mon amour vous touche ?

THOMIRIS.

Demandez-le plûtost à mes yeux qu'à ma bouche,
Ils ne vous sauroient plus rien dire que de doux,
Et vous les pouvez croire.

CYRUS.

    O Dieux ! que dites-vous !

THOMIRIS.

Je dis ce qu'un ingrat, qui contre moi conspire,
Auroit dû m'épargner la peine de vous dire.

CYRUS.

Mon cœur après ce bien n'a rien à souhaiter.

THOMIRIS.

Ah ! connoissez quels maux ce bien vous doit coûter,
Vous avez pour Rival le traître qui m'opprime,
Le trépas vous attend, me plaire est votre crime,
Mais dans mon impuissance il reste à mon amour
Un moien assuré de vous sauver le jour.

CYRUS.

Ah, puis que vous m'aimez, je dois aimer la vie,
Prenez soin d'empêcher qu'elle me soit ravie,
Et m'accordant un bien, qui me doit éblouïr,
Accordez-moi du tems aussi pour en joüir,
Plus mon bonheur est grand, plus la mort m'épouvente.
Pour un Amant haï la vie est peu charmante,
Il peut voir le trépas sans en être allarmé,
Mais le jour est bien doux pour un Amant aimé.
Souffrez donc que pour moi votre bonté s'emploie,
Faites durer mes jours pour prolonger ma joie,
Et tâchez, s'il se peut, d'éterniser mes ans,
Afin d'éterniser les plaisirs que je sens.

THOMIRIS.

Si vous le souhaitez mon ame se dispose
A ne résister point à la Loi qu'on m'impose,
Et ne s'assure pas encor d'y résister,
Quand même vous pourriez ne le pas souhaiter.

CYRUS.

Quelque doux que me fût le jour que j'ose attendre,
S'il vous doit trop coûter je cesse d'y prétendre.

THOMIRIS.

Odatirse me presse, & sans plus discourir,
Il faut ou l'épouser, ou vous laisser périr.

CYRUS.

Ah, laissez-moi périr, & vous me ferez grace,
Je crains plus que la mort l'hymen qui vous menace,
Et prétendre à mes yeux aujourd'hui l'achever,
C'est me trahir, Princesse, au lieu de me sauver ;
Pouvez-vous bien m'aimer, & me croire capable,
De ceder pour ma vie un bien inestimable,
De souffrir que mes jours me coûtent mon bonheur,
Et qu'on sauve ma Teste aux dépens de mon cœur,
Que plûtost la clarté cent fois me soit ravie.
Je vous aime en effet beaucoup plus que ma vie,
Et me vouloir ôter l'objet de mon amour,
C'est vouloir me ravir beaucoup plus que le jour.

THOMIRIS.

La même ardeur qui fait que vous craignez la vie,
Fait aussi que je crains qu'elle vous soit ravie ;
Et plus en ma faveur votre amour paroît fort,
Et plus vous m'obligez d'empêcher votre Mort ;
Je crains votre trépas plus que cette hymenée,
Je haï votre Rival d'une haine obstinée ;
Mais au moins par ce choix vous serez informé,
Qu'il est bien moins haï que vous n'êtes aimé.

CYRUS.

Tout aimé que je suis, faut-il que je vous cede,
Et tout haï qu'il est, faut-il qu'il vous possede ?
Non, contre lui plûtost redoublez vos rigueurs,
Et par son desespoir, vengez-moi si je meurs ;

S'il est trop inhumain, soiez plus inhumaine,
S'il me donne la mort, donnez-lui votre haine,
C'est un mal plus cruel que le coup qui m'attend,
Il vivra misérable, & je mourrai content.
Nous n'avons pas tous deux également à craindre,
Celui que vous plaindrez, sera le moins à plaindre,
Et celui qui vivra pour souffrir vos rebuts,
Sera celui de nous, qui souffrira le plus.

THOMIRIS.

Cette passion tendre, & si bien découverte
Me persuade mal de souffrir votre perte.
Laissez pour votre vie éclater mon amour,
Et me perdez plûtost que de perdre le jour.

CYRUS.

Cet Amour n'est pour moi qu'une rigueur extrême,
Qu'ai-je affaire du jour si je perds ce que j'aime ?
Et pouvez-vous penser que je vive un moment,
Quand vous ne vivrez plus que pour un autre Amant ?
J'ai pour le jour sans vous plus d'horreur que d'envie,
Et puis qu'il faut enfin que l'on m'ôte la vie,
J'aime mieux que ce soit pour flater mon malheur,
Le dépit d'un Rival que ma propre douleur.
La vie, en vous perdant, doit m'être insuportable,
Il vaut mieux n'être point, qu'être si misérable,
Et ne voir point le jour, n'est pas un si grand mal
Que de voir ce qu'on aime au pouvoir d'un Rival.

THOMIRIS.

Non, non, si vous m'aimez, il faut me satisfaire,
Si j'ai droit sur vos jours, gardez-les pour me plaire,
Vivez, je vous l'ordonne, & malgré votre effroi,
Ne desesperez pas de vivre encor pour moi.

CYRUS.

Pour vous ?

THOMIRIS.

Vivez, vous dis-je, avec cette esperance,
Allez, qu'on le remeine, & qu'Odatirse avance,
L'ingrat sera content, il recevra ma foi:
Mais Clidarice vient pour se plaindre avec moi.

SCENE VI.

CLIDARICE, THOMIRIS, Gardes.

CLIDARICE.

Puis-je donner creance à ce que j'entens dire,
Se peut-il qu'Odatirse à votre Hymen aspire ?
THOMIRIS.
Il est trop vrai, Princesse.
CLIDARICE.
     Et le souffrirez-vous ?
THOMIRIS.
Oüi, pour sauver Cyrus, il sera mon Epoux.
CLIDARICE.
Il sera votre Epoux ? Ah, pour vous en défendre,
Sa mort......
THOMIRIS.
  Parlez plus bas, on pourroit vous entendre.
CLIDARICE.
Sa mort empêchera qu'il vous ose outrager,
Je prétends d'un seul coup toutes deux nous venger,
Un poignard que je porte en l'ardeur qui m'enflame,
Au milieu de son sein ira chercher son ame ;
J'ai droit dessus son cœur, & pour le moins, mon bras,
Si mes yeux l'ont manqué, ne le manquera pas.
THOMIRIS.
C'est plûtost un effort qu'il faut que j'entreprenne,
Il est si bien gardé, qu'on l'aborde avec peine,
Et votre bras hardi, qui cherche à l'attaquer,
N'est pas trop assuré de ne le pas manquer :
Je conserve sur moi, toujours en ma puissance,
Du fer & du poison, dont nul n'a connoissance ;

Mais le fer beaucoup mieux ici que le poison,
De ce lâche ennemi nous peut faire raison,
A lui donner la main, je ne suis préparée,
Que pour rendre à mes coups sa mort plus assurée,
Et ne souffre l'hymen, qu'il cherche avec ardeur,
Que comme un chemin sûr, pour aller à son cœur.
CLIDARICE.
Epargnez-vous le soin d'épouser ce perfide,
Reservez son supplice au dépit qui me guide,
Je prendrai bien mon tems pour ne le manquer pas.

SCENE VII.

ARBATE, CLIDARICE, THOMIRIS, Gardes.

CLIDARICE voiant approcher Arbate.

Peut-on voir Odatirse ?
ARBATE.
Il marche sur mes pas,
Mais un ordre nouveau veut que je vous apprenne,
Qu'il vous est deffendu d'approcher de la Reine,
Vous le verrez ailleurs, de grace obéïssez.
CLIDARICE.
Il faut bien obéïr, puis que vous m'y forcez.
THOMIRIS seule.
Ce n'est qu'à moi qu'il faut réserver ma vengeance,
Je doi seule punir l'ingrat. Mais il avance.

SCENE VIII.

ODATIRSE, THOMIRIS, Gardes.

ODATIRSE.

ENfin, vous avez vû mon Rival trop aimé,
Votre cœur pour ses jours n'est-il point allarmé ?
Choisissez-vous l'Hymen, ou la fin de sa vie ?
Dés que vous parlerez, on suivra votre envie,
L'Autel est préparé, l'Echaffaut l'est aussi.
THOMIRIS.
Votre Rival pour vous n'a que trop réüssi,
S'çachez qu'en sa faveur mon ame s'est renduë,
Et qu'à vous épouser je me suis résoluë.
ODATIRSE.
Dieux ! quel bonheur au mien peut être comparé ?
Cyrus n'a rien à craindre, il sera délivré.
THOMIRIS.
Disposez de ma main.
ODATIRSE.
     Quelle reconnoissance !
THOMIRIS.
Je n'en souhaite point, & je vous en dispense,
Vous ne me devez rien pour un succez si doux,
Je fais tout pour Cyrus, & ne fais rien pour vous.

Fin du troisiéme Acte.

ACTE IV.

SCENE PREMIERE.

ODATIRSE, FEREONTE, ARBATE,
Gardes.

ODATIRSE à *Fereonte.*

Allez trouver Cyrus, faites qu'on me l'ameine,
Je veux rompre ses fers en faveur de la Reine,
Mais ne lui dites rien de l'hymen achevé,
Le plaisir en doit être à moi seul reservé ;
Et j'aurai la douceur, puis qu'il faut qu'il me voie,
De joüir de sa peine, en lui montrant ma joie,

Fereonte r'entré.

Mais que dis je, ma joie ? en l'état où je suis,
Puis-je rien éprouver que de justes ennuis ?
Thomiris a souffert le nœud qui nous assemble,
Mais je la voi toujours qui rougit, ou qui tremble,
Et je n'en puis tirer depuis que j'ai sa foi,
Que des signes de haine, ou des marques d'effroi,
Je ne puis être heureux à moins qu'elle ne m'aime ;
L'Hymen n'a jamais eu rien de doux de lui-même,
Et ne sçauroit donner dedans son plus beau jour,
D'autres plaisirs que ceux que lui prête l'Amour,
Bien que je sois l'époux d'une Reine adorable,
Puisque j'en suis hai, j'en suis plus miserable,
Et la haine qu'on trouve en un objet charmant,
Outrage encore plus un Epoux qu'un Amant.

ARBATE.
La Reine est trop injuste.
ODATIRSE.
Elle fuit ma presence,
Et je ne prétends pas user de violence.
ARBATE.
Un grand respect, sans doute, est propre à l'adoucir.
ODATIRSE.
Non, non, j'essaie, Arbate, en vain d'y réüssir,
Je ne pourrai jamais fléchir cette inhumaine,
Et comme si c'étoit trop peu que de sa haine,
Le dernier sacrifice, à l'instant à tes yeux,
Vient de m'instruire encor de la haine des Dieux.
N'as-tu pas reconnu qu'ils menacent mes crimes ?
Devant l'Autel à peine on a mis deux Victimes,
Pour en immoler l'une au puissant Dieu du jour ;
Et l'autre au Dieu charmant qui préside à l'Amour,
Qu'on a vû la premiere aux Prêtres échapée,
Choir à mes pieds sans vie, & sans être frapée ;
Je fremis quand j'y pense, & ce prodige affreux
Ne présage à mes jours rien que de malheureux :
La seconde victime à l'Amour dédiée,
A sans aucun effort été sacrifiée ;
Mais nos Prêtres saisis d'un juste étonnement,
Pour en trouver le cœur ont cherché vainement,
Le Ciel pouvoit-il mieux m'avertir pour ma peine,
Qu'à mon injuste amour j'immole en vain la Reine,
Qu'elle ne peut m'aimer, & pour dernier malheur,
Que j'en aurai le corps, sans en avoir le cœur.
ARBATE.
Ces prodiges pour vous seront de vains présages,
Vous êtes dans le port, ne craignez plus d'orages,
Thomiris est à vous, le Camp prend votre Loi.
ODATIRSE.
Dieux ! Clodamante vient pour se plaindre de moi,
Je l'outrage à regret, & je me veux contraindre,
Pour lui laisser au moins la douceur de se plaindre.

SCENE II.

CLODAMANTE, ODATIRSE, ARBATE, Gardes.

CLODAMANTE.

JE te rencontre enfin, & tu peux m'écouter,
Tout mon dépit pour toi n'est guére à redouter,
Mes Amis inconstans, n'ont pas eu le courage,
De m'aider à punir ton crime, & mon outrage,
Et pour tirer raison de ton manque de foi,
Ma disgrace aujourd'huine m'a laissé que moi.

ODATIRSE.

Plaignez-vous, il est juste, & j'y consens sans peine,
Je devois vous aimer, mais j'adorois la Reine,
Et dedans un Ami, par un charme fatal,
Je n'ai pû m'empêcher d'outrager un Rival,
Je n'ai pû me résoudre à ceder ce que j'aime ;
Enfin, j'ai mieux aimé vous trahir que moi-même
Et j'ai cru quand j'ai mis ma trahison au jour,
Devoir à l'amitié beaucoup moins qu'à l'Amour ;
J'ai, sans rien respecter, voulu me satisfaire,
Et tout ce que pour vous, maintenant je puis faire
C'est d'avoüer mon crime, & ne pas empêcher,
Que vous aiez le bien de me le reprocher.

CLODAMANTE.

Si quelque sentiment en ma faveur te reste,
Souffre donc un combat à l'un de nous funeste,
Et consens que ta mort, ou la fin de mes jours,
Décide nos destins, & regle nos amours,
Dispute-moi la Reine encor sans avantage,
Aprés ta lâcheté, fais-moi voir ton courage,

Personne ne me fuit, éloigne tes soldats,
Et contre un Rival seul, n'oppose qu'un seul bras.

ODATIRSE.

Non, non, je veux au moins épargner votre teste,
Le desespoir vous pousse, & la pitié m'arrête,
Et vous aiant ôté l'objet de votre amour,
J'aurois trop de rigueur de vous ôter le jour;
Mais si mon crime est grand, mon supplice est étrange,
Sçachez que Thomiris me punit & vous venge,
Et flattez-vous au moins en vous voiant trahi,
Que vous en êtes plaint, & que j'en suis hai,
Mon sort n'est pas si doux, encor qu'il vous le semble,
Sa haine desunit ce que mon soin assemble,
Et bien que j'aie enfin, & sa main & sa foi,
Son insensible cœur n'en est pas plus à moi,
Mais malgré ses dédains, votre haine & la sienne,
Si je n'ai point son cœur, il faut que je l'obtienne,
Et je n'ai pas dessein, aprés mes attentats,
D'avoir fait un grand crime, & de n'en joüir pas.

CLODAMANTE.

Va perfide, les Dieux, s'ils ont de la justice,
Malgré tes lâches soins, hâteront ton supplice,
Et quand ils t'appuioient, au lieu de t'accabler,
Puisque je vis encor, tu dois encor trembler.

SCENE III.

ARBATE, ODATIRSE, *Gardes*.

ARBATE.

Vous devez craindre peu cette vaine menace.
ODATIRSE
Mon esprit toutefois s'étonne & s'embarasse,
Et sans aucun sujet, je ne sçai quel effroi,
De mon cœur interdit s'empare malgré moi.
ARBATE.
A ces tristes pensers la Reine vous expose,
Et sa rigueur pour vous en est la seule cause ;
C'est sa haine, Seigneur, qui vous rend allarmé,
Vous seriez sans effroi, si vous étiez aimé.
ODATIRSE.
Arbate, je le croi, mais Clidarice approche,
Elle vient m'accabler d'un trop juste reproche,
Mais il faut endurer son vain ressentiment.

SCENE IV.

ODATIRSE, CLIDARICE, *Gardes*.

ODATIRSE.

Venez, venez confondre un infidelle Amant,
Je sai que mon tourment ne peut être trop rude,
Je suis bien convaincu de mon ingratitude,

Vous aviez dans les yeux des charmes assez grands
Pour faire soûpirer les plus indifferens ;
Vous aviez dans le cœur des bontez assez rares,
Pour pouvoir aisément toucher les plus barbares ;
Et vous seule en effet auriez dû me charmer,
Si l'on aimoit toûjours ce que l'on doit aimer :
Mais qui peut s'exemter de l'erreur qui m'abuse,
Un cœur offert plaît moins, qu'un cœur qui se re-
    fuse,
Et naturellement on trouve moins d'apas,
Dans les biens que l'on a, que dans ceux qu'on n'a
    pas,
Votre cœur que j'avois, devoit me satisfaire,
Mais ce qu'on a trop tôt, n'a pas le tems de plaire,
Et la difficulté redoublant le desir,
Ce qui doit plus coûter promet plus de plaisir,
Je ne serois qu'à vous, si j'étois sans foiblesse,
Je ne devois jamais trahir votre tendresse ;
Mais l'Amour qui me force à suivre son pouvoir,
S'accorde rarement avecque le devoir,
Et laissant allentir les flâmes legitimes,
Mêle aux grandes ardeurs souvent un peu de crimes,
Mon sort sous votre empire auroit été plus doux
J'ai fait ce que j'ai pû pour me donner à vous.

CLIDARICE.

Ingrat, ton cœur pour moi n'eut jamais rien de ten-
    dre,
Si pourtant, sans regret tu veux ici m'entendre,
J'ose encore esperer, quelque ingrat que tu sois,
De te toucher le cœur pour la premiere fois,
Mais pour m'accorder rien de ce que je demande,
Tu sens à m'outrager une douceur trop grande.

ODATIRSE.

Non, vous serez contente ; Amis, retirez-vous.
    Les Gardes se retirent au fond du Theatre.

CLIDARICE à part.

Ma victime elle-même enfin s'offre à mes coups,
Mais au lieu de sentir que ma fureur redouble,

D'où

D'où vient que ma main tremble, & que mon cœur se trouble ?
Qui peut me retenir au point de l'immoler ?

ODATIRSE.

Aucun ne vous écoute, & vous pouvez parler,
Que voulez-vous ?

CLIDARICE.

Je veux, s'il faut que je m'exprime,
Je veux, traître........

ODATIRSE.

Achevez.

CLIDARICE.

Te reprocher ton crime,
Ingrat, & te montrer malgré ton changement,
Que je méritois bien un plus fidelle Amant.

ODATIRSE.

O Dieux ! la Reine vient, souffrez que je vous quitte.

CLIDARICE.

Que fais-tu, malheureux ! voi qu'elle est interdite !
Crains, méchant, crains la Reine, elle a fait le dessein
De punir ton audace, en te perçant le sein.

SCÈNE V.

THOMIRIS, CLIDARICE, ODATIRSE.

THOMIRIS.

CRaignez cette Princesse, elle a formé l'envie
De punir vos mépris, en vous ôtant la vie.
ODATIRSE à Clidarice.
Quoi ! vous m'avertissez de conserver mon sort,
Et vous-même, Princesse, avez juré ma mort.
CLIDARICE.
Oui, j'ai juré ta mort, méchant, je le confesse,
Tu joüis malgré moi du jour que je te laisse ;
J'ai deux fois attenté sur ton cœur endurci,
Et toutes les deux fois je n'ai pas réussi.
Oui, ton cœur, qui par tout impunément m'outrage,
Ainsi qu'à mon amour se dérobe à ma rage,
Et de mes vains transports toûjours victorieux
Il échape à mon bras de même qu'à mes yeux ;
Je ne te puis toucher quelqu'ardeur qui m'anime,
Ni comme mon Amant, ni comme ma Victime,
Ce fer devoit punir tes mépris inhumains ;
Elle laisse tomber son Poignard.
Mais je sens qu'à ma honte, il me tombe des mains.
Triompe, ingrat, triomphe, encor de ma tendresse,
Et de ta vie enfin, rends grace à ma foiblesse.

SCENE VI.
ODATIRSE, THOMIRIS.
ODATIRSE.

JE n'ai plus rien à craindre à present de ses coups,
Mais mon cruel destin n'en sera pas plus doux ;
Et puisque sur ma vie il vous plaît d'entreprendre,
Je sens que contre vous je ne la puis défendre,
Je ne vous dirai rien pour vous solliciter
De me laisser le jour que vous voulez m'ôter.
M'unissant avec vous d'une chaîne éternelle
Je vous ai fait, sans doute, une offense cruelle ;
Mais je n'ai pas la force encor de consentir
A vous en témoigner le moindre repentir ;
Quand je ne vous voi pas, un effroi légitime
Rend mon ame sensible au remords de mon crime :
Mais dés que je vous voi, vos charmes sont si forts,
Qu'ils font évanoüir mon crime & mes remords ;
Mon attentat n'a rien, qui me puisse déplaire,
Quand je voi dans vos yeux ce qui me l'a fait faire,
Et je me sens forcé d'avoüer qu'en effet,
Je le ferois encor si je ne l'avois fait,
Clidarice m'épagne, & sa tendresse extrême
Vous laisse le plaisir de vous venger vous-même,
Je n'empêcherai point mes plus cruels desseins,
Disposez de mon sort, il est entre vos mains,
Pour vous rendre ma perte & facile & certaine,
Mon amour est d'accord avec votre haine,
Vous me haïssez trop pour retenir vos coups,
Et je vous aime trop pour me garder de vous,
Vous ne me laissez pas le pouvoir ni l'envie
D'arrêter votre bras armé contre ma vie,

Et pour adreſſer mal vos coups pleins de rigueur,
Vous connoiſſez trop bien le chemin de mon cœur.

THOMIRIS.

Je n'ai rien entrepris, ſurquoi je veüille feindre,
Je cherchois à vous perdre, & vous me deviez craindre,
Oui, dans l'aveuglement de mon premier tranſport,
J'ai ſouffert votre hymen, pour hâter votre mort;
Mais ma main, que j'avois à ce coup deſtinée,
Y répugne depuis que je vous l'ai donnée,
Et les nœuds qui devoient cauſer notre trépas,
Sont les mêmes liens qui m'arrêtent les bras,
En vous donnant ma foi je m'étois figurée
De rendre promptement votre perte aſſurée,
Cependant, c'eſt ma foi, qui fait mon repentir,
Et ce qui dût vous perdre, a ſçû vous garantir.
Je croiois, comme Reine, au fort de ma colere,
Avoir droit de punir un Sujet téméraire,
Mais, comme Epouſe enfin, malgré tout mon couroux.
Je n'ai plus aucun droit ſur les jours d'un Epoux,
J'avois choiſi ce fer pour punir votre crime,
Mais ſi ce ſoin fut juſte, il n'eſt plus legitime,
Et j'aime mieux laiſſer, par un choix different,
Votre crime impuni, que d'en faire un plus grand.

Elle jette ſon poignard.

ODATIRSE.

Ah! vous n'êtes encore qu'à demi deſarmée,
Votre haine demeure en votre ame enfermée,
Et ce fer dans vos mains me cauſoit moins d'éfroi,
Que la ſecrette horreur que vous gardez pour moi,
Pour me faire périr d'une main inhumaine
Il ne vous reſte encor que trop de votre haine,
Et certain du trépas, étant haï de vous,
Je crains mon deſeſpoir beaucoup plus que vos coups,

Quittez-donc votre haine, ou faites que je meure,
Aimer sans être aimé, c'est mourir à toute heure,
Et j'aime beaucoup mieux, si vous suivez mon choix,
Expirer tout d'un coup, que mourir mille fois.

THOMIRIS.

Puisque nous sommes joints d'une chaîne éternelle,
Je sai bien que pour vous ma haine est criminelle,
Mais quoi que mon cœur doive aux nœuds que j'ai reçûs,
Je ne vous répons pas de ne vous haïr plus ;
Je m'assure qu'un cœur, tout juste qu'il puisse être,
De tous ses mouvemens n'est pas toûjours le maître,
Et qu'il est un pouvoir, qu'on ne peut exprimer,
Qui force de haïr aussi-bien que d'aimer,
Il ne tient pas à moi que ma haine ne cesse,
Je tâche à m'arracher pour vous quelque tendresse,
Et si je ne vous aime, au moins sans vous trahir,
Je ferai mes efforts pour ne vous pas haïr ;
Je vous seconderai de toute ma puissance,
Pour vous mettre en mon cœur, s'il vous fait résistance,
Vous aurez, si je puis, l'amour que je vous doi,
Ou vous aurez du moins ma haine malgré moi.
Mais cette haine enfin, pour vous n'est pas à craindre,
Je saurai la cacher, si je ne puis l'éteindre,
Et devant être à vous par un choix sans retour,
J'aurai de la vertu, si je n'ai de l'amour :
Deussai-je vous haïr, l'honneur me fera faire
Tout ce qu'en vous aimant j'eusse fait pour vous plaire,
Et je promets qu'au moins, malgré vos attentats,
Vous croirez être aimé, si vous ne l'êtes pas.

S 3

ODATIRSE.

Je prendrai pour répondre à cet éfort insigne,
Tous les soins, qui pourront m'en rendre moins indigne,
Cyrus sera conduit à l'instant en ces lieux,
Je veux faire briller ses chaînes à vos yeux.
Vous allez le voir libre, il vient.

THOMIRIS.

Je me retire,
Laissez-moi fuïr sa vûë, elle pourroit vous nuire,
Et malgré tous mes soins, & le titre d'Epoux,
Vous disputer un cœur qui ne doit être qu'à vous.

SCENE VII.

ODATIRSE, CYRUS, FEREONTE, ARBATE, Gardes.

ODATIRSE.

Je tâchois en ce lieu de retenir la Reine,
Mais vous la faites fuïr, & j'ai perdu ma peine.

CYRUS.

On ne doit pas toûjours te croire sur ta foi,
La Reine a plus sujet de te haïr que moi ;
Et doit faire redouter à qui nous peut connoître,
Qui la fait plûtôt fuïr de Cyrus ou d'un traître.

ODATIRSE.

La Reine aime la gloire, & s'éloignant de nous,
Fuït, sans doute, plûtôt Cyrus que son Epoux.

CYRUS.

Toi, son Epoux, perfide ?

TRAGEDIE.

ODATIRSE.

Oüi, ma peine est finie,
Thomiris avec moi pour jamais est unie,
Vous avez du mérite, & moi j'ai du bonheur,
Tous deux differemment nous attaquions son cœur,
Vos respects étoient grands, mon audace étoit forte,
Mais votre amour le manque, & mon éfort l'emporte,
Et pour gagner ce prix entre nous debatu,
Mon crime a fait enfin plus que votre vertu ;
Je sai bien toutesfois qu'en ce bonheur extrême,
C'est en votre faveur que j'obtiens ce que j'aime,
Votre perte à la Reine a donné tant d'éfroi,
Qu'elle s'est résoluë à m'accorder sa foi ;
Et puisque vous servez à terminer mes peines,
Pour ma reconnoissance, on va rompre vos chaînes,
Arbate, pour Cyrus, joignez vos soins aux miens,
Rendez-lui son épée, & brisez ses liens,
Que sa garde le quitte, & qu'aucun ne me suive,
Vous joüissez en paix du bien qui vous arrive,
Je vous laisse, & je vai où m'attend Thomiris,
De votre liberté lui demander le prix.

Il entre.

ARBATE *en ôtant les fers de Cyrus.*

Venez prendre en ma Tente, en un sort si contraire,
Tout ce qui pour partir vous sera nécessaire.

CYRUS.

Allez tout préparer je vous suivrai de prés.

ARBATE *en lui rendant son épée.*

Je dois tout obéïr, & j'en ai l'ordre exprés.

CYRUS *seul.*

Je n'ai besoin de rien, puisque ce fer me reste,
Rendons à mon rival ma liberté funeste,
Courons où ce perfide à l'instant vient d'entrer,
Et jusques à son cœur tâchons de pénétrer.

Fin du quatriéme Acte.

ACTE V.

SCENE PREMIERE.

THOMIRIS, ANAXARISPE, DORIANTE.

THOMIRIS.

De ce spectacle affreux, retirons notre vûë,
De colere & d'horreur je me sens trop émûë,
Un Epoux massacré demande à Thomiris
Plus que de vaines pleurs, & d'inutiles cris.
D'un mari qui n'est plus, la blessure qui saigne,
Presse que l'on la venge avant que l'on la plaigne,
Et le funeste coup qui lui perce le flanc,
Sans s'arrêter aux pleurs, veut du sang pour du sang,
Clodamante m'aimoit, ce coup est son ouvrage,
Son desespoir s'est joint, sans doute à son courage,
Et l'on doit craindre tout dans le plus haut pouvoir
D'un grand courage aidé d'un puissant desespoir,
D'un si grand attentat il étoit seul capable.
Mais Ferconte vient de chercher le coupable.

SCENE II.

THOMIRIS, FEREONTE, ANAXA-
RISPE, DORIANTE.

THOMIRIS.

HE' bien, a-t-on connu le meurtrier du Roi ?
FEREONTE.
Madame, tout le Camp l'ignore comme moi,
Mais le commun soupçon tombe sur Clodamante,
Et même l'on diroit que ce Prince y consente,
Il s'en défend à peine.
THOMIRIS.
     Assurez-vous de lui,
Il suivra mon Epoux au cercüeil aujourd'hui.

ANAXARISPE.

Mais cet Epoux étoit l'objet de votre haine,
En terminant ses jours on finit votre peine,
Et c'est mal témoigner que vous ne l'aimiez pas,
Que montrer tant d'ardeur pour venger son trépas.

THOMIRIS.

Pour venger un mari, commence ici de croire,
Qu'il suffit sans l'aimer, que l'on aime la gloire !
C'est mon Epoux haï, qu'on a percé de coups,
Mais tout haï qu'il est, c'est toûjours mon Epoux ;
Tout ce qu'a de plus fort une haine obstinée
Ne peut rien faire perdre aux droits de l'hymenée,
Et quand on a subi cette puissante loi,
En refusant son cœur, on n'ôte pas sa foi,
Ma haine doit finir au moins avec sa vie,

Je ne voi plus son crime, en mourant il l'expie ;
Et les flots de son sang aiant sçû l'en purger,
Je ne voi plus en lui qu'un Epoux à venger,
Je dois avec ardeur presser cette vangeance,
O Satirse l'atend, elle est en ma puissance,
Et pour ce Prince mort, quoi qu'indigne du jour,
L'honneur me la demande, au défaut de l'amour ;
Nulle inclination pour lui ne m'interesse,
Mais mon devoir fera ce qu'eût fait ma tendresse,
J'agirai seulement pour ma gloire aujourd'hui,
Et je ferai pour moi, ce que j'eus fait pour lui.

ANAXARISPE.

Il est vrai qu'en ces lieux la commune creance
Tient Clodamante auteur du coup qui vous offence,
Mais personne n'a crû que du rang dont il est,
Il dût craindre de vous un si cruel arrêt.
C'est le sang de nos Rois, ne peut-il rien prétendre ?

THOMIRIS.

Fut-ce le sang des Dieux, je le ferois répandre,
Il n'est rien plus sacré pour moi que mon devoir,

SCENE III.
ARBATE, THOMIRIS, ANAXA-
RISPE, DORIANTE, *Gardes.*

ARBATE.

Cyrus me suit, Madame, & demande à vous voir.
THOMIRIS.
Ah! ce seroit trahir la vengeance où j'aspire,
Qu'oser voir un Amant, lorsqu'un Epoux expire;
Arbate, ordonnez-lui de s'éloigner de moi.

ARBATE.

Mais son dessein, Madame, est de venger le Roi,
Et dit que du coupable il a seul connoissance,
Et qu'il le veut ici mettre en votre puissance.

THOMIRIS.

Il peut entrer, ce soin m'oblige à le souffrir,
Quel nouveau criminel a-t-il pû découvrir?
Dés qu'il l'aura fait voir il verra ma vangeance,
Je cacherai mes feux pour lui, mais il avance.

SCENE IV.

CYRUS, THOMIRIS, ARBATE, ANAXARISPE, DORIANTE.
Gardes.

CYRUS.

J'Ai crû, dés que j'ai sçû Clodamante arrêté,
Devoir sauver un crime à votre Majesté,
Et je n'ai pû souffrir que vous fussiez capable,
De perdre un criminel en sauvant un coupable,
Je sai le criminel, j'ai sçû m'en assurer,
Et je ne viens ici que pour vous le livrer.
THOMIRIS.
Vos soins sont genereux, je m'en sens obligée,
Je suis à la vengeance ardemment engagée,
Et l'assassin du Roi découvert à mes yeux
Ira droit au supplice, en sortant de ces lieux,
Par un serment fatal j'ose attester encore
Le puissant Dieu du jour, que la Scythie adore,
Qu'à l'instant le coupable en presence de tous
Paiera de tout son sang, le sang de mon Epoux,
Parmi nous ce serment doit être inviolable,
Parlez, & hâtez-vous de livrer le coupable.
CYRUS.
Il se livre en moi même, & mon amour pour vous
Vous offre en votre Amant l'assassin d'un Epoux.
THOMIRIS.
Quoi, c'est sur vous qu'il faut que tombe ma vengeance!

TRAGEDIE.
CYRUS.
Oüi, je suis criminel, si ma mort vous offence,
Faites pour m'en punir tout ce que vous devez.
THOMIRIS.
Ah! soiez innocent plûtost si vous pouvez.
CYRUS.
Je ne saurois plus l'être, & pour venger ce crime,
Vos soins ne doivent plus chercher d'autre victime:
Le Prince est innocent, c'est cette même main,
Qui de votre mari vient de percer le sein;
Cette épée a servi cette main violente,
Je la mets à vos pieds encor toute sanglante,
Et ces restes du sang de ce malheureux Roi,
Sont autant de témoins, qui parlent contre moi,
Bien qu'il eut mérité tout ce qu'a fait ma rage,
Je sçai qu'à m'en punir votre hymen vous engage,
Et lui donnant la main vous l'aviez fait monter
Dans un rang, où mon bras devoit le respecter;
De sa punition je n'ai pas dû résoudre,
Il n'en devoit tomber que par un coup de foudre,
Et pour tous les mortels, le nom de votre Epoux,
L'a dû justifier en l'unissant à vous,
Mais mon amour plus fort que toutes ces maximes,
Ne vous a pû laisser attachée à ses crimes,
Et pour prix de mes jours, vous voir prendre aujourd'hui
La moitié de sa honte, en vous joignant à lui,
Malgré tous mes desirs, pour me sauver la vie,
Vous vous êtes soûmise à cette ignominie;
Et pour vous en sauver malgré tout votre effort,
J'ose enfin vous contraindre à m'ordonner la mort,
Je vous arrache un nœud, qui vous faisoit injure,
Et je donne ma vie à ce prix sans murmure:
J'ai suivi votre Epoux d'abord sans balancer,
Dans la premiere Tente, où je l'ai vû passer,
Il marchoit vers la votre avec impatience;
Mais comme de le suivre il avoit fait défense,
Au bruit qu'ont fait mes pas, s'étant tourné vers moi,

Il ne s'eſt défendu qu'en pâliſſant d'effroi,
Et ſon cœur a ſemblé, malgré ſa réſiſtance,
Avec moi pour ſa perte être d'intelligence,
J'ai même eu le bonheur, le voiant expiré,
Que ſans être aperçû, je me ſuis retiré;
Et l'Auteur de ſa mort étoit en aſſurance,
Si vous n'en euſſiez pas entrepris la vengeance,
De tout autre aiſément j'aurois fui le couroux,
Je pouvois échaper.

THOMIRIS.

Ah! que n'échapiez-vous?
Que n'avez-vous contraint ma vertu trop ſevere
De perdre une vengeance, & ſi rude & ſi chere,
Et n'avez-vous tâché de m'ôter le pouvoir
De trahir mon amour pour ſervir mon devoir?
Que ne m'empêchiez-vous d'immoler pour ma peine,
L'objet de ma tendreſſe à l'objet de ma haine,
Et venger, par un droit d'un ſerment confirmé,
Un Epoux odieux ſur un Amant aimé.

CYRUS.

Quoi, Cyrus auroit craint le coup qui le menace,
Juſqu'à laiſſer perir Clodamante en ſa place?
Quoi, j'aurois, en fuiant, par un indigne effroi,
Laiſſé tomber ſur lui, ce qui doit choir ſur moi,
Souffert que vous m'euſſiez ſauvé par ſon ſupplice,
Que mon ſalut vous dût coûter une injuſtice,
Et que le lâche ſoin de voir ailleurs le jour,
M'eut fait trahir ici ma gloire & mon amour?
Le ſang de votre Epoux, que je viens de répandre,
Au don de votre main me défend de prétendre,
Et puis qu'il faut vous perdre, il doit m'être plus doux,
De perdre encor le jour, que de vivre ſans vous,
Pour jamais à mon cœur l'eſperance eſt ravie,
Du ſeul bien, qui pouvoit me faire aimer la vie,
Et j'aime encor mieux être au ſupplice livré,
Qu'être de ce que j'aime à jamais ſeparé;
Vous avez réſolu que l'aſſaſſin périſſe;
Et puis que je le ſuis, il faut que j'obéïſſe,

TRAGEDIE.

Vos desirs sont mes loix, & voulant mon trépas,
C'eût été vous trahir que ne me livrer pas ;
Ma vie à vos desirs sans réserve est offerte,
Mais aprés mon trépas, plaignez au moins ma perte,
Quand je ne serai plus, n'aiez plus de couroux,
Et ne donnez pas moins à l'Amant qu'à l'Epoux ;
Songez à mon Rival, pour votre seule gloire,
Quand vous l'aurez vengé, perdés-en la memoire,
Mais par pitié songés à mon destin fini,
Et ne m'oubliez pas quand vous m'aurez puni.
Vous lui devés vengeance, & mon trépas, sans doute,
Ne vous demande pas ce que sa mort vous coûte ;
Vous lui donnez du sang, & mes derniers malheurs,
Seront trop bien paiez, s'ils vous coûtent des pleurs.

THOMIRIS.

Si ce qui suit la mort peut avoir quelques charmes,
Je vous promets, Cyrus, beaucoup plus que des larmes,
Mes pleurs répondroient mal à de si rudes coups,
Et c'est trop peu pour moi, si c'est assez pour vous.
Mon Epoux n'aura rien, que mon Amant n'obtienne,
Il aura votre vie, & vous aurez la mienne ;
Ma mort suivra la votre, & mon cœur à son tour,
Ce devoir satisfait, satisfera l'Amour ;
Aiant vengé l'Epoux, en perdant ce que j'aime,
Je vengerai l'Amant, en me perdant moi-même,
Et votre Amante aprés votre destin fini,
Punira Thomiris de vous avoir puni.

CYRUS.

Ah ! que me dites-vous ? cette horrible promesse,
Me fait craindre la mort, que j'ai bravé sans cesse,

Et s'il faut aprés moi que vous ne viviez pas,
Je ne pourrai jamais me résoudre au trépas ;
Si l'on doit voir ma mort de la votre suivie,
Je dois être forcé de souhaiter la vie,
Et m'engageant pour vous à la vouloir garder,
Vous allez me réduire à vous la demander.

THOMIRIS.

Ah ! gardés-vous plûtôt, si vous me voulez croire,
De me rien demander qui soit contre ma gloire,
En l'état où je suis, je ne répouds pas bien,
Que j'eusse le pouvoir de vous refuser rien.

CYRUS.

Si c'est trop de vouloir votre vie & la mienne,
La moitié suffira souffrez que je l'obtienne,
J'abandonne ma vie au trépas qui l'attend,
Accordés-moi la votre, & je mourrai content.

THOMIRIS.

Ce que vous demandéz n'est pas en ma puissance,
Mais si je souffre encor long-tems votre presence,
Je crains en pressant trop mes sens intimidez,
Que vous n'obteniés plus que vous ne demandez ;
Eloignés-vous de moi, devant que ma foiblesse
M'empêche d'obéïr au devoir qui me presse,
Mon cœur, dont à vos yeux je n'ose m'assurer,
Hazarde ma vengeance à la plus differer ;
N'achevés pas le trouble, où vous m'avez réduite,
Et quitez-moi devant que ma vertu vous quite.

CYRUS.

J'obéïs.

THOMIRIS.

Ah ! Cyrus en ce fatal moment,
Ne m'obéïssés pas encor si promptement ;
Mon ame entre la Gloire & l'Amour suspenduë,
N'est pas à votre perte encor bien résoluë ;
Je sçai ce que je doi ; mais consultant mes feux,
Je ne sçai pas trop bien encor ce que je veux.

TRAGEDIE.
CYRUS.
Pourriez-vous me sauver?
THOMIRIS.
L'effort seroit extrême,
Mais que ne peut-on pas pour sauver ce qu'on aime,
Que nous veut Fereonte?

SCENE V.

FEREONTE, CYRUS, THOMIRIS,
ARBATE, DORIANTE,
ANAXARISPE.

FEREONTE.

AH! Madame, je crains
Qu'on n'arrache bien-tôt le Prince de mes mains.
Ses Amis ont fait naître une rumeur confuse,
Que Cyrus est l'Auteur du coup dont on l'accuse,
Tout le Camp s'en émeut, & ne demande plus,
Que la salut du Prince, & la Mort de Cyrus,
Et vous ne pourriez pas lui conserver la vie,
Quand même vous pourriez en concevoir l'envie.
THOMIRIS.
Quoi, je ne serois plus Maîtresse de son sort?
FEREONTE.
Non, tout le Camp, Madame, est armé pour sa mort,
On a de toutes parts entouré votre Tente.
THOMIRIS.
Hé bien, il faut ceder, amenez Clodamante,
Mon Camp fait bien d'ôter vos jours de mon pouvoir,

La Mort de Cyrus,
Et d'oser me contraindre à remplir mon devoir.
à Cyrus.
Je dois vous immoler, mais à ne vous rien feindre,
Cyrus, j'avois besoin que l'on m'y vint contraindre,
Allez, je vai vous suivre

CYRUS.
Ah! vivez.
THOMIRIS.
Ah! Cyrus,
Ne me dites plus rien, & ne vous montrez plus,
Suivez-le, Anaxarispe, & me venez instruire
De tout ce qu'il fera jusqu'à ce qu'il expire,
Toi, prens soin, Doriante, aprés de si grands maux,
Qu'on me laisse en ma Tente un moment de repos.

SCENE VI.

CLODAMANTE, CLIDARICE, FEREONTE, DORIANTE, *Gardes.*

CLODAMANTE *à Clidarice.*

Oui, j'ai dû lui donner la mort, qu'il a soufferte.
CLIDARICE.
Voulés-vous à mes maux ajoûter votre perte,
Devant la Reine, au moins, mon frere, au nom des Dieux,
Blâmez moins son Epoux, & vous défendez mieux.
CLODAMANTE.
Non, j'ai des sentimens trop justes pour les taire ;
Si je n'ai fait ce coup, au moins je l'ai dû faire,
Je devois de sa perte avoir seul le plaisir,

TRAGEDIE.

Les moiens m'ont manqué, mais non pas le defir,
Et fi la mort me laiffe encor quelque innocence,
Je ne la puis devoir qu'à ma feule impuiffance.

CLIDARICE.

Peut-on entrer ?

DORIANTE.

La Reine ordonne abfolument,
Que l'on la laiffe feule en fa Tente un moment,
Elle a quelque deffein, que je ne puis connoître,
Et j'apprehende fort ; mais je la voi paroître.

SCENE VII.

THOMIRIS, CLODAMANTE, CLIDARICE, FEREONTE, DORIANTE, Gardes.

THOMIRIS.

Prince, ceffez de craindre un injufte trépas,
J'ai connu le coupable, & vous ne l'êtes pas,
Croiant que par vos coups le Roi ceffoit de vivre,
J'allois au monument vous forcer de le fuivre ;
Mais par un équitable & foudain changement,
Vous trouverez le Trône au lieu du monument,
Et jugeant mieux des droits que votre fang vous don-
    ne,
Au défaut de mon cœur, vous aurez ma Cou-
    ronne.

CLODAMANTE.

Quelque éclat qu'ait le prix, que vous me prefen-
    tez,
Il eft trop au deffous de ce que vous m'ôtez,

Il est trop au dessous de ce que vous m'ôtez,
En m'ôtant votre cœur, vous m'ôtez tout, Princesse.
THOMIRIS.
Non, mon Sceptre est à vous, & ma mort vous le
    laisse.
CLODAMANTE.
Votre mort !
THOMIRIS.
Oüi, bien-tost le poison que j'ai pris,
Vous va par mon trépas venger de mes mépris.
CLODAMANTE.
Permettez qu'on s'oppose à cette injuste envie.
THOMIRIS.
Non, non, je vous deffends d'avoir soin de ma vie,
Vous regnerez bien-tôt, mais vous devez souffrir,
Que j'aie encore au moins le pouvoir de mourir,
La mort de mon Epoux à son auteur funeste,
Me coûte un sang plus cher que celui qui me reste,
J'ai condamné Cyrus, & cet illustre Amant,
Peut-être par mon ordre, expiré en ce moment,
Je l'immole à ma gloire, & donne avec justice,
Ma vie à mon Amour pour dernier sacrifice,
Mais Dieux ! que doit m'apprendre un si soudain
    retour,
Cyrus auroit-il bien déja perdu le jour ?

TRAGEDIE.

SCENE DERNIERE.

ANAXARISPE, THOMIRIS, CLODAMANTE, CLIDARICE, DORIANTE, FEREONTE, Gardes.

ANAXARISPE.

Puisque jusqu'à sa mort j'eus ordre de le suivre,
Mon retour vous apprend qu'il a cessé de vivre,
J'ai vû finir sa vie, & j'ai suivi ses pas,
Jusqu'assez prés du lieu choisi pour son trépas,
Il marchoit sans pâlir ; mais sa vuë agitée,
Se tournoit quelquefois où vous étiez restée,
Et ses yeux languissans faisoient connoître à tous,
Qu'il quitteroit le jour plus aisément que vous ;
Enfin, à l'observer j'étois toute occupée,
Au moment que d'un Garde il a saisi l'épée,
Et l'a sçu par trois fois enfoncer dans son sein,
Avant que l'on ait pû détourner son dessein ;
Je me suis écriée, & me voiant tremblante,
Voici ce qu'il m'a dit d'une bouche mourante :
Allez, Anaxarispe, apprendre à Thomiris,
Tout ce que contre moi, j'ai moi-même entrepris,
Ma main lui veut donner le sang qu'elle demande,
Elle ne peut souffrir qu'une autre le répande,
Et mon bras plein d'ardeur s'est lui-même pressé
D'executer l'Arrest qu'elle m'a prononcé,
Dites-lui que je meurs sans qu'elle y contribuë,
Et que pour empêcher sa perte résoluë,

Son Amant par ses coups la dispense aujourd'hui
De le venger sur elle en mourant après lui.
Dites-lui que l'Amour.... à ce mot tout de flâme,
Un funeste soûpir a fait sortir son ame,
Et l'Amour même encor en ce dernier effort,
A semblé dérober ce soûpir à la Mort.

THOMIRIS

Je n'ai plus le pouvoir d'accomplir son envie,
Je sens que mon poison termine enfin ma vie,
Et que pour expirer aprés un tel malheur,
J'aurois encore assez de ma seule douleur;
Vous qui devez remplir le Trône que je laisse,
Prince, si dans mes maux votre ame s'interesse,
Pour derniere faveur, du moins au monument,
Unissez par pitié l'Amante avec l'Amant,
Dans le même cercueil, malgré le sort funeste,
De Cyrus & de moi rejoignez ce qui reste,
Aiez soin que la mort, en un si triste jour,
Fasse en nous assemblant le devoir de l'Amour,
Et si vous me gardez quelques sentimens tendres,
Au défaut de nos feux, joignez au moins nos cendres.
C'est le dernier espoir, que j'ose encor souffrir,
Et l'aiant expliqué, je n'ai plus qu'à mourir;
Attends-moi, cher Cyrus, digne Objet de ma flâme,
Mon Ame de bien prés s'en va suivre ton Ame,
Et mon Esprit qu'au tien, le Ciel sçût assortir,
Pour te joindre plûtost, se presse de partir.

CLIDARICE

De la vie à la mort tout-à-coup elle passe.

CLODAMANTE

Otons-la de ces lieux, & plaignons sa disgrace.

Fin du premier Tome.

www.ingramcontent.com/pod-product-compliance
Lightning Source LLC
Chambersburg PA
CBHW050611230426
43670CB00009B/1355